Marcus Disselkamp
Eckhard Eyer
Silke Rohde
Eva-Maria Stoppkotte

Wirtschaftsmediation

HANDBÜCHER FÜR DIE UNTERNEHMENSPRAXIS

Marcus Disselkamp
Eckhard Eyer
Silke Rohde
Eva-Maria Stoppkotte

Wirtschaftsmediation

Verhandeln in Konflikten

Bund-Verlag

Bibliografische Information Der Deutschen Bibliothek
Die Deutsche Bibliothek verzeichnet diese Publikation in der
Deutschen Nationalbibliografie; detaillierte bibliografische Daten
sind im Internet über http://dnb.ddb.de abrufbar.

© 2004 by Bund-Verlag GmbH, Frankfurt am Main
Herstellung: Birgit Gast
Umschlag: Angelika Richter, Heidesheim
Satz: Fanslau Communication/EDV, Düsseldorf
Druck: MediaPrint, Paderborn
Printed in Germany 2004
ISBN 3-7663-3461-1

Alle Rechte vorbehalten,
insbesondere die des öffentlichen Vortrags,
der Rundfunksendung
und der Fernsehausstrahlung,
der fotomechanischen Wiedergabe,
auch einzelner Teile.

www.bund-verlag.de

Vorwort

Konflikte gehören zum Arbeitsalltag. Sie treten auf, wenn bestehende Systeme sich verändern, Reibungen und Spannungen entstehen und Weiterentwicklung angesagt ist, damit Unternehmen und Mitarbeiter nicht aus dem Tritt geraten. Wichtig ist, dass Konflikte gelöst werden und vor allem, wie man sie löst: destruktiv oder konstruktiv.

Die Palette der Konfliktlösungsmöglichkeiten wurde in den letzten Jahren um die Mediation erweitert. Die Mediation in Wirtschaft und Arbeitswelt ist der Weg für die Konfliktparteien, um mit Unterstützung eines Dritten – dem Mediator – selbst faire, zukunftsorientierte und Kosten günstige Konfliktlösungen zu erarbeiten. Das geschieht in einem nichtöffentlichen Verfahren eigenverantwortlich und kreativ.

In dem von den Konfliktparteien kontrollierten Mediationsverfahren entstehen nachhaltige und innovative Lösungen.

Das vorliegende Werk richtet sich an Entscheidungsträger in Unternehmen – insbesondere Betriebs- und Personalräte, Geschäftsführer und Führungskräfte. Es bietet den Entscheidern Unterstützung sowohl bei der eigenständigen Lösung von Konflikten und Verhandlungen als auch bei der Konfliktlösung mit dem Mediator.

Das Buch orientiert sich an folgenden Leitfragen:
- Woran erkennt man Konflikte und wie identifiziert man ihre Ursachen?
- Welche Konfliktlösungsmöglichkeiten gibt es?
- Wie löst man Konflikte mit professioneller Verhandlungsführung?
- Welche Formen der Mediation werden betrieblich angewandt?
- Welche Erfahrungen haben Unternehmen, Geschäftsführer, Betriebsräte und Mitarbeiter mit der Wirtschaftsmediation gemacht?
- Wie und welche Kosten werden durch Mediation vermieden?

Das vorliegende Werk basiert auf den vielfältigen Erfahrungen, die die Autoren als Arbeitswissenschaftler und Arbeitsrechtler, Betriebswirte und Ingenieure in der Praxis gesammelt haben.

Die einzelnen Kapitel wurden von den jeweiligen Autoren verfasst. Sie sind inhaltlich aufeinander abgestimmt und durch Querverweise vernetzt. In diesem Sinne bildet das Buch eine Einheit.

Für kritische Anregungen und konstruktive Verbesserungsvorschläge sind wir jederzeit dankbar.

Köln/München, im Frühjahr 2004

Marcus Disselkamp
Eckhard Eyer
Silke Rohde
Eva-Maria Stoppkotte

Inhaltsverzeichnis

Vorwort 5
Abkürzungsverzeichnis 11
Literaturverzeichnis 13

1.	**Der Konflikt – Vertiefende Einführung** 17	
	Eva-Maria Stoppkotte	
1.1	Konfliktdefinition 17	
1.2	Konfliktarten 18	
1.2.1	Charaktertypologie 18	
1.2.2	Das Maslow'sche Motivationsmodell 19	
1.2.3	Die verschiedenen Konfliktarten 20	
1.2.3.1	Zielkonflikt 20	
1.2.3.2	Verteilungskonflikt 21	
1.2.3.3	Rollenkonflikte der Betriebsratsmitglieder 21	
1.3	Umgang mit Konflikten 21	
1.4	Ebenen der Konfliktlösung 23	
1.5	Lösungen von Konflikten durch die Konfliktparteien 25	
2.	**Möglichkeiten zur Konfliktlösung im Überblick** 27	
2.1	Selbständige Verhandlungsführung – Ein Überblick 27	
	Silke Rohde	
2.1.1	Die Vergangenheit – Das intuitive Verhandlungsmodell 27	
2.1.2	Die Zukunft – Das Modell des sachgerechten Verhandelns 29	
2.1.3	Unterschiedliche Verhandlungssituationen 30	
2.1.4	Phasen der Verhandlungsführung 31	
2.1.5	Verhandlungsführung – Chancen und Grenzen 32	
2.2	Konfliktlösung mit Vermittler (Mediation) 33	
	Eva-Maria Stoppkotte	
2.2.1	Definition der Mediation 33	
2.2.2	Aufgaben des Mediators 34	
2.2.3	Vorgehen des Mediators 36	

3.	Diskussionsführung und Verhandlungsführung	47
	Silke Rohde	
3.1	Diskussionsführung und Moderation	47
3.1.1	Bedeutung für die Verhandlungsführung	47
3.1.2	Funktion und Bedeutung des Diskussionsleiters/Moderators	47
3.1.2.1	Persönliche Voraussetzungen	49
3.1.2.2	Vorbereitung der Sitzung/Besprechung	50
3.1.2.3	Das Handwerkszeug der Diskussionsführung	51
3.1.3	Tipps für Diskussionsteilnehmer	62
3.2	Verhandlungsführung	64
3.2.1	Vorbereitung der Verhandlung	65
3.2.1.1	Organisatorische Vorbereitung	66
3.2.1.2	Inhaltliche Vorbereitung	68
3.2.2	Während der Verhandlung	70
3.2.2.1	Phasen während der Verhandlung	71
3.2.2.2	Methode des sachgerechten Verhandelns	74
3.2.2.3	Schwierige Verhandlungssituationen	81
3.2.2.4	Tipps zur Verhandlungsführung	87
3.2.3	Nachbereitung der Verhandlung	88
3.2.3.1	Gedächtnisprotokoll anlegen	89
3.2.3.2	Analyse der Verhandlung	90
3.3	Checklisten zur Diskussions- und Verhandlungsführung	92
3.3.1	Checkliste Diskussionsführung und Moderation	93
3.3.2	Checkliste Verhandlungsführung	95
4.	**Mediation im Betrieb**	98
	Eva-Maria Stoppkotte	
4.1	Mediation	98
4.1.1	Ablauf der Mediation	98
4.1.1.1	Das Arbeitsbündnis	99
4.1.1.2	Verfahren der Mediation	99
4.1.1.3	Rolle des Mediators	100
4.1.1.4	Spielregeln	101
4.1.1.5	Schriftlicher Mediationsvertrag	101
4.1.1.6	Sichtweisen der Konfliktparteien	102
4.1.1.7	Bearbeitung der Konfliktfelder	103

4.1.1.8	Konsensfähige Konfliktlösung	103
4.1.1.9	Mediationsvereinbarung	104
4.1.2	Unterschiede der Mediationsverfahren im individual- und kollektivrechtlichen Bereich	105
4.1.2.1	Mediationsverfahren im indivualarbeitsrechtlichen Bereich	105
4.1.2.2	Mediationsverfahren im kollektivrechtlichen Bereich	114
4.1.3	Mediation als Alternative in Arbeitsplatzkonflikten	116
4.1.3.1	Keine Konsenslösung	118
4.1.3.2	Ringen um Positionen und nicht um Bedürfnisse	119
4.1.3.3	Möglichkeiten und Grenzen der Mediation	121
4.2	Implementierung von Mediation im Betrieb	122
4.2.1	Klassische Konfliktlösungsmechanismen in Betrieben	122
4.2.2	Formen der Konfliktlösung	124
4.2.3	Einsatzgebiete der Mediation	125
4.2.4	Ansatzpunkte für die Betriebsratsarbeit	126
4.2.4.1	Einsatzgebiet für Mediation nach § 112 Abs. 2 BetrVG	127
4.2.4.2	Weitere Möglichkeiten zum Einsatz von Mediation nach dem Betriebsverfassungsesetz	128
5.	**Wirtschaftsmediation – die Alternative zu Stillstand und Einigungsstelle**	136
	Eckhard Eyer	
5.1	Mediation im kollektiven Arbeitsrecht	136
5.1.1	Abschluss einer Betriebsvereinbarung	136
5.1.2	Wirtschaftsmediation	138
5.1.3	Vergleich von Mediation und Einigungsstelle	139
5.2	Phasen der Wirtschaftsmediation	140
5.2.1	Qualitative Phase	141
5.2.2	Quantitative Phase	141
5.2.3	Rechtliche Phase	142
5.3	Unternehmensbeispiele	143
5.3.1	Beispiel 1: Entlohnung von Gruppenarbeit	144
5.3.2	Beispiel 2: Produktionsverlagerung	149

5.3.3	Beispiel 3: Wertschöpfungsprämie und flexible Arbeitszeit bei Teamarbeit von Arbeitern und Angestellten	156
5.4	Interviews mit Arbeitnehmervertretern	163
6.	**Kostenersparnis durch faire Verhandlungsführung und Mediation**	**171**
	Marcus Disselkamp	
6.1	Kostenersparnis	171
6.2	Kostenarten	172
6.2.1	Direkte Kosten	172
6.2.1.1	Kosten aus Verfahren vor Arbeitsgerichten	172
6.2.1.2	Kosten von Verfahren vor den Zivilgerichten	176
6.2.1.3	Kosten bei Strafverfahren	179
6.2.1.4	Kosten für externe Berater und Sachverständige	181
6.2.2	Indirekte Kosten	182
6.2.2.1	Gehälter und Löhne	182
6.2.2.2	Kooperationsfähigkeit	182
6.2.2.3	Wettbewerbsfähigkeit	184
6.2.2.4	Image	185
6.2.2.5	Weiche Faktoren	186
6.2.3	Kosten der Mediation	188
6.3	»Der Preis der Angst«	189
6.3.1	Mediation reduziert Angst	189
6.3.2	Formen der Angst	190
6.3.3	Konsequenzen aus Ängsten	194
6.3.3.1	Positive Konsequenzen aus Ängsten	195
6.3.3.2	Negative Konsequenzen aus Ängsten	196
6.3.4	Ökonomische Betrachtung der Angst	200

Anhang 203
1. Weiterbildungseinrichtungen 203
2. Ausbildungseinrichtungen 205

Stichwortverzeichnis 206

Abkürzungsverzeichnis

a. A.	andere Ansicht
Abb.	Abbildung
a. a. O.	am angegebenen Ort
a. D.	außer Dienst
Abs.	Absatz
AiB	Arbeitsrecht im Betrieb (Zeitschrift)
AP	Nachschlagewerk des Bundesarbeitsgerichts
ArbG	Arbeitsgericht
ArbGG	Arbeitsgerichtsgesetz
ArbnErfG	Arbeitnehmererfindungsgesetz
AuA	Arbeit und Arbeitsrecht (Zeitschrift)
Aufl.	Auflage
AuR	Arbeit und Recht (Zeitschrift)
BAG	Bundesarbeitsgericht
BB	Betriebs-Berater (Zeitschrift)
Bd.	Band
BeschSchG	Beschäftigtenschutzgesetz
BetrVG	Betriebsverfassungsgesetz
bzw.	beziehungsweise
d. h.	das heißt
EDV	Elektronische Daten Verarbeitung
etc.	et cetera
EU	Europäische Union
evtl.	eventuell
f./ff.	folgende
Fn.	Fußnote
ggf.	gegebenenfalls
GKG	Gerichtskostengesetz
Hrsg.	Herausgeber
JGG	Jugendgerichtsgesetz

JVKostenO	Justizvollzugskostenordnung
KSchG	Kündigungsschutzgesetz
Mio.	Millionen
Mrd.	Milliarden
NJW	Neue Juristische Wochenschrift
Nr.	Nummer
NZA	Neue Zeitschrift für Arbeits- und Sozialrecht
RdA	Recht der Arbeit (Zeitschrift)
Rn.	Randnummer
S.	Seite
SGB	Sozialgesetzbuch
s. o.	siehe oben
sog.	so genannte(r)
StPO	Strafprozessordnung
StVollzG	Gesetz über den Vollzug der Freiheitsstrafe und der freiheitsentziehenden Maßregeln der Besserung und Sicherung
TVG	Tarifvertragsgesetz
TzBfG	Teilzeit- und Befristungsgesetz
u. a.	unter anderem/und andere
u.v. a.	und viele andere
vgl.	vergleiche
z. B.	zum Beispiel
ZPO	Zivilprozessordnung
ZTR	Zeitschrift für Tarifrecht

Literaturverzeichnis

Antoni/Eyer/Kutscher, Das flexible Unternehmen, Loseblattwerk, Stand: Oktober 2000
Breidenbach/Henssler (Hrsg.), Mediation für Juristen – Konfliktbeilegung ohne gerichtliche Entscheidung, 1997
Budde, Quak I, Teil V, S. 19
Däubler, Verhandeln und gestalten – Der Kern der neuen Schlüsselqualifikation, Jus-Schriftenreihe Heft 168, 2003
Däubler/Kittner/Klebe (Hrsg.), Betriebsverfassungsgesetz mit Wahlordnung, Kommentar für die Praxis, 9. Aufl. 2004 (zit.: DKK)
Dendorfer, FA-Spezial 9/2000
Disselkamp, Der Preis der Angst, AiB 2003, 685
Ders., Überblick über die Kennzahlen für die Bilanzanalyse, AiB 2003, 303
Disselkamp/Thome-Braun, Der professionelle Betriebsrat, Loseblattsammlung, 2003
Disselkamp/Brandl, Innovativ denken – Arbeit schaffen, AiB 2003, 686
Disselkamp/Schüller, Lieferantenrating, 2003
Dütz, Die Beilegung von Arbeitsstreitigkeiten in der Bundesrepublik Deutschland, RdA 1978, 291 f.
Eidenmüller, Vertrags- und Verfahrensrecht in der Wirtschaftsmediation – Mediationsvereinbarung, Mediationsverträge, Mediationsvergleiche, Internationale Mediationsfälle, 2001
Ehler, Schutzschrift zur Abwehr einer einstweiligen Verfügung auf Unterlassung einer Betriebsänderung, BB 2000, 980
Esser/Wolmerath, Mobbing – Der Ratgeber für Betroffene und ihre Interessenvertretung, 5. Aufl. 2003
Eyer, Report Wirtschaftsmediation, symposium 2003
Ders., Wirtschaftsmediation eine Aufgabe für Betriebsräte, AiB 2003, 20
Ders., Alternative Strategie zur Konfliktlösung, AuA 2000, 308 ff.
Ders., Wirtschaftsmediation – Alternative zu Stillstand und Einigungsstelle, Der Arbeitgeber 2002, 12 ff.
Ders., Wirtschaftsmediation eine Aufgabe für Betriebsräte, Teil 1: Individualrechtliche Aspekte, AiB 2003, 20 ff.

Eyer/Koch, Innovative Systeme und Tarifvertrag – ein Widerspruch?, AuA 2000, 149 ff.
Dies., Wirtschaftsmediation bei einer Standortverlagerung, Personal 2000, 653 ff.
Eyer/Redmann, Wirtschaftsmediation als Alternative zu Stillstand und Einigungsstelle, Personal 12/1999, 618 f.
Eyer/Redmann/Webers, Wirtschaftsmediation – ein erfolgreicher Weg zu tragfähigen und zukunftsweisenden Betriebsvereinbarungen, REFA-Nachrichten 2/2000, 17 ff.
Eyer/Schmidt, Ein Mediator braucht Stallgeruch, AiB 2003, 684
Fisher/Ury/Patton, Das Harvard-Konzept – Sachgerecht verhandeln – erfolgreich verhandeln, 22. Aufl. 2004
Fitting/Kaiser/Heither/Engels/Schmidt: Betriebsverfassungsgesetz mit Wahlordnung, Handkommentar, 21. Aufl. 2002 (zit.: FKHES)
Flöttmann, Angst – Ursprung und Überwindung, 2000
Fricke, Erfolgreich verhandeln, 4. Aufl. 2001
Glasel, Konfliktmanagement – Ein Handbuch zur Diagnose und Behandlung von Konflikten für Organisationen und Berater, 2. Aufl. 1990
Haft, Verhandlung und Mediation – Die Alternative zum Rechtsstreit, 2. Aufl. 2000
Hage/Heilmann, Mobbing, ein modernes betriebliches Konfliktfeld, BB 1998, 743
Henricson-Cullberg u. a., After Jugoslavia what? Report by a conflict-mitigation mission to Croatia, Slovenia and Serba, Sept. 1991
Henssler/Koch (Hrsg.), Mediation in der Anwaltlichen Praxis, 2002
Hohmann/Morawe, Praxis der Familienmediation, Centrale für Mediation GmbH & Co. KG, 2001
Jefferys/Noack, Streiten, Vermitteln, Lösen, 5. Aufl. 2001
Kettner, Unternehmenskultur und Arbeitszufriedenheit – Kostenthema der Zukunft, in: Impulse, einer Publikation des IAS – Institut für Arbeits- und Sozialhygiene Stiftung, Nr. 4, 2002
Kittner/Kohler, BB 2000, Beilage 4, S. 1, 24
Kittner/Zwanziger (Hrsg.), Arbeitsrecht – Handbuch für die Praxis, 2. Aufl. 2003
Knauber-Bergs, Kostenersatz für die Heranziehung von Sachverständigen, AiB 1987, 160

Knapp/Novak, Effizientes Verhandeln – Konstruktive Verhandlungstechniken in der täglichen Praxis, Arbeitshefte Führungspsychologie Bd. 55, 2003

Knauth/Wollert, Human Resource Management, Loseblattwerk, Stand: September 2000

Lakowski, Mediation und konstruktive Konfliktlösung in der Schule, 2000

Lemke, Mediation im Arbeitsrecht – Grundlagen, Techniken und Chancen, 2001

Lemke, Staatliche Schlichtung in Arbeitsstreitigkeiten nach dem Kontrollratsgesetz Nr. 35, RdA 2000, 223 ff.

Leymann, Der neue Mobbing-Bericht, 1995

Lückert/Lückert, Leben ohne Angst und Panik, 2000

Marzodko/Rinne, Sexuelle Belästigung am Arbeitsplatz, ZTR 2000, 305

Maslow, Die weiten Reichweiten der menschlichen Natur, 1971

Panse/Stegmann, Kostenfaktor Angst, 1998

Perner, Zum Problem der Angst in der analytischen Theorie, in: Michels/Müller/Perner/Rath, Jahrbuch für klinische Psychoanalyse, Bd. 3: Angst, 2001

Peter, Preiswert streiten, Die Zeit vom 24.10.2002, 23, Wirtschaft 44, 2002

Ponschab/Schweizer, Kooperation statt Konfrontation. Neue Wege anwaltlichen Verhandelns, 1997

Pulte, Beteiligungsrechte des Betriebsrats außerhalb der Betriebsverfassung, NZA 2000, 223 ff.

Pünnel/Quecke, Was man vom Arbeitsrecht wissen sollte, 2002

Raiffa, The Art and Science of Negotiation, 1982

Redlich, Konflikt-Moderation, Bd. 2, 1997

Redmann, Mediation – Der erfolgreiche Anwalt, 2003

Reitemeier, Mediation und Streitschlichtung, 2. Aufl. 2001

Richter/Schwartz, Mediation – Ringen um Konsens, AuA 2000, 582

Riemann, Grundformen der Angst – Eine tiefenpsychologische Studie, 2003

Roos, Ende des Arbeitsverhältnisses und die Folgen, 2002

Rüthers, Arbeitsrecht und ideologische Kontinuität?, NJW 1998, 1433

Ryborz, Herausforderung Angst – Ängste verstehen und überwinden, 1998

Schiek, 2. Gleichberechtigungsgesetz – Änderungen des Arbeitsrechts, AiB 1994, 450

Schmalen, Grundlagen und Probleme der Betriebswirtschaft, 2001

Schwarzer, Stress, Angst und Handlungsregulation, 2000

Sperling/Wasseveld, Führungsaufgabe Moderation, 5. Aufl. 2002

Spielberger, Manual for the State-Trait-Anxiety Inventory (STAI), 1983

Stege/Weinspach, Betriebsverfassungsgesetz, Handkommentar für die betriebliche Praxis, 8. Aufl.

Strian, Angst und Angstkrankheiten, 2000

Thau/Pusch, Chancen der Mediation, AuA 1997, 344

Tusche, Reden und überzeugen – Rhetorik im Alltag, 5. Aufl. 2001

Wolmerath/Esser, Konfliktbewältigung am Arbeitsplatz, AiB 1999, 76

1. Der Konflikt – Vertiefende Einführung

1.1 Konfliktdefinition

Konfliktsituationen enden meistens in einem Streit, da sich die Parteien nicht einigen können und sich stattdessen immer weiter voneinander entfernen. Um den Streit sinnvoll durch Verhandlungen oder Streitschlichtungsprogramme einer Lösung zuzuführen und somit konstruktiv zu beenden, sollte der Begriff »Konflikt« genau eingegrenzt werden. Dazu dienen die Definition von Konflikt, die unterschiedlichen Konfliktarten und der Konfliktverlauf.

Bei einem Konflikt (lat. conflictus: aufeinanderstoßen) handelt es sich um eine Situation in der Widersprüchliches und Gegensätzliches aufeinander treffen. Dabei unterscheidet man zwischen mehreren Konfliktarten: es gibt innere (eigene) Konflikte oder zwischenmenschliche Konflikte – Gruppen- und Organisationskonflikte. Beim inneren Konflikt geht es um die Einzelperson, die sich selbst in ihrem eigenen »Ich« betroffen fühlt. Dieser Konflikt ist meistens dadurch gekennzeichnet, dass die Person stark verunsichert und dem Druck ausgesetzt ist, diese belastende Störung zu überwinden (sog. **intrapersonelle Konfliktebene**).

Der zwischenmenschliche Konflikt spielt sich zwischen zwei Menschen oder zwei Gruppen ab (sog. **interpersoneller Konflikt**). Bei dieser Art von Konflikt herrschen Misstrauen, Argwohn und offene Feindseligkeit; jeder arbeitet für sich und versucht, dem anderen sein Vorgehen aufzuzwingen. Nach *Friedrich Glasel* werden interpersonelle Konflikte wie folgt definiert:

> »*Sozialer Konflikt ist eine Interaktion zwischen Aktoren (Individuen, Gruppen, Organisationen usw.), wobei wenigstens ein Aktor Unvereinbarkeiten im Denken/ Vorstellen/Wahrnehmen und/ oder Fühlen und/oder Wollen mit dem anderen Aktor (anderen Aktoren) in der Art erlebt, dass im Realisieren eine Beeinträchtigung durch einen anderen Aktor (die anderen Aktoren) erfolge.*«[1]

In unserer Gesellschaft werden Konflikte nicht geschätzt, da sie Auseinandersetzung, Streit und Kampf bedeuten, unserem Harmonie-

---

1 Er nennt sie allerdings »soziale Konflikte«: *Friedrich Glasel*, S. 14 f.

streben damit abträglich erscheinen. Dennoch kann jeder Konflikt – soweit er **konstruktiv** ausgetragen wird – **Möglichkeiten der Veränderung, Verbesserung, des Fortschritts, der Meinungsvielfalt und der Lösung von Problemen** in sich bergen. Daher sollte ein Konflikt stets als etwas **Positives** und als eine **Chance zu Veränderungen** begriffen werden.

1.2 Konfliktarten

Bei den meisten Konflikten liegt der Ausgangspunkt in den unterschiedlichen Meinungen von Menschen. Die Menschen werden zum einen geprägt durch ihre unterschiedliche Charaktertypologie, ihre Herkunft und zum anderen durch ihre verschiedenartigen Interessen und Bedürfnisse. Für die Analyse von Konfliktarten ist es deshalb von Vorteil, sowohl die Unterschiede in den Persönlichkeiten als auch die nach außen tretenden Beweggründe zu beleuchten.

1.2.1 Charaktertypologie

Bei der Charaktertypologie handelt es sich um einen Erklärungsansatz, der unterschiedliche Charaktertypen, die ihrerseits auch typspezifisch reagieren, definiert. Bei den unterschiedlichen Formen, die im Folgenden aufgeführt sind, gibt es durchaus auch Mischformen, die sich in der Persönlichkeitsstruktur eines Menschen wiederfinden.

- **Depressiver Typ:** Diese Persönlichkeit kennzeichnet ein »Hilflosigkeitswahn«. Nach seiner Selbsteinschätzung ist dieser Mensch dem Lauf der Dinge ausgesetzt. Er empfindet sich als für die Welt nicht tauglich. Er wird vom Leben gelebt, ohne jemals zu agieren, reagiert er.
- **Distanzierter Typ:** Dieser Typ unterliegt einem »Abkopplungswahn«. Sein Umfeld kann ihm keinerlei Impulse und Anregungen geben, seine Erfüllung erfährt er aus sich selbst heraus. Die Dinge und Menschen um ihn herum werden von ihm oftmals nur als empfindliches Übel begriffen, welches er von sich fernhalten möchte.
- **Misstrauischer Typ:** Dieser Typ wird von einem »Verfolgungswahn« umgetrieben. Er vermutet hinter jedem Busch einen Räu-

ber und denkt, dass jeder etwas von ihm zu seinem Nachteil wolle. Es fehlt ihm an Grundvertrauen und er ist grundsätzlich von den Dingen und Menschen enttäuscht, ohne je zuvor negative Erfahrungen – ja – Kontakt mit ihnen gehabt zu haben.
- **Zwanghafter Typ:** Seine Persönlichkeitsstruktur und das daraus zu schließende Verhalten sind von einem «Kontrollwahn» geprägt. Diese Kontrolle lebt dieser Charaktertyp nicht nur gegenüber Dritten, sondern vor allem auch gegenüber sich selbst aus. Er ist unfähig, Aufgaben an andere zu delegieren. Selbst bei der eigenen Arbeit baut er Kontrollmechanismen ein, die ihm Grenzen setzen.
- **Narzisstischer/Egozentrischer Typ:** Dieser Charaktertyp ist von einem »Großartigkeitswahn« befallen. Er ist der Selbstverliebteste, Größte und Beste, was je hervorgebracht wurde, mit anderen Worten: Er ist das Zentrum des Universums.

1.2.2 Das Maslow'sche Motivationsmodell

Das von *Maslow*[2] entwickelte Bild des Menschen knüpft daran an, dass jeder Mensch existentielle Bedürfnisse hat, die er zu befriedigen sucht. *Maslow* unterscheidet dabei an Bedürfnisstufen die Selbstverwirklichung, Selbstachtung und Anerkennung, Stufe des sozialen Kontaktes, die Stufe der Sicherheit und die der physiologischen Bedürfnisse. Sie werden befriedigt durch Realisieren des eigenen Potenzials, Wachstum und Lernfortschritt, Zunahme an sozialer und beruflicher Verantwortung (Selbstverwirklichung), Steigerung der fachlichen Kompetenz, Selbständigkeit, Anwachsen von Entscheidungsbedürfnissen, Geborgenheit in der Gemeinschaft, intensivem menschlichen Kontakt, dem Dazugehören beim menschlichen Kontakt, ausreichendem Einkommen, sicheren Arbeitsplatz, harmonisches und friedliches Umfeld und schließlich durch ausreichende Nahrung, Kleidung und »Behaust sein«.

Geht man von den oben genannten Erklärungsmustern aus (und die Aufzählung ist nicht abschließend), wird deutlich, dass ein **Konflikt** sich nicht nur **aus mannigfachen inneren Dispositionen und Beweggründen** zusammensetzt. Das Puzzle wird **komplettiert** und kompliziert durch die »äußeren« Umstände, nämlich die **Konfliktarten**.

---

2 *A. Maslow*, Die weiten Reichweiten der menschlichen Natur, S. 259.

1.2.3 Die verschiedenen Konfliktarten

Es gibt im betrieblichen Bereich mehrere Arten von Konflikten. Sie entstehen notwendigerweise immer wieder, weil die beteiligten Personen – wie Beschäftigte und Vorgesetzte – unterschiedliche Bedürfnisse haben und ihre eigenen individuellen Interessen verwirklichen wollen. Die Gründe, weshalb soziale Konflikte am Arbeitsplatz entstehen, sind unterschiedlicher Natur. Oftmals ist eine solche Konfliktentwicklung im Führungsverhalten von Vorgesetzten begründet, teilweise in den Rahmenbedingungen, unter denen die Beschäftigten im konkreten Fall arbeiten müssen wie die ständige Vertretung von arbeitsunfähig Erkrankten, personelle Unterdeckung sowie hoher Arbeitsdruck.[3]

1.2.3.1 Zielkonflikt

Ursache für diesen Konflikt sind die **unterschiedlichen Zielvorstellungen und Wertewelten der Parteien.** Arbeitgeber bzw. Unternehmensleitung verfolgen nicht unbedingt die gleichen Ziele wie das Betriebsratsgremium. Ein Beispiel[4] soll dies verdeutlichen:

Bei der Einteilung und Länge von Arbeitszeiten oder bei der Möglichkeit der Maschinen- und Anlagennutzung haben Betriebsräte als Vertreter der Arbeitnehmer das Ziel, sich für familienfreundliche Arbeitszeiten, ausreichende Pausenregelungen oder die Schaffung neuer Arbeitsplätze einzusetzen. Demgegenüber haben die Arbeitgeber und die Unternehmensleitung ein größeres Interesse an Flexibilität, Minimierung der Kosten und der optimalsten Maschinen- und Anlagenausnutzung.

Vorliegend sind die Zielsetzungen ähnlich: es geht um die Einteilung der Arbeitszeiten. Mit welchen Mitteln und Wegen dieses Ziel erreicht werden kann, stellt den Konflikt – die Andersartigkeit der Interessen – dar.

---

3 *Wolmerath/Esser*, AiB 1999, 76.
4 *Reitmeier*, S. 27.

1.2.3.2 Verteilungskonflikt

Als eine weitere Konfliktart ist der Verteilungskonflikt zu nennen. Dieser liegt vor, wenn zwei Kollegen die gleiche Arbeit verrichten, der eine aber besser dafür entlohnt wird als der andere (Gründe hierfür können sein: unterschiedliche Verträge, unterschiedliche Tariflöhne). Durch diese **vermeintliche Ungleichbehandlung** entstehen **Neid und Spannungen der Kollegen untereinander** oder **der unterschiedlich behandelten Arbeitnehmergruppen**.

1.2.3.3 Rollenkonflikte der Betriebsratsmitglieder

Es gibt zum einen Konflikte zwischen den Mitgliedern im Betriebsratsgremium, der **Verteilung ihrer Aufgaben untereinander** und der **Funktionen der einzelnen Mitglieder**, wenn **diese nicht ausdrücklich festgelegt** worden sind. Zum anderen gibt es den Rollenkonflikt des Betriebsratsmitglieds im Betriebsalltag bedingt durch eine **missverstandene Rollenerwartung**. Das Betriebsratsmitglied wird den Erwartungen, der von ihm vertretenen Arbeitnehmer, nicht gerecht.

1.3 Umgang mit Konflikten

Was im Vorfeld bei der Konfliktbearbeitung stattfinden sollte, ist eine Konfliktdiagnose. Folgende Fragen sollte sich jede Partei beim Umgang mit Konflikten vor Augen halten:

- Wie ist der Konflikt entstanden?
- Wo liegt der Anlass für den Konflikt?
- Wie lange hält der Zustand schon an?
- Wem nützt der Konflikt?
- Wer hat Interesse daran, den Konflikt zu beenden bzw. aufrechtzuerhalten?
- Um welche Art von Konflikt handelt es sich genau (Zielkonflikt, Verteilungskonflikt, Rollenkonflikt)?

Wie verläuft ein Konflikt?

Ein Konflikt hat zwei Ebenen, zum einen die **Beziehungsebene**, auf der sich emotionale oder durch Kommunikationsmissverständnisse hervorgerufene Faktoren befinden; zum anderen die **Sachebene**, die durch das persönliche Umfeld, berufliche und soziale Rollen, Kompetenzbereiche und sachliche Interessen geprägt wird.

Diese beiden Ebenen stehen in ständiger **Wechselwirkung** miteinander. Bedingt durch diese Dynamik lässt sich der Verlauf eines Konfliktes in Eskalationsstufen einteilen. Die Entwicklung eines Konflikts lässt sich in **sieben Phasen** beschreiben:

- **Phase 1**: Hier prallen unterschiedliche Standpunkte und Meinungen aufeinander. Die Kommunikationsfronten verhärten sich, was dazu führt, dass die Konfliktparteien nicht mehr flexibel in ihrer Denkungsart sind. Es findet allerdings noch eine Kommunikation miteinander statt.
- **Phase 2**: Die Art zu kommunizieren verzerrt sich dahingehend, dass Gesagtes nicht mehr Gemeintes ist. Die Parteien suchen nicht nach einer Lösung, sondern wollen sich auseinandersetzen. Jeder versucht den anderen dazu zu bringen, die eigene Sichtweise anzunehmen. Es wird suggeriert und konstruiert. Teilweise werden auch krasse Szenarien entwickelt, um die andere Partei auf die eigene Seite zu bekommen.
- **Phase 3**: Die Auseinandersetzung zwischen den Konfliktparteien nimmt immer handfestere Formen an. Durch nonverbales Verhalten und durch andere Maßnahmen wird der anderen Konfliktpartei angezeigt, was ihr bevorsteht, wenn sie nicht meinungskonform geht. Durch die immer stärker werdende Form der indirekten Kommunikation (»man« etc.) werden Fehl- und Überinterpretationen ausgelöst.
- **Phase 4**: Das Sachproblem rückt immer weiter in den Hintergrund, die Gefühlsebene wird vorrangig. Wichtig sind nun Image und Reputation, das Selbstbild jeder einzelnen Konfliktpartei wird idealisiert. Das Bild der gegnerischen Konfliktpartei wird immer negativer gesehen. Machtaspekte treten eindeutig in den Vordergrund. Jede einzelne Konfliktpartei reagiert nur noch auf die andere und fasst deren Agieren als Provokation auf.
- **Phase 5**: Die Emotionen werden noch weiter ausgelebt, mit dem Ziel, dass der Gegner sein Gesicht verliert. Es werden Drohungen

ausgesprochen, um die eigenen Ziele zu erreichen. Der Drohende will mit seinem Verhalten abschrecken und Entschlossenheit zeigen. Der Bedrohte fühlt sich von diesem Verhalten unter Druck gesetzt und seinerseits provoziert. Eine konsensuale Konfliktlösung ist hier schon nahezu ausgeschlossen.
- **Phase 6**: Es geht auf dieser Konfliktebene nur noch um Sieg oder Niederlage. Es gilt, den anderen um jeden Preis zu besiegen. Der Sieg besteht darin, dass der andere verliert. Eigene Verluste werden dabei in Kauf genommen, solange die Verluste der anderen Partei größer sind. Die eigenen Verhaltensweisen werden nicht mehr kritisch in Frage gestellt.
- **Phase 7**: In dieser Phase reagieren beide Konfliktparteien nur noch irrational. Der Blick auf die Sachebene ist total verbaut, die Konsequenzen sind völlig egal. Es geht nur noch darum, den anderen mit in den Abgrund zu ziehen.

1.4 Ebenen der Konfliktlösung

Der **Konfliktverlauf** stellt sich demnach **nicht linear** dar, sondern **stufenweise**. Dabei ist es von den einzelnen Eskalationsstufen abhängig inwieweit noch interveniert werden kann. Bei einer **niedrigen Eskalationsstufe** ist es logischerweise einfacher zu deeskalieren als bei der höchsten. Dabei sollten die Konfliktparteien die Möglichkeit nutzen, von einem gewissen Zeitpunkt an (wenn nämlich bereits alle Argumente ausgetauscht sind und der Konflikt sich anschickt, die nächste Ebene zu erreichen) über Kompromisse nachzudenken sowie Konsensvarianten zu erarbeiten, sich also faktisch wieder einander anzunähern.

Folgende acht Lösungsprinzipien[5] sollen bei der Konfliktlösung helfen:
1. **Interessen**: Man sollte versuchen, sich auf die Interessen und nicht auf die Positionen zu beziehen.
2. **Menschen**: Es sollte zwischen dem Menschen und dem Problem unterschieden werden.
3. **Optionen**: Bevor eine Entscheidung gefällt wird, sollten viele

---
5 Entwickelt durch Mitarbeiter der Stiftung Frieden und Zukunftsforschung in Schweden, um gewaltfreie Lösungsmöglichkeiten zu finden. Vgl. hierzu *Henricson-Cullberg u. a.*, Sept. 1991.

Handlungsmöglichkeiten überlegt werden. Dabei sollte nicht nur der eigene Schritt überdacht sein, sondern eine Reihe von Möglichkeiten und auch die Gegenbewegung dazu.
4. **Kriterien:** Es sollte drauf geachtet werden, dass das Ergebnis von Prinzip 3 allgemein verbindlichen Kriterien genügt.
5. **Wahrheit:** Man sollte sich immer vor Augen führen: es gibt mehrere Wahrheiten, die eigene, die des Gegenübers und vielleicht eine weitergehende.
6. **Mittel:** Es sollte darauf geachtet werden, dass Mittel und Ziel eine Einheit bilden, also keine Unverhältnismäßigkeiten (beispielsweise mit Kanonen auf Spatzen schießen).
7. **Prämissen:** Man sollte sich an die Prinzipien halten und darauf eine eigene Strategie aufbauen. Es sollten dabei nur solche Ziele verfolgt werden, die sowohl für einen selber wie für die andere Seite gut sind. Und dies auch dann, wenn sich die andere Seite nicht entsprechend verhält.
8. **Macht:** Macht ist die Fähigkeit, die eigenen Ziele zu erreichen und nicht andere zu bestrafen.

Selbst wenn der Konflikt eine **relativ hohe Eskalationsstufe** erreicht hat, besteht die Möglichkeit physisch und kommunikativ zu intervenieren und zu deeskalieren.

Bei einer fortgeschrittenen Eskalationsphase, bei der sich die Parteien anschreien, ohrfeigen, ist eine Trennung von beiden von Nöten. Die Konfliktparteien brauchen Zeit, sich zu beruhigen und um sich klar zu werden, was passiert ist und wie sie in der konkreten Situation weiter vorgehen wollen.

Auch Kommunikationstechniken können helfen, eine Deeskalation des Konflikts voranzutreiben. Dabei ist es wichtig, Emotionen zu bändigen. Vorwürfe sollten in »Ich-Botschaften« übersetzt werden, so dass die andere Konfliktpartei versteht, was den anderen dazu gebracht hat, sich so zu verhalten und wie die Problemlage aussieht. Es sollte immer versucht werden, sachlich zu bleiben, selbst wenn von der anderen Seite emotional vorgetragen wird. Dies nimmt dem Gegenüber die Angst, der Gegner zu sein. Gesagtes sollte zusammengefasst werden, Diskussionen versachlicht werden, so dass jede Konfliktpartei das Gefühl hat, sie wurde gehört und ihre Befindlichkeit wurde verstanden. Diese Techniken verlangsamen das Gespräch und entschärfen die Konfliktdynamik.

1.5 Lösungen von Konflikten durch die Konfliktparteien

Den Konfliktparteien stehen grundsätzlich zwei Möglichkeiten zur Lösung ihrer Konflikte offen – die außerjuristische oder die juristische.

Häufig schaffen es die Konfliktparteien selber, einen zwischen ihnen befindlichen Konflikt zu lösen. Oftmals ist es in der frühen Phase eines Konflikts ausreichend, die unbefriedigende Situation anzusprechen. In scheinbar ausweglosen Situationen sollte man sich ein genaues Bild von der gegenwärtigen Konfliktsituation verschaffen. Hierzu dient die folgende Checkliste:

Fragenkatalog für die systematische Aufarbeitung eines Konflikts durch eine bzw. beide Konfliktparteien:[6]

1. Worüber streiten wir uns genau? (Welches sind die aus meiner Sicht definierten Streitpunkte; welches sind die Streitpunkte der Gegenseite?)
2. Stimmen meine wichtigsten Streitpunkte mit denen der Gegenseite überein? (Welcher ist der für mich wichtigste Streitpunkt; welcher ist der wichtigste Streitpunkt für die Gegenseite?)
3. Habe ich mit der Gegenseite bereits positive oder negative Erfahrungen bei der Lösung von Konflikten gemacht? (Was kann ich aus dem derzeit vorliegenden Konflikt lernen?)
4. Weiß ich genau, was ich will? Habe ich mich verständlich ausgedrückt?
5. Bin ich für die andere Seite verständlich?
6. Wie kann ich mich besser verständlich machen?
7. Habe ich genau verstanden, was die Gegenseite exakt will? Welche vertrauensbildenden Maßnahmen könnte ich ergreifen? Welche Vorschläge könnte ich machen?
8. Sind alternative Lösungsmöglichkeiten denkbar, die dazu führen, dass jede Seite etwas für sie wichtiges bekommt? Lässt sich der Konflikt in Etappen lösen?
9. Welche Vor- und Nachteile hätten die unterschiedlichen Formen der Konfliktbereinigung? (z.B. Gespräch unter vier Augen, von

---
6 *Wolmerath/Esser*, AiB 1999, 77.

einem Dritten moderiertes Gespräch, Vermittlung durch Dritte?)
10. Wie kann ich die Gegenseite davon überzeugen, dass sie nicht übervorteilt wird? Welche Sicherheiten benötige ich, um Zugeständnisse zu machen bzw. mich überhaupt auf eine Einigung einzulassen?

Juristische Handlungsmöglichkeiten sind kaum geeignet, Konflikte nachhaltig zu lösen, da sie meistens mit Machteingriffen zu tun haben. Folge dieser Machteingriffe ist es, dass Konflikte weiter eskalieren oder weiter schwelen. Daher sollte vor dem Einsatz juristischer Möglichkeiten genau abgewogen werden, ob sich ihr Einsatz mit den sich daraus ergebenden Konsequenzen lohnt. Nur dort, wo es keine Möglichkeit mehr gibt, sollte auf juristische Handlungsmöglichkeiten, wie die Abmahnung, Versetzung, Änderungskündigung, Beendigungskündigung etc., zurückgegriffen werden.

2. Möglichkeiten zur Konfliktlösung im Überblick

Um bestehende Konflikte im Arbeitsleben sachgerecht zu lösen, können die Parteien unterschiedliche Wege beschreiten: Entweder sie versuchen zunächst selbst, eine Lösung zu finden oder sie wenden sich an einen neutralen Vermittler, den Mediator. Entsprechend dem zweigeteilten Aufbau des gesamten Buches wird mit der Variante der Konfliktlösung durch **selbständige Verhandlungsführung** ohne Dritte begonnen. Falls diese Methode nicht zum Erfolg führt, besteht die Möglichkeit, ein tragbares Ergebnis mit Hilfe eines Mediators im Rahmen der **Wirtschaftsmediation** zu erzielen.

2.1 Selbständige Verhandlungsführung – Ein Überblick

Im Folgenden werden Modelle der Verhandlungsführung dargestellt und ein Überblick über die Methode des sachgerechten Verhandelns als erlernbare Technik gegeben. Die hier genannten wichtigsten Aspekte werden dann im Kapitel Verhandlungsführung (siehe Seite 47 ff.) näher erläutert.

2.1.1 Die Vergangenheit – Das intuitive Verhandlungsmodell

Für jeden von uns gehören Konflikte unterschiedlichster Natur zum Alltag – und jeder hat deshalb bereits persönliche Konfliktlösungsstrategien entwickelt. Dazu gehört immer auch, eine mögliche Lösung durch Gespräche, also durch Verhandeln, zu finden – Verhandeln gehört damit zu unserem »täglich Brot«.

Doch in der Regel verhandeln wir – traditionsbedingt – »intuitiv«, d. h. spontan, oft auch emotionsgeladen und ohne dabei besondere Strukturen oder Verhaltensregeln zu beachten.[1] Wenn wir überhaupt an Regeln, wie man vorgehen könnte, denken, kommen wir schnell

---

[1] Vgl. dazu grundlegend *Haft*, S. 9 ff.

zu der Assoziation »**Basar**«.² Dort geht es nicht um einen fairen Verhandlungsstil, sondern um den eigenen Vorteil. Man vertritt eine bestimmte Position, die man unbedingt gegen den Willen des Gegners (und nicht Verhandlungspartners) verwirklichen und erkämpfen will. Erstrebenswert ist es nach dieser Methode, den anderen möglichst zu übervorteilen. Denn man hat nur dann seine eigene Position gut durchgesetzt und ein wirklich gutes »Geschäft« gemacht, wenn man viel bekommen hat, ohne dem Gegenüber viel zu geben.

Beliebte »Stilmittel« bei dieser Art von Verhandlungen sind in der Regel Manipulationstechniken der Kontrahenten. Man lässt sich nicht in die Karten schauen, stellt zunächst überhöhte Forderungen, trickst bewusst etc.³ Zudem erschwert die Fixierung auf die jeweilige Position die Suche nach Lösungsalternativen ganz erheblich.

Das intuitive Verhandlungsmodell mag funktionieren, wenn man sich wie beim Teppichkauf auf dem Basar nur einmal sieht. Gerade im Berufsleben verhandelt man aber im Rahmen von längerfristigen Beziehungen (Betriebsrat – Arbeitgeber, Vorgesetzter – Mitarbeiter etc.) häufig immer wieder mit denselben Menschen. Eine gute persönliche Beziehung ist daher wichtig. Mit dem intuitiven Verhandlungsmodell kann dies aber in der Regel nicht gelingen, da man sich öfter zu Verhandlungen zu immer neuen Themen trifft. Die Atmosphäre ist aber bereits nach den ersten Versuchen, den anderen zu übervorteilen, dauerhaft vergiftet. Der damals Unterlegene sinnt häufig auf eine Revanche.

Verhandeln verstanden im Sinne von Feilschen, Basarmethoden und Manipulationsversuchen gerät daher leicht in Gefahr, etwas Anrüchiges zu sein. Viele Menschen stehen deshalb dem Begriff »Verhandeln« skeptisch gegenüber. Zudem gilt dieses »Verhandlungsgeschick« als Talent, das man hat oder nicht hat – und nicht erlernen kann.

---

2 Die Basarmethode wird auch häufig als Negotiation Dance, also als Verhandlungstanz, bezeichnet. Diesen Ausdruck prägte *Howard Raiffa* in seinem Standardwerk The Art and Science of Negotiation, Cambridge (USA) und London 1982.
3 Eine erschreckend ausführliche Übersicht über verbreitete traditionelle Verhandlungstaktiken findet sich in *Knapp/Novak*, S. 69 ff.

2.1.2 Die Zukunft – Das Modell des sachgerechten Verhandelns

Doch dieses – zugegebenermaßen etwas überzeichnet dargestellte – Verständnis von Verhandlungsführung ist heute – zumal im Arbeitsleben – weitgehend unbrauchbar und führt in der Regel nicht zu einer effektiven Konfliktlösung. Denn deren Rezept besteht aus vielen anderen Zutaten. Daher wird in diesem Buch ein anderes, weitgehend aus den USA importiertes[4] Verhandlungsmodell propagiert, das berühmte Harvard-Konzept:

> *Verhandeln im modernen Sinne definiert sich danach als rationales Bemühen um eine sachgerechte Lösung des bestehenden Konflikts für alle Beteiligten.*[5]

Dieses Konzept beinhaltet zunächst, dass die geschickte und erfolgreiche Führung von Verhandlungen kein gottgegebenes Talent ist. Die **Schlüsselqualifikation** Verhandlungsführung als rational gesteuerte Lösungssuche ist vielmehr im Grundsatz Verhandlungs*technik* – und damit ein **Handwerkszeug**, das jeder lernen kann. Natürlich schadet ein bisschen Begabung nicht: Umso leichter wird aus der Technik dann Verhandlungs*kunst*.

Das »Kind« Verhandlungsführung hat in den letzten Jahren viele unterschiedliche Namen bekommen, die alle letztlich dasselbe sagen wollen: Ob man die angewandte Methode nun sachgerechtes Verhandeln wie im Harvard-Konzept, rationales Bemühen, effizientes Verhandeln, erfolgreiches oder nur erfolgsorientiertes Verhandeln nennt, ist dabei nicht von großen Bedeutung – die Methode als solche zählt. Trotz unterschiedlicher Ausprägungen im Detail ist das Grundkonzept bei allen theoretischen Ansätzen identisch:

Verhandlungsziel ist eine für alle Beteiligten befriedigende Lösung des Konflikts. Denn Verhandeln bedeutet den **Ausgleich von Interessen**. Ein sachgerechtes, erfolgreiches, effizientes und befriedigendes Ergebnis ist dasjenige, bei dem die Parteien (hier bewusst **Verhandlungspartner** genannt) sich einander möglichst viel gegeben und

---

4 Tatsächlich gibt es auch sinnvolle Importe aus den USA. Dazu zählt dieses Verhandlungsmodell, das in den 80er Jahren als Ergebnis ausführlicher und detaillierter Forschungen an der Universität von Harvard entwickelt wurde (siehe Fußnote 5).
5 *Fisher/Ury/Patton*, Das Harvard-Konzept. Sachgerecht verhandeln – erfolgreich verhandeln, 1998.

möglichst wenig genommen haben. Diese recht vage und nahezu philosophische Definition lässt sich anhand des anschaulichen »Orangenbeispiels«[6] präzisieren:

Zwei Schwestern streiten sich um eine Orange. Jede möchte die Orange. Diese gegensätzlichen Positionen führen zu der Übereinkunft, die Orange zu teilen. Die eine Schwester nimmt die halbe Orange und presst sich daraus Saft, die andere schabt von der zweiten Hälfte die Schale für einen Orangenkuchen ab. Hätten sich die beiden Schwestern über ihre zugrunde liegenden Interessen ausgetauscht, hätten sie auf der Grundlage ihrer Interessen zu dem sachgerechten Ergebnis kommen können, dass die eine das Fruchtfleisch der ganzen Orange erhält und die andere die Schale der ganzen Orange.

Neudeutsch lässt sich die Moral von der Geschicht' auch so zusammenfassen: Gute Lösungen sind die, bei denen für alle Beteiligten **»Win-Win-Situationen«** statt »Win-Lose-Situationen« entstehen – wenn also jeder aus dem gefundenen Ergebnis seinen Nutzen ziehen kann und dabei etwas gewinnt.

Dieses sachgerechte, rationale Verhandlungsmodell bietet – wie *Knapp/Novak* zeigen[7] – **entscheidende Vorteile** gegenüber dem intuitiven Modell:

- Optimales, nachhaltiges und umsetzbares Ergebnis für beide Partner,
- Zeitersparnis durch ergebnisorientierte Verhandlungsführung,
- Förderung des gegenseitigen Verständnisses durch Kommunikation,
- Verbesserung der Beziehung zwischen den Verhandlungspartnern in der jetzigen Verhandlung und für die Zukunft.

2.1.3 Unterschiedliche Verhandlungssituationen

Im Arbeitsleben finden wir uns häufig in unterschiedlichen Verhandlungssituationen wieder. Oft verhandeln mehr als zwei Personen miteinander. Um diese Situationen zu kennzeichnen, sind folgende Begrifflichkeiten[8] zu empfehlen: Der Zwei-Personen-Konflikt ist meist relativ leicht überschaubar.

---

6 Aus: *Knapp/Novak*, S. 20.
7 *Knapp/Novak*, S. 15.
8 Vgl. *Haft*, S. 158.

Beispiel:
Ein Arbeitnehmer möchte seine Arbeitszeit nach dem Teilzeit- und Befristungsgesetz (TzBfG) reduzieren und verhandelt darüber mit seinem Vorgesetzten.

Schwieriger wird es bei den **Mehr-Personen-Verhandlungen**. Einmal können hier zwei Parteien beteiligt sein, die aber mit mehreren Personen (Delegationen) miteinander verhandeln (sog. **Delegationen-Verhandlungen**). Es können aber auch mehrere Parteien mit Einzelvertretern am Verhandlungstisch sitzen; dies sind dann **Mehr-Parteien-Verhandlungen**. Beide Varianten treffen in der Praxis recht häufig zusammen. Gerade Verhandlungen mit mehreren Parteien (etwa bei Firmenübernahmen oder Fusionen) werden häufig auch gleichzeitig Delegationen-Verhandlungen sein.

Klassisches **Beispiel** für eine Delegationen-Verhandlung ist eine Verhandlung des Betriebsrats mit der Unternehmensleitung etwa über Mitbestimmungsrechte oder einen Sozialplan.

Da diese Konfliktsituationen unterschiedlicher Natur sind, müssen sich die beteiligten Parteien dieser Divergenzen bewusst sein und die Art und Weise der Verhandlungsführung daran anpassen.

Der augenscheinlichste Unterschied besteht in der größeren Komplexität von Mehr-Personen-Verhandlungen (siehe Seite 82 ff.). Umso mehr Interessen »unter einen Hut gebracht« werden und umso mehr Verhandlungspartner persönlich miteinander auskommen müssen, desto schwieriger ist das Ziel einer sachgerechten Lösung für alle zu erreichen. Eine wichtige Grundregel für diese Verhandlungssituationen lautet: **Kontrolle der Komplexität durch Bildung von Strukturen**, von Regeln, die einem während der Verhandlung Hilfestellung bieten können.[9]

2.1.4 Phasen der Verhandlungsführung

Die Methode der sachgerechten Verhandlungsführung lässt sich in drei Phasen unterteilen:

- Vorbereitung,
- Durchführung und
- Nachbereitung.

---

9 Siehe *Haft*, S. 69 ff.

Hieraus ergeben sich auch die wichtigsten Aspekte. So erfordert die Vorbereitung einer Delegationen-Verhandlung zunächst interne Diskussionen, etwa im Betriebsratsgremium. Die Führung einer Diskussion ist ebenso erlernbar wie die Verhandlungsführung. Wichtig sind hierbei Moderations- und Gesprächsleitungstechniken, auf die später noch einzugehen sein wird (siehe Seite 51 ff.). Unter der Verhandlungsführung »im engeren Sinne« versteht man die Durchführung, also das eigentliche Verhandeln. Nicht zu unterschätzen – und in der Praxis wohl zu häufig vergessen – ist die sorgfältige Nachbereitung einer geführten Verhandlung.

2.1.5 Verhandlungsführung – Chancen und Grenzen

Mit einer methodisch sauberen Verhandlungstechnik lässt sich viel erreichen. Sachgerechtes Verhandeln in kooperativer Atmosphäre führt häufig zu einer befriedigenden Lösung, die etwa eine gerichtliche Austragung des Konflikts überflüssig macht. Dies spart Zeit, Geld und Nerven – und man fühlt sich einfach besser. Kooperativer Umgang und ein fairer Ausgleich von Interessen – was kann motivierender und erfüllender wirken?

Soweit die Theorie (die sich zum Glück in vielen Fällen auch so in die Praxis übertragen lässt). Doch auch die besten Verhandlungstechniker und -künstler stoßen zuweilen an ihre Grenzen. Denn Voraussetzung für erfolgreiche Verhandlungen ist die **Verhandlungsbereitschaft** auf beiden Seiten. Fehlt sie bei einem Partner, sind die Bemühungen des anderen zwangsläufig zum Scheitern verurteilt. Eng damit zusammen hängt der Fall, dass sich keine Interessenüberschneidung erzielen lässt. Dies wird häufig so sein, wenn ein **Kräfteungleichgewicht** zwischen den Verhandlungspartnern herrscht. Dann ist ein fairer Austausch von Interessen nicht mehr zu erreichen. Verhandlungen können auch daran scheitern, dass einem oder mehreren Partnern die Offenheit zu Lösungsalternativen oder -optionen fehlt.

Wenn die Verhandlungen festgefahren sind, kann der »Gordische Knoten« oft nur mit einer neuen, kreativen Idee durchschlagen werden. Häufig kommen die Beteiligten auch zu keinem tragbaren Ergebnis, weil sie von der Komplexität des Verhandlungsgegenstandes und der Umstände (z. B. viele Beteiligte) überfordert sind. Ein schlichter, aber ebenso wichtiger Grund für das Scheitern können auch nicht von den Beteiligten allein zu überbrückende **persönliche Schwierigkeiten** sein.

In all diesen Fällen kann die selbständige Verhandlung zwischen den Parteien in einer Sackgasse enden. Doch dieses Scheitern bedeutet nicht zwangsläufig, dass man sich vor Gericht wieder trifft. Denn mit der Wirtschaftsmediation gibt es noch gute Chancen, den Konflikt zu lösen – mit Hilfe eines neutralen Vermittlers, des Mediators.

2.2 Konfliktlösung mit Vermittler (Mediation)

In diesem Abschnitt wird darauf eingegangen, was unter Mediation zu verstehen ist, wie der Mediator vermittelt und welcher Kommunikationstechniken er sich dazu bedient. Des Weiteren wird diskutiert, ob der Betriebsrat als Mediator fungieren kann, wann er dies tun sollte und welche Auswahlkriterien an einen externen Mediator anzulegen sind. An einem Beispiel wird der Fall einer betrieblichen Mediation veranschaulicht.

Manchmal kann eine selbständige Verhandlungsführung – sei sie auch noch so geschickt geführt worden – nicht zu einer sachgerechten und zufrieden stellenden Lösung für beide Konfliktparteien führen. Dann sollte keinesfalls aufgegeben werden, »das Kind ist noch nicht in den Brunnen gefallen«, da eine Lösung immer noch über die **Vermittlung eines Mediators** herbeigeführt werden kann.

2.2.1 Definition der Mediation

Ist Mediation etwas Esoterisches? Eine sinnende Betrachtung, eine kontemplative Versenkung wie Meditation? Nichts dergleichen!

Als **Mediation** (lat. medium = Mitte) wird das **Verhandeln zwischen zwei oder mehreren Personen (oder Gruppen) unter Einschaltung eines allparteilichen, nicht entscheidungsbefugten Dritten** verstanden. Im **Mittelpunkt** der Mediation steht die Suche nach **Problemlösungen**, die für alle am Konflikt Beteiligten akzeptabel sind. Die Beteiligten bemühen sich hierbei darum, »**Win-win-Lösungen**« zu finden. Mediation ist ein strukturiertes Konfliktbearbeitungsverfahren, das sich in **fünf Phasen** unterteilen lässt (Näheres hierzu siehe Seite 98 ff.). Mediative Elemente lassen sich auch in bereits bekannten Verfahren im arbeitsrechtlichen Bereich wiederfinden, wie z. B. in der ersten Stufe des Einigungsstellenverfahrens, bei Tarifschlichtungen sowie Güteverhandlungen.

Während des Mediationsverfahrens werden die Konfliktparteien durch die **Vermittlung** des Mediators dahin geführt, ihre jeweilige Interessenlage, die Bedürfnisse hinter den Positionen und ihre Gerechtigkeitsvorstellungen gegenseitig zu akzeptieren.

Aufgrund der in verschiedenen Situationen gemachten Erfahrungen haben sich bei jedem Einzelnen **Verhaltensmuster** eingeschliffen, wie mit einer Konfliktsituation umzugehen ist. Ein solches Verhaltensmuster wird dann unreflektiert in solchen Situationen abgerufen. Dieses Programm »Umgang mit Konflikten« behindert zum großen Teil das Finden von Lösungen. Verhaltensweisen wie Verleugnen, Vermeiden, Anpassen, Manipulieren verstellen den Blick auf die Lösung.

2.2.2 Aufgaben des Mediators

Aufgabe des Mediators ist es, diese behindernden Verhaltensweisen zu bemerken und durch Interventionen, die Konfliktparteien zu veranlassen, sich auf **lösungsfördernde Verhaltensweisen** einzulassen.

Beispiel:
Verleugnet eine Konfliktpartei den Konflikt, erkennt ihn als nicht wichtig an oder nimmt ihn nicht wahr, führt dies bei einer Konfrontation dazu, dass sie sich zurückzieht, sich nur oberflächlich auf die Sache einlässt oder Stellung bezieht. Eine Haltung, die nicht unbedingt zu einer Lösung führt, ist doch die Konfliktpartei damit beschäftigt, ihre »Mauer« hochzuziehen.

In dieser Situation wird der Mediator versuchen, **Ängste und Befürchtungen** anzusprechen. Dabei sind hypothetische Fragen hilfreich, z. B. wie sich diese verleugnenden Positionen auswirken und wozu letztendlich die Vermeidung des Konflikts führen wird. Gleichzeitig wird der Mediator sicherstellen, was der Konfliktpartei fehlt, um in dieser Situation Sicherheit aufzubauen, oder die Konfliktpartei fragen, wie Sicherheit erreicht werden kann.

Bekanntlich gibt es immer **mehrere Wahrheiten,** die zumeist durch verschiedene Selektionsprozesse und individuelle Sichtweisen hervorgerufen werden.[10] Deutlich wird das z. B. durch die so genannten Kippbilder »Junge Frau/alte Frau« oder »Hase/Ente«,[11] die veranschaulichen, dass die Umwelt durch unterschiedliche Standpunkte verändert wahrgenommen wird. In seinem Buch »Mediation und Streitschlichtung« geht *Jürgen Reitemeier* richtigerweise davon aus,

> *»dass der Schlichter bzw. Mediator diese Tatsache im Verlauf der Streitschlichtung immer deutlich machen und die Streitenden auch darüber aufklären sollte.«*

Das Wissen darum fördert die Toleranz für den/die anderen, hilft, mit Vorurteilen aufzuräumen und gibt ihnen mehr Entfaltungsmöglichkeiten.[12]

Der Mediator versucht auf diese Weise die Emotionen, die in jeder Auseinandersetzung notwendigerweise vorhanden sind, aus dem Konflikt zu nehmen und die Parteien auf kommunikativem Wege zu einer Lösungsfindung zu führen. Dabei ist der Mediator unparteiischer, nicht entscheidungsbefugter Dritter, die Parteien sind die eigentlich »Lösenden«. Sie finden ihre Ideen, Vorstellungen und Werte in der von ihnen erarbeiteten Lösungsvereinbarung wieder. Diese **»aus der Mitte«** der Beteiligten kommende **Vereinbarung** ist in der Regel besser geeignet, den **Konflikt konstruktiv** zu lösen **als es juristische Alternativen** tun können. Das Ergebnis ist in den meisten Fällen **nachhaltiger** als die nach juristischer Methode geführten Streitigkeiten.

Jeder nach den Regeln der juristischen Methode geführte Streit führt letztendlich zu einer Situation, in der beide verlieren, weil der Verlierer von dem Moment an, in dem er erkennt, dass er verloren hat, nur noch eins im Kopf hat, nämlich sich am vermeintlichen Gewinner zu rächen.[13]

---

10 *Reitemeier*, S. 50.
11 *Jefferys/Noack*, S. 36.
12 Vgl. *Lakowski*, S. 69.
13 *Ponschab/Schweizer*, S. 7.

2.2.3 Vorgehen des Mediators

Der Mediator agiert bei der Konfliktlösung als **unparteiischer Dritter**. In festgefahrenen Situationen, wo sich ein Wort das andere gibt, nimmt er eine so genannte **Metaebene** ein. Von seinem »Balkon« hat der Mediator einen besseren Überblick und kann erkennen, welche Schritte die Parteien machen müssen, um ihre Lösung zu finden. Er kann auf Zugeständnisse der einen oder anderen Partei aufmerksam machen, wenn er das Gefühl hat, dass dies übersehen wurde und zur Lösungsfindung beiträgt. Durch die ihm zur Verfügung stehenden **Kommunikationstechniken** kann der Mediator die Parteien aus der Sackgasse führen. **Grundtechniken** sind:

- **Ich-Botschaften,**
- das **Spiegeln,**
- **aktives Zuhören,**
- **Reframing** (Umformulieren) und
- **kontrollierter Dialog.**

Ich-Botschaften

Um die eigenen Gefühle, die eigene Meinung oder das Gehörte mitzuteilen, wird der Mediator sich der Technik der Ich-Botschaften bedienen. Die Ich-Botschaft richtig eingesetzt, nimmt der Sprache die formale Schärfe.

Beispiel:
»*Ich bin traurig darüber, dass du gestern nicht wie verabredet, zur Besprechung gekommen bist.*« (Ich-Botschaft). Diese Formulierung klingt weniger »scharf« als: »*Du hast mich bei der Besprechung im Stich gelassen, weil du nicht gekommen bist!*« (Du-Botschaft).

Die Ich-Botschaft besteht aus einem Gefühlsteil und einem Tatsachenteil. Die eigenen Gefühle werden in der Ich-Form gebracht und das, was die Gefühle ausgelöst hat, wird im Informationsteil der Ich-Botschaft mitgeteilt.

Die Ich-Botschaft hat folgende Vorteile: Dadurch, dass man seinem Gegenüber etwas von sich mitteilt, fordert man von ihm Verständnis für die eigene Situation. Dadurch kann in problematischen Situationen eine offene, unverletzte Atmosphäre geschaffen werden, die Klarheit in Beziehungsstrukturen bringt.[14] Des Weiteren lösen Ich-

---
14 *Reitemeier*, S. 54.

Botschaften bei der anderen Partei keine Beleidigungen oder Verletzungen aus, da die vorhandenen zumeist negativen Gefühle in der Ich-Form präsentiert werden.

Spiegeln

Spiegeln beschreibt den Vorgang, dass der Mediator mit eigenen Worten das wiedergibt, was die eine Partei gesagt hat. Dadurch wird dem Gegenüber deutlich gemacht, dass intensiv zugehört wurde und zum anderen wird noch einmal überprüft, ob man wirklich alles verstanden hat. Missverständnisse werden durch diese Technik weitgehend vermieden, weil sie sofort durch das Gegenüber ausgeräumt werden können.

Beim Spiegeln ist es sehr wichtig, dass zum Ausdruck kommt, dass die Sichtweise der anderen Person dargestellt wird.

Beispiel:
»Du meinst, dass ich dir nie eine Chance gegeben habe, das Problem aus deiner Sicht darzustellen und das hat dich umso wütender gemacht«.

Das Spiegeln sollte allerdings sehr sparsam eingesetzt werden, da die Parteien sonst das Gefühl haben, sich nicht richtig auszudrücken, gerade wenn der Mediator ihre Schilderungen um des besseren Verständnisses willen noch einmal formuliert.

Aktives Zuhören

Aktives Zuhören bedeutet, sich in das einzufühlen, was eine andere Person fühlt und zum Ausdruck bringen möchte. Denn wer sich verstanden fühlt, braucht sich nicht ständig zu wiederholen und zeigt eine gesteigerte Bereitschaft, der anderen Seite zuzuhören. Der Erzählende fühlt sich verstanden und ist bereit, sich weiter zu öffnen. Verstehen bedeutet hier nicht, dass man die Meinung teilt.

Der Mediator kann das aktive Zuhören hier vor allem durch nonverbale Botschaften, wie Augenkontakt, aufmerksame Gesten und einem wachen sowie interessierten Gesichtsausdruck, steigern.

Reframing

Durch aggressive und destruktive Formulierungen zieht sich der Angesprochene in die Verteidigungsstellung zurück und geht oftmals zum Gegenangriff über. Dies ist oft in der ersten Phase der Mediation der Fall, in der die Emotionen noch nicht von den Handelnden kontrolliert werden können. Der Mediator interveniert hier, indem er die wertende, verletzende oder provozierende Äußerung in eine neutrale, für das Gegenüber annehmbare Sprache umformuliert.

Beispiel:[15]
»*Du bist doch derjenige, der nie die leeren Kaffeetassen wegräumt!*« wird umformuliert in »*Ich ärgere mich, weil ich jeden Morgen leere Kaffeetassen vorfinde. Ich würde mir wünschen, dass sich diese Situation zukünftig ändert.*«

Kontrollierter Dialog

Bei dem kontrollierten Dialog handelt es sich um die Verbindung der Techniken Spiegeln, aktives Zuhören und Ich-Botschaften. Setzt der Mediator diese Technik ein, so kann er bewusst die Streitpunkte der Konfliktparteien anhören und diese auch aufnehmen. Gleichzeitig ermöglicht dieses Vorgehen, der vortragenden Partei, Dinge richtig zu stellen, während die andere Konfliktpartei die Möglichkeit hat, die Sichtweise des Gegenübers kennen zu lernen und sich diesbezüglich zu äußern. Dies könnte nach folgendem **Schema** ablaufen:[16]

- Die Konfliktpartei X schildert ihre Sichtweise des Konflikts.
- Die Konfliktpartei Y hört zu, ohne in den Bericht einzugreifen.
- Der Mediator hört sich den Bericht ebenfalls an und gibt danach die Inhalte und Gefühle des Berichts ohne Wertung wieder, indem er das schildert, was er gehört hat und indem er die von ihm wahrgenommenen Gefühle der Konfliktpartei X wiedergibt.
- Die Konfliktpartei X hat die Möglichkeit, die Wahrnehmung des Mediators zu korrigieren.
- Nun erhält die Konfliktpartei Y die Möglichkeit, ihre Sicht der Dinge darzustellen, während X zuhört.
- Der Mediator spiegelt wiederum das, was die Konfliktpartei Y berichtet hat.

Die Aufgabe des »kontrollierten Dialogs« besteht darin, dass die Konfliktparteien in erster Linie dem Mediator schildern, was passiert ist und nicht ihrem Gegenüber. Vorteil dieses Vorgangs ist es, Ruhe in das Gespräch zu bringen und Gefühle zu kanalisieren. Es wird gewährleistet, dass die »gegnerische« Partei, die Möglichkeit erhält, in die Zuhörerrolle zu gelangen und dabei bestimmte Ereig-

---

15 Vgl. auch *Reitemeier*, S. 56.
16 Vgl. auch *Reitemeier*, S. 57.

nisse zu reflektieren und nicht in der Rolle des Gegners reagieren zu müssen.

Je mehr es gelingt, die emotionale Betroffenheit aus dem Konflikt zu verbannen und die Sachlichkeit in den Vordergrund zu rücken, umso größer wird die Bereitschaft zur Reflexion.[17]

Falls diese Regeln nicht schon in den Spielregeln zum Mediationsablauf (Näheres hierzu siehe Seite 101 f.). festgelegt worden sind, sollten sie allemal für den kontrollierten Dialog zwischen den Konfliktparteien festgelegt werden:

Regeln für die Konfliktparteien:
1. Es sollte immer nur eine Person reden.
2. Die berichtende Person darf ausreden.
3. Es gelten die allgemeinen Regeln der Wertschätzung und Höflichkeit.
4. Es wird niemand beleidigt oder angegriffen.
5. Das im Mediationszimmer Gesprochene verlässt nicht den Raum.

Regeln für den Mediator:
1. Der Mediator ist aktiver Zuhörer.
2. Er kommuniziert mithilfe von Ich-Botschaften.
3. Der Mediator versucht, die Konfliktparteien dazu anzuhalten, ihre Schilderungen in der Ich-Form vorzunehmen.
4. Er hält die Konfliktparteien dazu an, ihre Gefühle, die sowohl während des Streits aufkamen als auch bei der Mediation, zu schildern.
5. Der Mediator ist neutral. Er bewertet und wertet nicht und er macht auch keine Lösungsvorschläge.

Die richtigen Anforderungen an den Mediator

Im Folgenden werden nachstehende Fragen behandelt:
- Welche Qualitäten braucht der Mediator?
- Kann ein Betriebsratsmitglied Mediator sein?

Mediation kann zum Teil durch kommunikative Fähigkeiten bewerkstelligt werden, es ist aber vor allem ein in der Person des

---
17 Vgl. *Reitemeier*, S. 58.

Mediators gelebtes Wertesystem. Es gibt vier Bereiche dieser Wertestruktur:

- einfühlendes Verstehen,
- Echtheit und Klarheit,
- Wertschätzung und
- systemisches Denken.

Mit dem **einfühlenden Verstehen** versucht der Mediator, sich in das Erleben und Empfinden der Konfliktparteien einzufühlen. Er kontrolliert dabei, ob er alles zutreffend erfasst hat, indem er das von den Parteien Geschilderte noch mal hinterfragt und sie um Rückmeldung bittet.

Vorteil dieser wertfreien Haltung ist es, dass die Konfliktparteien angstfrei und ohne Fluchtgedanken über ihre Problemlage sprechen können. Der Konflikt kann so klarer herausgearbeitet werden.

Echtheit und Klarheit bedeuten, dass der Mediator sich als Mensch mit seinen besonderen Eigenheiten und Fähigkeiten in den Prozess miteinbringt. Das heißt aber nicht, dass er seine persönliche Meinung zum Inhalt des Streits äußert, da dies einer Wertung gleich käme. Vorteil von diesem Verhalten ist es, dass der Mediator für die Parteien kalkulierbar und transparent wird, sie somit Vertrauen zu ihm bekommen. Der Mediator akzeptiert die Konfliktparteien in ihrer Gesamtheit. Er nimmt sie als Personen mit ihren Eigenarten, Stärken und Schwächen wahr, unabhängig davon, wie sie sich im konkreten Ablauf der Mediation verhalten.

Wertschätzung erfordert das Interesse am Menschen. Durch die wertschätzende Art in der Gesprächsführung vermittelt der Mediator den Medianten Selbstachtung und nimmt damit Einfluss auf ihr Sozialverhalten. Sie werden in ihrer Person anerkannt und gewinnen ein Gefühl der Sicherheit. Durch das **systemische Denken** verliert der Mediator nicht aus dem Blick, dass die Konfliktparteien stets in ein komplexes soziales System wie Unternehmen oder Organisation eingebunden sind. Der systemische Ansatz erfasst die komplexen Wechselwirkungen der Kommunikation zusammen mit den Lebens- und Berufsbedingungen der Medianten. Für das Verständnis des Konfliktmusters ist dies zentral und muss bei Lösungsansätzen berücksichtigt werden.

Um die Suche und Auswahl des geeigneten Mediators zu erleichtern, sollten folgende Fragen geklärt werden:[18]

> **Wesentliche Fragen zur Ermittlung des Mediators:**
> - Was für ein Konflikt liegt vor?
> - Wie viele und welche Konfliktparteien gibt es?
> - Welche Anforderungen werden an den Mediator gestellt?

Der **Inhalt des Konflikts** sollte immer ein wesentliches Kriterium für die Auswahl des Mediators sein. Aber auch die **Zahl der Konfliktparteien** ist entscheidend. In der Regel sind an einem Konflikt zwei Parteien beteiligt. Dieser wird mithilfe eines Mediators bearbeitet. Handelt es sich um einen Mehrparteienkonflikt mit hoher Komplexität, der eine Vielzahl von Abstimmungsgesprächen erfordert, kann es sinnvoll sein, ein Team von Mediatoren einzusetzen.

Es stellt sich hierbei zunächst die Frage, ob es sich bei dem Mediator um einen externen oder einen internen Mediator handeln sollte und ob der Mediator nicht ein Betriebsratsmitglied sein könnte. Ein Betriebsratsmitglied als Mediator ist dann nicht geeignet, wenn z. B. ein Konflikt zwischen Betriebsrat und Geschäftsführung über Arbeitszeiten vorliegt, bei dem der Betriebsrat in seiner ureigenen Funktion als Interessenvertreter tätig wird. Ein Betriebsratsmitglied als interner Mediator kann aber immer dort eingesetzt werden, wo es sich um Konflikte zwischen Arbeitnehmern handelt, da das Betriebsratsmitglied hier nicht als Interessenvertreter tätig wird, sondern als neutrale Person.

Bei den Betriebsräten gehören Konflikte zum Alltag ihrer mitbestimmungsrechtlichen Arbeit. Ihre Funktion als Anlaufstelle für Arbeitnehmer im Betrieb bringt es mit sich, dass sie in diesen Konflikten unterschiedliche Rollen übernehmen. Der **Betriebsrat ist kraft seines Amtes Vertreter der Belegschaft.** Er tritt in diesem Moment als Repräsentant[19] der Arbeitnehmer gegenüber der Geschäftsführung bewusst selbst in Interessenkonflikte ein, um die Standpunkte der Mitarbeiter zu vertreten und durchzusetzen.

Beispiel:
Konflikte nach § 87 Abs. 1 Nr. 2 und 10 BetrVG, in denen es um die Einführung eines neuen Entgelt- und Arbeitszeitsystems geht.

---

18 *Stoppkotte*, in: Disselkamp/Thome-Braun, Der professionelle Betriebsrat, 2003.
19 *Kittner/Kohler*, BB 2000, Beilage 4, S. 1, 24.

Der Betriebsrat hat hier, die ihm gesetzlich eingeräumten Mitbestimmungsrechte zu nutzen. Versucht er sich in diesen Fällen als Mediator, kommt er in den Augen der Belegschaft seinem Mandatsauftrag nicht nach. Stattdessen sollte er **bei mitbestimmungsrechtlichen Fragen** einen **externen Mediator** einschalten. Ungeachtet dessen kann er gleichwohl kommunikative Techniken in der Verhandlung mit der Geschäftsführung einsetzen.

Oft wird das einzelne Betriebsratsmitglied auch von Mitarbeitern zur Unterstützung hinzugezogen bei Konflikten zwischen Kollegen oder zwischen Mitarbeiter und Führungskraft. Hier ist das Betriebsratsmitglied »Anwalt« der Konfliktpartei.

Beispiel:
Fälle des § 82 Abs. 2 BetrVG (Übertragung von Aufgaben auf Betriebsratsmitglieder): Danach kann der Arbeitnehmer bei Gesprächen mit dem Arbeitgeber über die Zusammensetzung und Berechnung des Arbeitsentgelts, Leistungsbeurteilungen und Entwicklungsmöglichkeiten im Betrieb ein Mitglied des Betriebsrats hinzuziehen.

Ein Agieren als Mediator ist hier nicht ratsam, da sich das Betriebsratsmitglied nicht unparteiisch verhalten kann.

Es können auch Konflikte zwischen zwei Mitarbeitern oder Teams auftreten. Verfügt ein **Betriebsratsmitglied** über eine **entsprechende Mediationsausbildung** kann es grundsätzlich in diesen Fällen als Mediator auftreten und vermitteln.[20]

Der **Betriebsrat wird hier nicht Partei ergreifen**, sondern in neutraler Art zwischen den Streitenden vermitteln, sie unterstützen und sich sachlich mit beiden Parteien auseinandersetzen, um nach einer für beide Parteien tragbaren Lösung zu suchen. Dies kann ihm allerdings nur gelingen, wenn er **soviel Distanz zum Konflikt** bzw. den Konfliktparteien hat, dass er **unparteiisch agieren** kann, und er von beiden Parteien als Vermittler akzeptiert wird. Das Betriebsratsmitglied sollte auch hier, wenn es den Fall als Mediator übernehmen möchte, prüfen, ob es als **Mediator geeignet** ist oder ob ein anderer Betriebsratskollege oder ein externer Mediator nicht eher passen würde. Gegen die Übernahme eines Vermittlungsauftrags könnte sprechen, dass das Verhältnis des Mediators zu einer Partei positiv oder negativ vorbelastet ist (z. B. befreundeter Kollege, enger Mitarbeiter).

---

20 *Eyer*, AiB 2003, 20; *Stoppkotte*, a. a. O.

Auch sollte der Inhalt des Streits den Vermittler nicht persönlich tangieren, so dass er bei dem zu lösenden Konflikt frei von eigenen Emotionen oder Interessen ist. Wäre dies der Fall, so sollte er den Mediationsfall an einen anderen Mediator verweisen, da **der Verdacht der fehlenden Neutralität den Mediationsprozess belastet.** In schwierigen besonders emotional geladenen Konflikten können sich Betriebsratsmitglieder die Rollen auch teilen: das eine Betriebsratsmitglied übernimmt die Rolle des Anwalts und das andere die des internen Mediators.

Checkliste für Mediatoren[21]

- Bin ich allparteilich/neutral? Oder bin ich beispielsweise wegen der Betriebsgröße selbst zu nah am Konflikt?
- In welcher Funktion sehen mich die Konfliktpartner? Bin ich Mediator/Mediatorin oder Interessenvertreter/Interessenvertreterin?
- Ist der Mediationsauftrag ergebnisoffen oder soll durch die Mediation ein bestimmtes Ergebnis herbeigeführt werden?
- Haben die Konfliktpartner mich freiwillig ausgewählt?
- Sind die Konfliktpartner ausreichend über ihre Rechte informiert (z. B. Fristen?) oder kann eine Mediation ggf. dazu beitragen, dass Ausschlussfristen (Drei-Wochen-Frist für die Kündigungsschutzklage) überschritten werden?
- Bin ich geübt genug, diesen Konflikt selbst zu mediieren oder brauche ich einen Co-Mediator oder einen externen Mediator?
- Haben die Konfliktpartner annähernd gleiche Verhandlungschancen oder ist das Machtgefälle zwischen ihnen zu groß?

Fach- und Methoden-Kompetenz

Bei der Suche nach dem geeigneten Mediator, der alle Berufssparten bekleiden kann – also z.B. Jurist, Ingenieur, Architekt, Pädagoge, Betriebswirt oder Psychologen usw. sein kann – sollte darauf geachtet werden, dass dieser über **Fach- sowie über Methoden-Kompetenz** verfügt. Je nach inhaltlicher Ausgestaltung des Konflikts soll der Mediator entweder einen juristischen, betriebswirtschaftlichen, psychologischen oder ähnlichen **beruflichen Backround** haben. Bei betrieblichen Mitbestimmungsfragen sollte er Kenntnisse der

---
21 Vgl. auch *Budde*, Quak I, Teil V, S. 19.

betrieblichen Themen sowie der tarifvertraglichen Hintergründe haben.

»*Was muss einen Mediator auszeichnen, der im Bereich des kollektiven Arbeitsrechts erfolgreich wirken will? Was sind die Anforderungen an seine Fach-, Methoden und Sozialkompetenz sowie seine Persönlichkeit?*«
»*Ein Mediator braucht zunächst einmal ›Stallgeruch‹, will sagen, er muss mit der Materie, um die es geht, vertraut sein, wenn er von Betriebsräten und Management-Vertretern, die am Tisch sitzen, akzeptiert werden will. Nur wenn er fachlich fit ist, kann er beide Seiten verstehen und mit seinen Fragen und im Einzelfall Brücken bauen. Methodisch soll er all das, was ich aus der Moderationstechnik kenne, drauf haben und glaubwürdig rüberbringen, dass er an einem fairen Konsens interessiert ist. Er sollte sowohl die Arbeitgebervertreter als auch die Arbeitnehmervertreter in die Schranken weisen können, wenn die Auseinandersetzung unfair oder gar persönlich wird. Der Mediator sollte integer sein und einen guten Ruf bei Gewerkschaften und Arbeitgeberverbänden haben.*«[22]

Der Mediator sollte über **Methoden- und Handlungskompetenz** hinsichtlich der Mediation verfügen, das heißt, eine diesbezügliche Ausbildung absoviert haben. Des Weiteren und das ist eigentlich unverzichtbar, damit die Mediation gelingt, sollte der Mediator einen »**guten Draht**« **zu allen Konfliktparteien** haben. Diese kommunikative Fähigkeit und die Fähigkeit auf jede Partei einzugehen, sollte in einem persönlichen Erstgespräch ermittelt werden. Bei den meisten Mediationsverfahren findet ein **Vorgespräch** statt, in dem abgeklärt wird, welches Ziel mit der Mediation verfolgt werden soll, wie das Mediationsverfahren ausgestaltet ist, welche Rolle der Mediator dabei einnimmt, wer die Beteiligten des Verfahrens sind und wie das Honorar ausgestaltet ist.

Beispiel der Durchführung einer Mediation: Versetzung ohne Begründung[23]
Frau Marketing (M) ist schon sehr lange im Bereich Einkauf und Akquise von Neukunden tätig. Eine jüngere Kollegin Frau Neu (N) ist ihr seit ein paar Monaten an die Seite gestellt worden. Sie ist in demselben Bereich tätig wie M. M ist für sechs Wochen krankheitsbedingt ausgefallen. Sie wurde mit einem Verdacht auf Herzinfarkt ins Krankenhaus eingeliefert, der sich jedoch nicht bestätigte.
Während dieser Zeit hat N die Tätigkeiten übernommen und ein neues Konzept bezüglich der Aquise von Neukunden erstellt; vor allem für Kunden im europäischen Ausland.
Als M nach ihrer Krankheit wieder bei der Arbeit erscheint, werden ihr neue Aufgaben seitens des Abteilungleiters (AL) gegeben.
Frau M erscheint bei dem **Betriebsratsmitglied** (B), das vor kurzem eine **Mediationsausbildung** absolviert hat und schildert ihm den Fall. Die Mediatorin fragt sie, ob sie mit N gesprochen habe. Frau M verneint, mit so jemandem würde sie nicht

---

22 Auszug aus dem Interview *Eyer/Schmidt*, AiB 2003, 684.
23 Vgl. auch Beispiel bei *Reitemeier*, S.105 ff.

mehr sprechen. Auf die Frage, was sie denn wolle, antwortet Frau M, entweder ihre alte Arbeit zurück oder eine andere Abteilung. B spricht daraufhin mit dem Abteilungsleiter, der bestätigt, dass er der M leichtere Arbeiten gegeben habe, um sie zu schonen und nicht, um ihr ihren Arbeitsplatz zu entziehen. Die Frage der Mediatorin, ob er darüber mit Frau M gesprochen habe, verneint er, da er diese nicht unnötig habe reizen wollen.

Die Mediatorin stimmt mit beiden Parteien einen ersten Gesprächstermin ab, woraufhin auch beide Beteiligten erscheinen.

B bedankt sich für das Kommen und legt mit den Beteiligten Regeln fest und erklärt das Verfahren.

Sie gibt die Situation so wieder, wie sie sie aus den Schilderungen der M verstanden hat: »Frau M kam vor einigen Tagen zu mir ins Büro und erklärte mir, dass sie nicht mehr zu den Arbeiten herangezogen werde, die ihrer ursprünglichen Tätigkeit entsprechen. Mit dieser Situation sei sie sehr unzufrieden und möchte gerne die Gründe geklärt haben und in Zukunft wieder so eingesetzt werden wie früher. Sie erlebt die jüngere Frau N als Rivalin, die ihr gemeinsam mit dem Abteilungsleiter die Arbeit weggenommen habe.«

Frau M sollte nun nochmal die Sichtweise mit ihren Worten schildern. Nachdem sie dieses getan hatte, erklärte der Abteilungsleiter, er sei ziemlich verblüfft. Er habe Frau M nicht mit mehr Arbeit belasten wollen und ihr daher leichtere Tätigkeiten gegeben. Er sei immer mit ihrer Arbeit zufrieden gewesen und schätze sie als langjährige Mitarbeiterin.

Frau M schildert ihr Gefühl, plötzlich eine andere, geringwertigere Arbeit verrichten zu müssen, sie habe sich erniedrigt gefühlt und gekränkt durch das Handeln des Abteilungsleiters. Eine Jüngere mache nun ihre Arbeit!

Der Abteilungsleiter ist daraufhin sichtlich erstaunt, das habe er nicht gewollt und auch nicht beabsichtigt. Er wollte Frau M lediglich unterstützen und behilflich sein.

Frau M hätte sich von dem Abteilungsleiter gewünscht, dass er sie fragt, ob sie entlastet werden möchte.

Er sagt, dass er nie auf den Gedanken gekommen wäre, dass sich jemand beschwert, wenn er entlastet wird. Ihr Geld hätte doch gestimmt, da wollte er auch nicht dran gehen.

Frau M sagt, es gehe ihr nicht um Geld, sondern um ihr Selbstwertgefühl. Er sei ihr auf die Seele getreten!

Der Abteilungsleiter antwortet auf die Frage der Mediatorin, wie sie jetzt in Zukunft miteinander umgehen sollen, dass er in Zukunft die Person, der er helfen möchte, fragt, ob sie damit auch einverstanden sei.

Frau M erklärt, dass sie ein Problem mit Frau N habe. Sie gehe ihr aus dem Weg und fühle sich in ihrer Gegenwart nicht mehr wohl. Das könne nicht so bleiben!

Frau M schlägt, auf die Frage der B wie man in Zukunft damit verfahren solle, vor, dass sie und der Abteilungsleiter sich mit Frau N zusammensetzen könnten, um über eine Aufteilung der Arbeit zu sprechen, z.B. könne Frau N die Auslandsakquise übernehmen.

Der Abteilungsleiter ist damit einverstanden. Die Mediatorin hält mit den Konfliktparteien fest, dass Frau N gebeten werde, beim nächsten Gespräch dabei zu sein.

Die vorliegende Situation ist eine Alltagssituation, wie sie in Betrieben oftmals passiert. Eine Situation wird aus einem Missverständnis heraus aufgeschaukelt und führt dazu, dass Arbeitnehmer, die vor-

her motiviert und engagiert waren, die gerne miteinander gearbeitet haben, auf einmal Probleme im Umgang miteinander bekommen. Anstatt sich auszutauschen, wird geschwiegen und gehasst. Das schlechter werdende Betriebsklima führt zu Motivationseinbußen. Keiner möchte mehr für den anderen einstehen und die Kollegen sind froh, wenn sie sich nicht an ihrem Arbeitsplatz befinden. Dies wiederum führt zu Mobbing und erhöhten Krankenständen.

Durchbricht man diesen Teufelskreis mittels einer angeleiteten Kommunikation und entwirft eine zukunftsfähige Lösung, führt dies zu einer Besserung des Betriebsklimas, zu weniger Stress und steigert letztendlich wieder die Produktivität. Beide Konfliktparteien gehen hier als Gewinner aus dem Gespräch hervor. Diese Erfahrung werden sie in Zukunft positiver nutzen.

3. Diskussionsführung und Verhandlungsführung

3.1 Diskussionsführung und Moderation

3.1.1 Bedeutung für die Verhandlungsführung

Die **Vorbereitung einer Verhandlung** ist eine wesentliche Voraussetzung und Basis für ein sachgerechtes Verhandlungsergebnis: Je besser man inhaltlich und »taktisch« gerüstet ist (siehe hierzu Seite 65 ff.), umso erfolgreicher wird man sein. Dabei variiert die Art der Vorbereitung je nach späterer Verhandlungssituation. Natürlich bereitet sich auch derjenige, der alleine in eine Verhandlung geht, gründlich vor. Komplexer ist die Ausgangslage allerdings bei Verhandlungen, in denen die Parteien nicht allein, sondern mit mehreren Teilnehmern verhandeln (so genannte Delegationen-Verhandlungen; siehe hierzu Seite 31). Hier muss der internen Vorbereitung besonders viel Aufmerksamkeit gewidmet werden.

Bei den **Delegationen-Verhandlungen** finden in der Regel im Vorfeld der Verhandlung **interne Diskussionen** statt, um das Thema inhaltlich aufzubereiten und die taktische Vorgehensweise zu klären. Grundkenntnisse in Diskussionsführung und Moderation sind wichtige Voraussetzungen für das Gelingen dieser Vorbereitung. Über beide – hier in der Regel synonym verwendete – Begriffe soll an dieser Stelle ein kurzer Überblick gegeben werden.

3.1.2 Funktion und Bedeutung des Diskussionsleiters/Moderators

Der Leiter einer Diskussion bzw. der Moderator hat eine umfassende Aufgabe zu erfüllen, die viele Anforderungen an ihn stellt. Dabei bietet die Herkunft des Wortes Moderation (von lat moderare = mäßigen) schon einen wichtigen Anhaltspunkt: Bei der Leitung einer Diskussion sollte man im Vergleich zu den anderen Diskussionsteilnehmern eher in den Hintergrund treten, gemäßigt agieren und sich auf keinen Fall in den Vordergrund drängen. Die moderierende Person schafft das Verbindende innerhalb der Gruppe und hat eine

strukturierende, koordinierende und optimierende Funktion im zwischenmenschlichen Bereich.[1]

Dabei fungiert der Moderator quasi als »Hebamme« und soll den Prozess der Lösungs- bzw. Entscheidungsfindung zwar organisatorisch, aber nicht inhaltlich steuern. Er darf sich aber nicht zu sehr zurücknehmen, sondern muss die vereinbarten Spielregeln, nach denen das Gespräch ablaufen soll, konsequent durchsetzen.

Eine wichtige Aufgabe ist das **Schaffen von Synergien** zwischen den Diskussionsteilnehmern. Das bedeutet, dass die Kombination der einzelnen Leistungen der Personen eine Gesamtleistung ergibt, die größer ist als die reine Additionssumme der Einzelleistungen.

Beispiel:
Aus fünf Einzelleistungen, die jeweils 20 Prozent der Gesamtleistung ausmachen, entsteht eine Gesamtleistung der Gruppe von 120 Prozent, da durch das Schaffen von Synergien die Gesamtleistung erheblich optimiert werden kann.

Sperling und *Wasseveld*[2] nennen u. a. folgende Kriterien zur Optimierung der Gruppenleistung (= Synergieeffekt):

- Spannungen abbauen,
- Dominanzen und Schwächen mindern,
- Ungleichheiten verringern,
- zielgerichtete Beiträge trichtern,
- Zeitpunkte für Interventionen erkennen,
- Stärken kombinieren,
- angenehmes Klima erzeugen,
- Brücken bauen,
- Ideen zusammenfügen.

Der Diskussionsleiter/Moderator muss daher viele Qualitäten in sich vereinen: Da wären die persönlichen Voraussetzungen, die er mitbringen sollte, das (je nachdem solide bis virtuos beherrschte) Handwerkszeug zur eigentlichen Durchführung der Diskussion und nicht zuletzt einige formale Kenntnisse, etwa in Protokollführung oder im Umgang mit Geschäftsordnungen, Tagesordnungen und Anträgen, auf die an dieser Stelle aber nicht näher eingegangen werden soll.

---

1 Siehe auch *Sperling/Wasseveld*, S. 11 ff.
2 *Sperling/Wasseveld*, S. 22.

3.1.2.1 Persönliche Voraussetzungen

Diskussionsleiter oder Moderator zu sein bedeutet viel mehr als nur seinen Moderationskoffer mit Kärtchen und Stiften dabeizuhaben und mit einem Flipchart umgehen zu können. Dies sind zwar wichtige Visualisierungstechniken (siehe Seite 58) aber lediglich Mittel zum Zweck. Ein guter Diskussionsleiter bringt die Diskussion in Gang, strukturiert sie und hält die Teilnehmer thematisch und kommunikativ auf Kurs.

Von entscheidender Bedeutung für die Qualität seiner Leitung/Moderation ist zunächst seine **innere Haltung**: Er sollte stets bereit sein dazuzulernen und aufgeschlossen sein für neue Wege oder Erfahrungen. Gefordert wird von ihm deshalb vor allem die viel beschworene **soziale Kompetenz**. Er sollte die Ideen anderer unterstützen und weiterführen können. Er muss gut zuhören können und Kompromissbereitschaft und Toleranz mitbringen. Außerdem sollte der Leiter integer, zuverlässig und rücksichtsvoll sein.

Wichtig (aber kaum zu erlernen) ist es auch, **Intuition** und **Gespür** für die Bedürfnisse der Anwesenden zu haben und zu versuchen, diesen – falls gerechtfertigt – so gut es geht entgegen zu kommen. Gleichzeitig ist aber auch die – souverän gebrauchte – **Autorität** des Moderators gefragt. Er muss die Diskussion und damit deren Teilnehmer stets sanft, aber doch konsequent im Griff haben. Wie stark diese Kontroll- und Lenkungsfunktion wahrgenommen werden sollte, hängt im Einzelfall von der Zusammensetzung der Gruppe und dem Verlauf der Diskussion statt. **Teamfähigkeit** und **Durchsetzungsvermögen**, aber auch Mut zur Konfrontation, **Optimismus** und **Flexibilität** sind daher gleichermaßen wichtig.[3] Zu den Eigenschaften eines guten Diskussionsleiters zählen außerdem **rhetorische Fähigkeiten**: Er muss die Inhalte auf den Punkt bringen und stets präzise formulieren können. Dazu sind wiederum eine **rasche Auffassungsgabe** (Erkennen von Zusammenhängen) und **Konzentrationsfähigkeit** von Nöten. Nur wer immer »auf Ballhöhe« ist und die Entwicklungen und Argumente innerhalb der Diskussion aktuell verfolgt, kann an der richtigen Stelle das Gesagte genau zusammenfassen. Und last not least sollte der Diskussionsleiter über **Sachkompe-**

---
3 Vgl. hierzu auch *Sperling/Wasseveld*, S. 23.

tenz verfügen. Es ist nahezu unmöglich, eine komplexe Diskussion erfolgreich zu leiten, wenn man über die Materie unzureichende oder gar keine Kenntnisse hat (zu der Frage, inwieweit sich der Diskussionsleiter selbst inhaltlich in die Diskussion einbringen sollte, siehe Seite 56).

Übrigens:
Bitte erschrecken Sie nicht, falls Sie zufälligerweise nicht alle diese Eigenschaften in sich vereinen können! Sie können trotzdem ein guter Diskussionsleiter sein! Jeder wächst mit seinen Aufgaben und auch die Erfahrung macht sehr viel aus. Je mehr der persönlichen Voraussetzungen Sie mitbringen, umso leichter werden Sie es allerdings haben.

3.1.2.2 Vorbereitung der Sitzung/Besprechung

Gehen wir an dieser Stelle exemplarisch von einem häufigen Fall einer Delegationen-Verhandlung aus: Der Betriebsrat verhandelt mit dem Arbeitgeber über mehrere Kündigungen. Um gut gerüstet in die Gespräche gehen zu können, bereitet er die Verhandlung mit einer Betriebsratssitzung vor, in der alles Wesentliche besprochen werden soll. Bei der Anberaumung und Planung einer solchen Sitzung sollten einige **organisatorische Grundregeln** beachtet werden.

Die Sitzung und die dort geführte Diskussion können nur gelingen, wenn alle Teilnehmer auf dem **gleichen Informationsstand** sind.[4] Denn wenn nur der Vorsitzende Bescheid weiß, kann sich keine fruchtbare Diskussion entwickeln. Diese schlechte Informationslage und damit die vielleicht gar nicht zustande gekommene Diskussion verhindern so in aller Regel einen optimalen Verhandlungsverlauf (inkl. Ergebnis) mit dem Arbeitgeber.

Schlüssel zu einer guten und umfassenden Informationspolitik ist in der Regel die **Tagesordnung** der Sitzung, die den Teilnehmern zusammen mit der Einladung zugeht. Um dabei tatsächlich ihre Informationsfunktion zu erfüllen, sollte die Tagesordnung nicht nur eine reine Aufzählung der abzuhandelnden Punkte enthalten, sondern diese **stichwortartig erklären**.

---

4 Vgl. dazu auch *Fricke*, S. 21 ff.

Häufig reicht diese erweiterte Aufzählung aber noch nicht aus. Dies ist z. B. dann der Fall, wenn etwa schriftliche Mitteilungen des Arbeitgebers oder sonstige **schriftliche Unterlagen** vorliegen. Dieses Material enthält wichtige Informationen, die die Stichpunkte auf der Tagesordnung sinnvoll ergänzen und für eine profunde Meinungsbildung erforderlich sind. Daher sollten alle Teilnehmer bereits **einige Tage vor der Sitzung** die Tagesordnung und – falls vorhanden – die zusätzlichen Unterlagen erhalten. Auch wenn dies einigen Aufwand erfordert, so wird sich doch zeigen, dass die Sitzung mit gut informierten Teilnehmern viel effektiver und besser abläuft, als wenn das Ganze zur One-Man- oder One-Woman-Show gerät. Natürlich werden immer einige Wenige das Material nicht durchgearbeitet haben – das ist dem Einfluss des Sitzungsleiters entzogen. In jedem Fall wurde dann aber alles Machbare zur effektiven Vorbereitung getan.

Ein weiterer Knackpunkt in der Praxis ist häufig die mangelnde Zeit: eine voll gepackte Tagesordnung hineingequetscht in eine wie immer zu kurze Sitzung – zwar sieht der Alltag nicht selten so aus, aber effektive Diskussionen finden unter diesen Bedingungen kaum statt. Deshalb sollten – wenn irgend möglich – einfach **einige Sitzungen mehr** eingeplant werden. Dies hilft, die jeweilige Tagesordnung zu verkürzen, entzerrt den Zeitplan und schafft so Raum für kreative, aber dennoch stets zielgerichtete Diskussionen.

Zum Zeitpunkt der Sitzungen lässt sich sagen, dass der **Beginn des Arbeitstages** hierfür sicher günstiger ist als ein Termin nahe am Feierabend, wenn viele – wenigstens innerlich – bereits nach Hause streben. Zudem sind morgens alle noch frisch und ausgeruht (so zumindest die Theorie ...).

3.1.2.3 Das Handwerkszeug der Diskussionsführung

Der Diskussionsleiter sollte sowohl inhaltlich als organisatorisch die Diskussion jederzeit im Griff haben:

- Organisatorische Leitung: kontrollierter Ablauf der Diskussion in einem geordnetem Rahmen;
- inhaltliche Leitung: die Arbeit an den vorgesehenen Themen strukturieren und sichern.

Hinweis:
Bei Diskussionen über sehr komplexe Themen oder mit vielen Teilnehmern kann es sinnvoll sein, die beiden Aufgaben zu trennen.

Beide Leitungsformen überschneiden sich gelegentlich. So gehört das Bestreben, möglichst viele zur aktiven Teilnahme an der Diskussion zu bewegen, formal zur organisatorischen Leitung. Es ist aber zugleich auch Teil der inhaltlichen Leitung, da durch mehr Beiträge oft eine sachgerechtere Lösung gefunden werden kann. Der Trennungsstrich zwischen Organisation und Inhalt sollte daher nicht zu streng gezogen werden (und dient hier mehr der Übersichtlichkeit der Darstellung) – am Ende muss der Leiter doch beides leisten.

Organisatorische Leitung

Im Wesentlichen besteht diese Leitungsaufgabe aus sechs Aspekten:

1. Führen und Einhalten einer Rednerliste,
2. Erteilen des Wortes,
3. Abwehren von Unterbrechungen,
4. Ermuntern stillerer Teilnehmer,
5. Diskussion in Gang bringen und im Fluss halten,
6. gutes Zeitmanagement.

Eine **Rednerliste** ist gerade in einem etwas größeren Kreis unerlässlich, da man sonst leicht den Überblick verliert und sich den berechtigten Unmut der Teilnehmer zuzieht. Wichtig dafür sind natürlich Papier und Stift sowie ein freier Blick auf alle Anwesenden. Hilfreich kann ein Sitzplan sein und – falls erforderlich – gut sicht- und lesbare Namensschilder. Der Leiter sollte sich regelmäßig im Raum nach Meldungen umsehen und durch Zunicken signalisieren, dass er die Meldung vermerkt hat. Bei reger Diskussion ist es sinnvoll, ab und zu die nächsten zwei, drei Redner zu nennen. Das verbessert den Gesamtüberblick und ermöglicht es denjenigen, ihren Beitrag vorher noch einmal zu rekapitulieren. Ein Thema, das Fingerspitzengefühl erfordert, ist die Frage, wie streng an der Rednerliste festgehalten werden sollte. Ist die Diskussion in vollem Gange, sollte man bei der Liste bleiben. Läuft alles eher schleppend, kann ein lockeres Handhaben der Liste zu einer Belebung führen. Auch die mehr oder weniger vorhandene Disziplin innerhalb der Gruppe ist ein Kriterium: Die einen brauchen mehr, die anderen weniger Steuerung.

Wer eine Rednerliste führt, muss demjenigen, der an der Reihe ist, dann auch formell das **Wort erteilen** – und es eventuell wieder entziehen, wenn der Beitrag unsachlich oder zu weit schweifend ist. Unter Umständen sollte – in Abweichung von der Rednerliste – eine direkte Erwiderung (eines Angesprochenen) auf den Beitrag zugelassen werden. Dies gilt insbesondere für Verständnisfragen.

Hinweis:
Zu empfehlen ist es in einem solchen Fall, die Gruppe kurz um ihre Zustimmung zu dem Einschub (aus dem sich kein Dialog entwickeln darf) zu bitten.

Wer das Wort hat, darf in der Regel **nicht unterbrochen werden**. Der Unterbrecher sollte aber mit seinem Anliegen auf die Rednerliste kommen.

Eine im Hinblick auf das Finden der besten Lösung nicht zu unterschätzende Aufgabe des Diskussionsleiters liegt darin, möglichst viele Anwesende zu **ermuntern, sich zu Wort zu melden und zu beteiligen**. Die Gründe für Redeangst können vielfältig sein (z. B. Angst sich zu blamieren, schlechte Erfahrungen, notorische »Miesmacher« oder Besserwisser in der Runde). Natürlich kann der Leiter hier nur begrenzt einwirken, aber diese Möglichkeiten sollte er konsequent nutzen. Ganz wichtig: Er muss auf jedes »**Redebereitschaftssignal**« der Schüchternen (etwa kurzes Zucken der Hand, ohne sich dann zu melden oder Luft holen, um etwas zu sagen, ohne dann etwas zu sagen) ganz besonders achten und demjenigen sofort das Wort erteilen. Dies erfordert Übung, ist aber von entscheidender Bedeutung. Der Diskussionsleiter sollte dafür sorgen, dass der Wortbeitrag ein Feedback aus der Runde erhält oder es notfalls selbst geben. Das steigert in der Regel die Motivation und baut Hemmungen ab.

Um die **Diskussion im Fluss zu halten**, sollte allen Versuchen, diese im Keim zu ersticken, entschieden entgegengetreten werden. Besonderes Augenmerk hat der Diskussionsleiter daher auf die so genannten »**Killerphrasen**«[5] zu legen. Diese Sätze (Beispiel: »*Das hat gar keinen Sinn.*«) bewegen sich nicht auf einer sachlich-argumentativen Ebene und sollten von der Leitung unbedingt aus der Diskussion verbannt werden.

---

5 Aufzählung z. B. bei *Fricke*, S. 56 f.

Wichtig ist auch, »**Vielredner-Dialoge**« zu verhindern. Was nur zwei Personen angeht, sollten diese auch bilateral und nicht in der großen Runde klären. Das heißt nicht, dass das Zulassen kurzer Erwiderungen nicht durchaus sinnvoll sein kann.

All diese Elemente gehören letztlich zu einem wesentlichen Punkt der organisatorischen Leitung: dem **effektiven Zeitmanagement**.[6] Der Diskussionsleiter sollte jedoch sehr darauf bedacht sein, nicht in die Rolle des ewigen Zeitmahners zu geraten. Deshalb ist es für ihn wichtig, die **Eigenverantwortung der Teilnehmer** hinsichtlich der Zeitplanung zu **fördern**. Er sollte deshalb am Anfang verabredete Zeitvorgaben visualisieren (z. B. durch einen Zeitplan auf einer Tafel oder Flip-Chart).

Eine »**Zeitfalle**« ist häufig schlechte inhaltliche Vorplanung. Je unstrukturierter der Ablauf der Diskussion ist, umso mehr Zeit geht verloren. Deshalb sollte in die gründliche Vorbereitung sowohl von Diskussionsleiter als auch von den Teilnehmern immer genügend, ja lieber zuviel Zeit investiert werden. Dann kann man hinterher in der eigentlichen Diskussion wertvolle Zeit sparen. Eine zu knapp bemessene Vorbereitungszeit kostet später jedoch erheblich mehr Zeit als vorher dadurch eingespart wurde.

Inhaltliche Leitung

Jeder Diskussionsleiter sollte die Diskussion von Anfang an in die richtigen Bahnen lenken. Dazu gehört ein guter Einstieg in Form einer **komprimierten Einführung** in das Thema. Hier werden die wesentlichen Informationen, Zahlen und Fakten noch einmal genannt (auch wenn die Teilnehmer diese bereits aus ihrer Vorbereitung kennen). Dies dient der Fokussierung und stimmt auf die kommenden Gespräche ein. Dabei sollte es die Leitung bei einer objektiven Zusammenfassung belassen und den Sachverhalt auf keinen Fall bewerten. Sie hat die Funktion eines Moderators und Vermittlers inne.

Die Hauptaufgabe innerhalb der inhaltlichen Leitung ist die **Strukturierung der Diskussion**. Dazu gehört eine genaue Gliederung für jeden Tagesordnungspunkt, für jedes zu behandelnde Thema. Alle

---

6 Vgl. dazu auch *Sperling/Wasseveld*, S. 108.

Aspekte sollen in einer logischen Reihenfolge angesprochen und ausdiskutiert werden – und zwar nacheinander. Hier kommt wieder die wichtige thematische Vorbereitung der Diskussion ins Spiel – dies schließt nicht nur die Teilnehmer, sondern auch die Leitung mit ein. Wenn das Chaos ausbricht und alle durcheinander und damit aneinander vorbeireden, ist das Finden der besten Lösung nahezu unmöglich.

Eine **Standard-Gliederung**[7] leistet bei nicht so komplexen Themen häufig gute Dienste:

1. Wie ist der Ist-Zustand? (Derzeitige Lage, Informationsstand, Sachverhalt?)
2. Wie ist der Soll-Zustand? (Was ist das Ziel? Was soll erreicht werden?)
3. Mit welchen Maßnahmen kann das Ziel erreicht werden?
4. Welchen Verhandlungsspielraum gibt es?
5. Gibt es objektive Entscheidungskriterien?
6. Welche Optionen und Alternativen können entwickelt werden?

Für komplexe Themen reicht diese schlichte Gliederung allerdings in der Regel nicht aus. Hier muss eine dem Einzelfall angepasste Gliederung erstellt werden. Dazu sollte sich der Diskussionsleiter alle wesentlichen Informationen im Vorfeld beschaffen. Diese müssen dann sortiert und in eine logische Reihenfolge gebracht werden.

Es bietet sich an, den Gliederungsentwurf zu Beginn der Diskussion vorzustellen und in der Runde nach Ergänzungsvorschlägen zu fragen.[8] Die Gliederung sollte den Teilnehmern übrigens schriftlich vorliegen – das erleichtert es ihnen, sich an die Reihenfolge zu halten. Die Reihenfolge ist logisch aufgebaut und daher einzuhalten. Was mögliche Abweichungen angeht, ist wiederum das Fingerspitzengefühl des Moderators gefragt. Wichtig ist, dass die Struktur stets erkennbar bleibt. Gute Vorschläge, die einen anderen Gliederungspunkt betreffen, muss der Diskussionsleiter notieren und zum passenden Zeitpunkt wieder aufgreifen.

---

7 Vgl. dazu *Fricke*, S. 41.
8 Siehe auch *Fricke*, S. 43.

Da die Leitung die Diskussion sachlich steuern soll, muss sie darauf achten, dass diese **sachliche Ebene** nicht verlassen wird und die Beiträge konstruktiv bleiben.

Was für die Diskussionsteilnehmer gilt (siehe Seite 62 f.), gilt natürlich auch für den Diskussionsleiter: Auch er sollte den Teilnehmern genau **zuhören und auf deren Beiträge eingehen.** Insbesondere muss er wichtige thematische Fragen aufgreifen und zur Diskussion stellen (Notizen machen!). Dabei stellt sich immer wieder das Problem: **Darf sich der Diskussionsleiter inhaltlich engagieren?** Ganz klar: In seiner Rolle als Leiter ist er Vermittler und Moderator und hat damit eine Ordnungs- und Lenkungsfunktion inne. Dies bedeutet, dass er sich zurücknimmt und keine eigenen inhaltlichen Beiträge – gar mit Bewertungen versehen – bringt. Aber häufig hat der Diskussionsleiter im jeweiligen Gremium oder der jeweiligen Gruppe gleichzeitig eine gewisse Machtposition inne und ist inhaltlich äußerst kompetent. Deshalb kann (und sollte) er sich thematisch einbringen – wenn er deutlich macht, dass er in seiner **Rolle als Teilnehmer** und nicht als Diskussionsleiter spricht.

Eine weitere wichtige Aufgabe der inhaltlichen Leitung besteht in regelmäßigen **Zwischenzusammenfassungen.** Häufig dauern Diskussionen lange und sind so komplex, dass der Leiter hin und wieder den aktuellen Zwischenstand mit den wichtigsten Argumenten zusammenfassen sollte, damit alle den Überblick behalten. Es empfiehlt sich, hier mit der Technik des Visualisierens (siehe hierzu Seite 58) zu arbeiten. Zwischenzusammenfassungen bieten auch die Chance, mögliche Unstimmigkeiten, Missverständnisse oder Unklarheiten aufzudecken und auszuräumen. Deshalb kann gerade durch diese Klärungen ein übereinstimmendes Meinungsbild in der Gruppe hergestellt werden. Wichtig ist, dass sich der Moderator bzw. Leiter bewusst ist, dass jeder Tatsachen und Dinge anders wahrnimmt und interpretiert. Diese subjektive Realität gilt es zu beachten. Deshalb sollte man lieber einmal zuviel über vermeintlich Selbstverständliches reden als zuwenig. Denn in der Praxis erlebt man zu häufig, dass das Selbstverständliche doch nicht für alle so selbstverständlich war.

Der Moderator kann die Qualität der Diskussion auch stark erhöhen, wenn er es versteht, die **Kreativität der Teilnehmer** zu **fördern.**[9] Denn

---

9 Siehe dazu auch *Sperling/Wasseveld*, S. 84 ff.

kreative Ideen führen häufig zu bisher ungenannten Argumenten und neuen Lösungsmöglichkeiten. Zwar ist Kreativität auch ein Talent, das man hat oder nicht hat, aber es gibt doch einige (von jedem erlernbare) Techniken, die die Kreativität positiv beeinflussen können. Die wichtigste davon ist das **Brainstorming**. Hier geht es darum, dass die Gruppe möglichst viele neue Ideen sammelt. Dabei ist das Brainstorming bewusst chaotisch und ungeordnet – eben ein Sturm –, da nur so ein Maximum an Kreativität zu erwarten ist. Die Grundregel beim Ideensammeln lautet: Keine Idee ist zu abwegig oder zu verrückt; alles darf (und soll) gesagt werden. Die Einfälle werden in diesem Stadium auch nicht bewertet oder sortiert – beides passiert erst später. Beim Brainstorming sollte der Moderator mit einfarbigen Metaplankarten arbeiten, auf denen die Teilnehmer in einer vorgegebenen Zeit (nicht zu lange, oft reichen fünf Minuten) ihre Ideen vermerken können. An einer zweiten Wand können diese Karten dann mittels andersfarbiger Karten strukturiert werden.

Beim späteren Sortieren und Bewerten der Ideen ist ein schönes Bild von *Sperling/Wasseveld*[10] hilfreich: Betrachtet man eine Idee wie einen Apfel, so kann man darin leicht einen Wurm, braune Flecken oder faule Stellen entdecken. Theoretisch könnte man deshalb den ganzen Apfel wegwerfen. Soll an innovativen Lösungen gearbeitet werden, lohnt es sich aber häufig, genauer hinzuschauen und die guten Stellen des Apfels zu verwerten. So kann aus mehreren Äpfeln ein richtig toller Apfelkuchen entstehen und aus verschiedenen guten Ansätzen und Ideenbruchstücken ergibt sich eine Lösung oder Argumentation, die sonst unentdeckt geblieben wäre.

Sobald sich in der Diskussion **Arbeitsaufträge** herauskristallisieren (etwa das Einholen weiterer Informationen), sollten diese konkret und verbindlich von der Leitung **vergeben** werden. Sonst verschwinden erfahrungsgemäß viele gute Anregungen unerledigt in der Versenkung.

Ein guter und erfahrener Diskussionsleiter erkennt, wann alle wesentlichen Argumente diskutiert sind. An diesem Punkt sollte er das Gespräch zum Ende bringen und das gefundene **Ergebnis** unbe-

---

10 *Sperling/Wasseveld*, S. 85.

dingt **festhalten,** indem er die **wichtigsten Punkte** nochmals **zusammenfasst** (und es ebenfalls visualisiert).

Moderationstechniken

Zum Know-how des Diskussionsleiters/Moderators gehört auch der gezielte Einsatz bestimmter Moderationstechniken. Diese sind aber stets **Mittel zum Zweck** und kein Selbstzweck, d. h., diese methodischen Elemente sollen eine erfolgreiche organisatorische und inhaltliche Leitung lediglich erleichtern.

Eine der wichtigsten Techniken, derer sich ein Moderator bedienen kann, ist das **Visualisieren.** Hierzu kann aus einer Fülle von Möglichkeiten geschöpft werden: Metaplanwände, Flipcharts, Tafeln, Pinnwände, Karten, Klebepunkte, Overhead-Projektoren, Beamer etc. Durch konsequentes Sichtbarmachen von Thesen, Zeitplänen, (Zwischen-)Ergebnissen, Fragen, Erläuterungen, Spielregeln (um nur einen Teil zu nennen) von Anfang an lässt der Diskussionsleiter ein großes Problem gar nicht erst entstehen: Nichts Wesentliches kann verloren gehen, erscheint unklar oder unverbindlich. Das erleichtert allen Teilnehmern, stets auf dem aktuellsten Stand der Diskussion zu sein.

Außerdem erfüllt das Visualisieren zwei weitere wichtige Funktionen: Es dient der **Einbindung** und der **Beteiligung.** Sind wichtige Standpunkte der Teilnehmer visualisiert, fühlen sich diese ernst genommen. Und für jeden sichtbare Thesen regen die Diskussion an, indem sie häufig zu mehr Beteiligung und auch Widerspruch seitens der Diskutanten führen.

Eine andere wichtige Moderationstechnik ist die Arbeit mit **Rückblenden,** neudeutsch auch **Reviewing** genannt. Das nachträgliche Analysieren und Bewerten einer Diskussion (oder einer Verhandlung) wird häufig unterschätzt. Dabei können alle Beteiligten durch eine strukturierte Rückblende aus den erzielten Erfolgen (aber auch aus den begangenen Fehlern) lernen. Diese besteht aus drei Schritten:

1. Was war gut? Warum?
2. Was war verbesserungswürdig? Warum?
3. Welche Konsequenzen ergeben sich daraus für zukünftige Diskussionen? (Was bleibt so, was müssen wir ändern?)

Wichtig ist immer, die Aussage so konkret wie möglich zu gestalten und zu begründen. So ist »*Er war zu lasch als Leiter.*« eine Aussage, mit der man nichts anfangen kann. Besser: »*Er hat keinen Zeitplan aufgestellt.*« Rückblenden sollten in jedem Fall nach einer Diskussion durchgeführt werden. Aber auch **Zwischenrückblenden** sind sehr zu empfehlen. Denn sie können sich im Kreis drehende Diskussionen vorwärts bringen, Unklarheiten bereinigen und unter Umständen interne Konflikte lösen helfen, indem sie deren Ursachen zu Tage fördern. Rückblenden sollten sich sowohl auf den Inhalt der Diskussion als auch auf ihren organisatorischen Ablauf beziehen.

Ein Element der Rückblenden ist das **Feedback**. Dieser Rückmeldung sollte sich auch der Moderator nicht entziehen, denn hierbei kann er wichtige Informationen über sich und seine Arbeit gewinnen. Auch beim Geben eines Feedbacks gibt es einige wichtige Regeln zu beachten. Zunächst sollte eine reine Tatsache bzw. Beobachtung wiedergegeben werden. Dann folgt eine Bewertung dieser Tatsache. Um das Ganze besser einordnen zu können, ist es hilfreich, wenn der Feedback-Geber mit einigen Informationen zu seinem Beurteilungshintergrund schließt (Beispiele: »*Aus meiner Erfahrung als ...*«, »*Ich bin zuständig für ...*«). Der Feedback-Nehmer sollte sich den Beitrag ohne Unterbrechung anhören und notfalls im Anschluss nachfragen.

Hinweis:
Ob ein Kommentar zum Feedback sinnvoll ist, hängt von vielen Faktoren ab. Eine Patentlösung gibt es hier nicht.

Ein wirksames **Steuerungselement** des Diskussionsleiters sind **Fragen**. Damit kann er die Diskussion in Gang bringen, in Schwung halten und vor allem zielgerichtet fortführen. Dies setzt voraus, dass der Leiter über rhetorische Grundkenntnisse in der Fragetechnik verfügt und um die Wirkungen der unterschiedlichen Fragemöglichkeiten weiß. Hier ein kurzer Überblick über die wichtigsten Fragearten:[11]

- Grundsätzlich gilt es, **lehrerhafte Fragen** zu **vermeiden**. Hierzu zählen etwa gezielte Fragen mit bereits fest eingeplanter Antwort, bei denen der Leiter etwas ganz Bestimmtes hören will. In einem

---

[11] Vgl. auch *Fricke*, S. 58 ff.

solchen Fall fühlen sich die Teilnehmer leicht »auf dem Wissensprüfstand«, was verständlicherweise Unmut hervorruft.
- Wichtig ist der Unterschied zwischen geschlossenen und offenen Fragen. **Offene Fragen** sind sehr geeignet, die Diskussion in Schwung zu bringen oder zu halten (z. B.: Welche Folgen hat dieser Sachverhalt?). **Geschlossene Fragen** können nur mit »Ja« oder »Nein« beantwortet werden; eine offene Diskussion lassen sie in der Regel nicht zu. Sie können aber gut sein, um ein Meinungsbild zu ermitteln.
- Der offenen Frage ähnlich ist die **Informationsfrage** (z. B.: Welche Erfahrungen haben wir damit gemacht?), die häufig einem bestimmten Teilnehmer gestellt wird. Mit ihr kann man zwei Fliegen mit einer Klappe schlagen: Zum einen wird das jeweilige Spezialwissen der Allgemeinheit zugänglich gemacht und in die Diskussion eingeführt, zum anderen können so gerade eher schüchterne Teilnehmer in die Diskussion einbezogen werden.
- Ebenfalls gut geeignet für Diskussionen ist die **Verständnisfrage** (z. B.: Habe ich Sie richtig verstanden, dass ...?). Sie hilft, Missverständnisse zu vermeiden oder aufzuklären und signalisiert zugleich das Bemühen, den Gesprächspartner zu respektieren. Eine geäußerte Meinung kann dann sachlich klargestellt und diskutiert werden.
- Ein Klassiker ist die **Suggestivfrage**. Dieser Fragetyp legt dem Gefragten die Antwort bereits in den Mund (z. B.: Müssen wir nicht grundsätzlich gegen Arbeitsplatzabbau sein?). Hier wird eine Meinungsäußerung als Frage getarnt. Der Diskussionsleiter sollte seine Meinung jedoch lieber direkt äußern (als Teilnehmer). Zudem hat er die Aufgabe, die Diskussion offen zu halten und soll sie nicht einengen. Daher ist diese Frage für die Leitung eher ungeeignet.
- Ebenfalls weithin bekannt ist die **rhetorische Frage** (z. B.: Brauchen wir noch mehr Argumente, um zu erkennen, dass es nur diese eine Lösung gibt?). Ähnlich wie bei der Suggestivfrage handelt es sich hier um eine Behauptung und nicht um eine wirkliche Frage. Das dazu Gesagte gilt daher entsprechend.
- Ambivalent zu bewerten ist die **provozierende Frage** (z. B.: Aber könnten wir nicht tatsächlich Stellen einsparen?). Im richtigen Moment eingesetzt, kann sie die Diskussion sehr beleben, weil damit Widerspruch provoziert werden soll und dadurch häufig

neue Argumente »geboren« werden. Allerdings ist hier das Fingerspitzengefühl des Diskussionsleiters gefragt.
- Ein weiteres Mittel, die Diskussion inhaltlich voran zu bringen, ist die **Meinungsumfrage**. Dabei wird jeder Teilnehmer kurz um seine Meinung zu einem bestimmten Problem gebeten. Dieser Fragetyp kann gut eingesetzt werden, wenn die Diskussion festgefahren erscheint. Häufig werden hier neue Argumente angebracht oder es gibt einen Ansatzpunkt für einen Kompromiss. Zudem erhält der Leiter von jedem Teilnehmer ein Feedback. Die Meinungsumfrage ist der sofortigen Abstimmung (ohne den Austausch von Argumenten) vorzuziehen.

Umgang mit Störern

In fast keiner Diskussion wird man ohne Störungen auskommen. Und fast jeder, der schon an mehreren Sitzungen oder Diskussionen teilgenommen hat, kennt den berühmten Satz eines Moderators: *»Störungen haben Vorrang.«* Dieser Satz hat seine Richtigkeit, denn nicht ausgeräumte Störungen führen häufig zu Konflikten. Die beste Lösung von Konflikten aber ist, diese gar nicht erst entstehen zu lassen. Deshalb muss Störungen (und Störern) eine gewisse Beachtung geschenkt werden. Unterschieden werden kann zwischen

- inhaltlichen,
- organisatorischen und
- atmosphärischen Störungen.[12]

Bei **inhaltlichen Störungen** vertritt ein Teilnehmer einen abweichenden Standpunkt – und das häufig immer wieder. Zunächst kann dies eine wichtige inhaltliche Anregung sein, die die Diskussion sogar weiterbringt. Wird aber beständig dasselbe Argument wiederholt, ist die Diskussion festgefahren. Falls man dann nicht unterbrechen (oder sogar abbrechen) will, kann man mit Hilfe einer Abstimmung und einem Mehrheitsvotum die Störung zwar formal ausräumen.

Dabei besteht jedoch die Gefahr, dass der Störer dieses Votum innerlich nicht anerkennt und so immer weiter (eventuell an anderen Stellen und mit anderen Mitteln) stört oder sich völlig zurückzieht. Bes-

---

12 In Anlehnung an *Sperling/Wasseveld*, S. 130 ff.

ser ist deshalb, doch noch einen Konsens zu finden. Ob dies gelingt, hängt allerdings vom Einzelfall ab.

Organisatorische Störungen muss der Moderator in der Regel ganz klar unterbinden. Die Spielregeln des gegenseitigen Umgangs, auf die man sich in der Gruppe gemeinsam geeinigt hat, müssen unbedingt eingehalten werden. Hat ein Teilnehmer eine gute Idee zum falschen Zeitpunkt, sollte sich der Diskussionsleiter diese notieren und später darauf zurückkommen.

Bei **atmosphärische Störungen** sind das Gespür und die Intuition des Leiters ganz besonders gefragt, denn oft sind diese Störungen nur unterschwellig vorhanden. Offenes Ansprechen und das Signalisieren von Verständnis und Respekt für die Probleme sind daher sehr wichtig.

3.1.3 Tipps für Diskussionsteilnehmer

Zwar wird die Diskussion vom Diskussionsleiter (z. B. dem Betriebsratsvorsitzenden) geleitet, aber sie lebt vor allem von ihren Teilnehmern. Deshalb folgen zum Schluss dieses Kapitels noch einige Hinweise für die Diskutanten selbst. Alle Diskussionsteilnehmer sollten sich an die **formalen Spielregeln**[13] halten.

Übrigens:
Diese Regeln haben in einer »richtigen« Verhandlung natürlich ebenfalls ihre Gültigkeit.

Auch wenn viele davon wie Selbstverständlichkeiten klingen – und es eigentlich auch sind –, kann man doch immer wieder beobachten, dass diese Leitlinien in der Praxis nicht oder nur unzureichend eingehalten werden. Ein reibungsloser Ablauf im Miteinander und in der Art und Weise der Diskussion führt aber immer zu besseren inhaltlichen Ergebnissen, weil dann alle Ideen auf sachlicher Ebene im gebotenen Umfang erörtert und beurteilt werden können. Im Folgenden sind die Grundregeln aufgeführt, an die die Diskussionsteilnehmer sich unbedingt halten sollten:

- Die erste Grundregel lautet: Wer an einer wichtigen Diskussion teilnimmt, sollte sich **inhaltlich gründlich vorbereiten**.

---

13 In Anlehnung an *Tusche*, 122 ff.

- Viele Menschen haben in größeren Runden Hemmungen, ihre Positionen zu vertreten und sich zu Wort zu melden. Deshalb Grundregel Nr. 2: **Keine Redeangst** haben![14] Man sollte in der Diskussion alles sagen, was man sagen möchte. Wenn die Argumente erst hinterher im vertrauten Kreis angebracht werden, ist es zu spät und man hat seine Einflussmöglichkeiten verpasst.
- Diskussionen sollten zwar alle wichtigen thematischen Aspekte beleuchten, aber auch nur diese. Deshalb: **Beim Thema bleiben und nicht abschweifen.** Beschränken sich alle Teilnehmer inhaltlich auf das Wesentliche, verdichtet das die Diskussion und vergrößert ihre Effizienz.
- Zu einer qualitativ hochwertigen Diskussion tragen nur **konstruktive Beiträge** der Teilnehmer bei. Emotionalisierende Kommentare, destruktive oder gar pessimistische Wortbeiträge bringen das Gespräch nicht voran.
- Eine weitere Grundregel betrifft den Umgang miteinander: Es dient der Lösungsfindung, wenn sich alle Teilnehmer **gegenseitig** unvoreingenommen **zuhören** und den anderen zu Wort kommen lassen. Vielleicht ist an dessen Argument etwas dran? Dazu gehören **Offenheit** und **Toleranz**, aber auch ...
- Respekt. Und damit wären wir schon bei der vorletzten Grundregel für Diskussionsteilnehmer. Man schämt sich fast, es überhaupt zu schreiben, aber auch hier belehrt einen die Praxis eines Besseren: **Gegenseitiger Respekt** und ein **höflicher Umgang** sind leider nicht so allgegenwärtig, wie man meinen mag.
- Zu guter Letzt: Teilnehmer sollten sich an die weiteren **allgemeinen Spielregeln** halten, die sie zusammen mit dem **Diskussionsleiter** (der diese durchsetzen muss) aufgestellt haben.

An dieser Stelle noch ein paar kurze Hinweise zum richtigen **Aufbau von Diskussionsbeiträgen**. Ziel eines jeden Beitrags sollte sein, die eigenen Argumente verständlich zum Ausdruck zu bringen und daraus den »Zwecksatz« (Schlussfolgerung, Ergebnis, Fazit, Forderung) zu formulieren. Bewährt hat sich dabei ein dreigliedriger Aufbau:

---

[14] Gegen Redeangst kann man effektiv vorgehen! Hinweise und Tipps u. a. in *Tusche*, S. 94 ff.

1. Einstieg,
2. Argumente,
3. Zwecksatz.

Erfahrungsgemäß muss jeder, der das Wort ergreift (bzw. dem es erteilt wird), sich zunächst die Aufmerksamkeit seiner Zuhörer sichern. Daher bietet es sich an, mit einer **kurzen Einführung** zu beginnen und nicht gleich mit der Tür ins Haus zu fallen. Man kann sich dabei z. B. direkt auf den Vorredner beziehen (so genannter situativer Einstieg). Danach sollte man seine **Argumente** prägnant und treffend formulieren. Erst zum Schluss kommt dann der Höhepunkt, der **Zwecksatz**. Er stellt das Ende des Beitrags dar und ist (im Idealfall) die zwingende Konsequenz aus den vorausgegangenen Darlegungen. Deshalb wird er in der Regel mit »deshalb« eingeleitet. Wichtig ist, diesen Aufbau strikt einzuhalten, denn seine Bestandteile bauen logisch aufeinander auf. Die Schlussfolgerung sollte daher – wie der Name schon sagt – auch zum Schluss kommen. Stellt man sie an den Anfang des Beitrags, droht sie unterzugehen.

Ein Beispiel zur Verdeutlichung:[15]
1. (Einstieg) *Meine Damen und Herren, es ist bereits 23 Uhr und ich blicke schon in einige müde Gesichter.*
2. (Argumente) *Das ist auch nicht verwunderlich, denn seit drei Stunden haben wir konzentriert beraten und auch viel geschafft. Die restlichen drei Tagesordnungspunkte scheinen mir weniger dringend zu sein, so dass wir sie auch bei der nächsten Sitzung beraten können.*
3. (Zwecksatz) *Deshalb schlage ich vor, dass wir die heutige Sitzung jetzt beenden.*

3.2 Verhandlungsführung

Bereits weiter vorne in diesem Buch (siehe Seite 29 ff.) wurde ein Überblick über die hier propagierte Methode des sachgerechten Verhandelns und die wichtigsten Aspekte der Verhandlungsführung als erlernbares Handwerkszeug gegeben. Um mich nicht zu wiederholen, entfallen deshalb die am Anfang eines neuen Kapitels sonst üblichen einführenden Bemerkungen.

Das Führen einer Verhandlung besteht aus drei Phasen:

---

15 Entnommen aus *Tusche*, S. 132.

1. der Vorbereitung,
2. der Durchführung und
3. der Nachbereitung.

3.2.1 Vorbereitung der Verhandlung

Bei der Vorbereitung der Verhandlung werden häufig bereits die Weichen für den Verhandlungsverlauf und das Ergebnis gestellt. Je besser man vorbereitet ist, umso wahrscheinlicher wird ein für beide Seiten erfolgreiches Resultat. Deshalb lautet eine Grundregel: Niemals Zeit bei der Vorbereitung einsparen; dies kann sich später als schwerer Fehler erweisen. Und die Vorbereitung einer geplanten Verhandlung ist regelmäßig sehr zeitintensiv.

In der präzisen Vorbereitung kann unter Umständen die Gefahr liegen, mit zu starren Vorstellungen und Argumentationslinien in die Verhandlung zu gehen. Dies ist natürlich nicht der Sinn der Sache. Bleiben Sie offen für Vorschläge des Partners und hören Sie ihm zu! Flexibilität gehört zum Verhandeln.

Wichtig:
Verbauen Sie sich nicht neue Entwicklungen während des Gesprächs, sondern seien Sie in der Lage, spontan neue sachgerechte Alternativen mit Ihrem Partner zu entwickeln![16]

Hin und wieder können situationsbedingt auch »Ad-hoc-Verhandlungen« nötig werden. Hier gilt es, die für die Vorbereitung zu erörternden Punkte so gut wie möglich in der Verhandlung selbst zu berücksichtigen. Da dies naturgemäß aber nicht leicht ist, sollte man – wenn irgend möglich – versuchen, Bedenk- und somit etwas Vorbereitungszeit zu »ergattern«.

Die Vorbereitung lässt sich in drei Aspekte untergliedern: die organisatorische, die inhaltliche und die taktische Vorbereitung der Verhandlung. Da sich die Taktik jeweils auf organisatorische oder inhaltliche Fragen bezieht, schließen sich die taktischen Aspekte im Folgenden direkt an den konkreten Punkt der Vorbereitung an und werden nicht isoliert erläutert.

---

16 Ähnlich *Knapp/Novak*, S. 19.

3.2.1.1 Organisatorische Vorbereitung

Wichtig:
Auch wenn die Formalien zuweilen lästig bis gar überflüssig erscheinen mögen, so muss diesem Teil der Vorbereitung Beachtung geschenkt werden. Denn der Rahmen einer Verhandlung wirkt sich ebenfalls auf deren Ergebnis aus.

Zunächst stellt sich die Frage nach dem **Verhandlungspartner**. Zwar kennt man den Partner in der Regel; es gibt aber auch Situationen, in denen der richtige Ansprechpartner erst ermittelt werden muss. Dies kann innerhalb eines Unternehmens der Fall sein, wenn bestimmte Hierarchien eingehalten werden müssen.

Beispiele:
Über wie viel Prozent Gehaltserhöhung kann der direkte Vorgesetzte entscheiden, wann ist die Personalabteilung bzw. sogar die Geschäftsführung mit einzubeziehen?
Bei einer Übernahme oder Fusion müssen die Ansprechpartner im anderen Unternehmen ausfindig gemacht werden.

Im Falle einer **Delegationen-Verhandlung** ist es wichtig zu wissen, mit wie vielen Teilnehmern der Partner verhandelt. Das Verunsichern der anderen Partei mit einer starken personellen Präsenz ist eine beliebte Taktik. Man sollte daher – soweit dies möglich ist – für **Waffengleichheit** sorgen.

Generell sollten alle verfügbaren Informationen über den Verhandlungspartner bzw. die Delegationsmitglieder zusammengetragen werden. Gerade für das »Warming-Up« ist es hilfreich, Interessengebiete des Partners zu kennen. Aber auch für das erfolgreiche Argumentieren ist es von Bedeutung, »wie der Partner tickt«, auf was er anspricht und auf was nicht.

Neben der Klärung des richtigen Partners ist es wichtig, die **Rollen innerhalb der eigenen Delegation** zu verteilen: Wer übernimmt die Leitung? Ist es wegen der Komplexität der Aufgabe ratsam, inhaltliche Leitung und Gesprächsleitung zu trennen? Der Sprecher sollte dabei über dieselben Fähigkeiten wie ein Moderator oder Diskussionsleiter verfügen (siehe hierzu Seite 49 f.). Wer ist Spezialist auf welchem Gebiet? Wer übernimmt welche Aufgabe (z. B. neue Themen ansprechen, einen Kompromissvorschlag anbringen, beruhigen, rechnen, kämpfen)?

Hinweis:
Im Vorfeld können außerdem wie bei der Diskussionsführung bestimmte Spielregeln etwa hinsichtlich des Umgangs miteinander oder des Ablaufs bestimmt und bei Verhandlungsbeginn festgelegt werden.

Zur organisatorischen Vorbereitung gehören auch die Punkte **Ort und Termin**. Falls der Termin gemeinsam bestimmt wird, sollte man keine für sich selbst ungünstige Tageszeit wählen (z. B. 8 Uhr für einen Morgenmuffel) und einen Tag ohne Zeitdruck aussuchen.

Bei einigen Verhandlungen steht der Ort der Verhandlung von vornherein fest. So findet ein Gespräch zwischen Arbeitnehmer und Vorgesetztem in der Regel in dessen Büro statt. Verhandlungen zwischen Betriebsrat und Geschäftsführung werden hingegen häufig in einem der Konferenzzimmer des Betriebs anberaumt. Hat man Wahlmöglichkeiten, gilt es zu überlegen, welcher Ort günstig ist. Welcher Raum der geeignetste ist, kann nicht pauschal gesagt werden.[17] Verhandeln an einem vertrauten Ort (etwa das eigene Büro) hört sich zunächst gut an, weil man sich dort sicher und auf vertrautem Boden fühlt. Mitunter ist es aber auch empfehlenswert, die Möglichkeit zu haben, die Verhandlung abbrechen und gehen zu können. Dies fällt leichter, wenn man im »fremden« Büro tagt. Auch die technische Ausstattung eines Raumes muss berücksichtigt werden. Braucht man Beamer, Projektoren oder Flipcharts und sind diese vorhanden? Gerade bei Beamern und Projektoren sollte man rechtzeitig (!) vor dem Termin deren Funktionstüchtigkeit prüfen. Eventuell müssen während der Verhandlung Unterlagen angefordert werden. Können diese den Teilnehmern schnell zukommen?

Überhaupt sind **Unterlagen** für eine genaue Vorbereitung sehr wichtig. Alle notwendigen Fakten und Informationen sollten vorher in der richtigen Form zusammengestellt sein (etwa als Handout für alle Teilnehmer kopiert, als Powerpoint-Präsentation im Laptop oder als »Gedankenstütze« für einen persönlich). Möchte man sich bei seiner Argumentation während der Verhandlung auf objektive Verhandlungskriterien (Details siehe Seite 79 f.) berufen (z. B. gesetzliche Regelungen, Statistiken, Untersuchungsergebnisse, Vergleichsangebote), ist es unerlässlich, diese dem Partner zu präsentieren.

Ein weiterer wichtiger Aspekt ist die **Zeitplanung** der Verhandlung. Der Zeitrahmen sollte auf keinen Fall zu eng gesteckt werden; dies wirkt sich negativ auf die Atmosphäre und damit auch meist auf das Ergebnis aus. Sachgerechte, nachhaltige Lösungen für alle Beteilig-

---

17 Siehe dazu auch *Fisher/Ury/Patton*, S. 231.

ten können in der Regel nicht im »Schweinsgalopp« erzielt werden. Auch für den Partner ist es wichtig zu wissen, wie viel Zeit er einkalkulieren muss.

Um den Zeitbedarf relativ sicher einschätzen zu können, ist es hilfreich, den **Verhandlungsgegenstand** so genau wie möglich festgelegt zu haben. Über was soll verhandelt werden? Welche Punkte stehen auf der Tagesordnung? Besonders bei mehreren Themen muss vorher durch Ab- und Rücksprache klar sein, um was es gehen soll. Natürlich kann sich der Gegenstand der Verhandlung in deren Verlauf dann immer noch ändern. Die Festlegung des Verhandlungsgegenstandes ist zudem der erste Schritt bei der inhaltlichen Vorbereitung.

3.2.1.2 Inhaltliche Vorbereitung

Hierauf liegt der Schwerpunkt der Verhandlungsvorbereitung.[18] Zunächst muss der Gegenstand der Verhandlung feststehen. Man sollte über eine genaue **Problemdefinition** verfügen, um nicht am Thema vorbei zu planen:

- Was soll geschehen?
- Welche Maßnahmen sollen eingeführt oder ergriffen werden?
- Welche Veränderungen/Entwicklungen stehen an?
- Um welche Themen geht es?
- Welche Konsequenzen ergeben sich daraus inhaltlich, organisatorisch, operativ und personell?
- Welche Handlungen/Maßnahmen/Aktionen erfordern diese Konsequenzen?

Die Zahl der hier zu stellenden Fragen ist hoch und die Möglichkeiten je nach den Umständen des Einzelfalles sehr facettenreich. Häufig reichen die eigenen Kenntnisse und Ressourcen nicht aus, um diese Fragen selbst zu beantworten: Das Einholen von Informationen durch eigene Recherche und die Hinzuziehung von Experten ist in der Regel unerlässlich.

---

18 Gute und knappe Übersichten zur inhaltlichen Vorbereitung finden sich bei *Knapp/Novak*, S. 18 f.

Sind alle Informationen zusammengetragen und steht der Verhandlungsgegenstand fest, folgt der nächste Schritt: Die **eigenen Interessen** müssen entwickelt werden:

- Was wollen wir erreichen?
- Was ist unser Ziel?
- Welche Veränderung/Maßnahme zieht welche Konsequenzen nach sich?
- Welche Konsequenzen unterstützen wir, welche lehnen wir ab und **aus welchen Gründen** tun wir das?
- Was darf auf keinen Fall geschehen?
- Was passiert, wenn eine Einigung scheitert?

Ist man sich über die eigenen Interessen im Klaren, lässt sich daraus die nächste Stufe ableiten: Aus den Interessen werden nun die **eigenen Forderungen** generiert. Dabei werden Minimal- und Maximalforderungen festgelegt, zwischen denen jedoch nur eine geringe Spanne bestehen sollte. Somit wird auch gleichzeitig der **eigene - Verhandlungsspielraum** abgesteckt. Häufig ergeben sich die Forderungen relativ schnell und problemlos. Damit fängt die Arbeit aber im Grunde erst an: Würde man stur auf seinen Forderungen bestehen, wären die meisten Verhandlungen von Anfang an zum Scheitern verurteilt. Auch das Finden eines Kompromisses etwa nach dem »Rasenmäherprinzip«, bei dem jeder etwas von seiner Forderung zurückschneidet, bringt in der Regel nicht das sachgerechte, nachhaltige Ergebnis. Deshalb besteht ein zentraler Punkt der inhaltlichen Vorbereitung darin, bereits zu diesem Zeitpunkt innovative und kreative **Lösungsoptionen sowie die so genannte »Beste Alternative«** (siehe ausführlich Seite 78 ff.) **zu den eigenen Forderungen zu entwickeln**. Ein geeignetes Instrument, um diese zu finden, ist das schon vorgestellte **Brainstorming** (siehe hierzu Seite 57).

Last but not least sollten unbedingt die (erkennbaren) **Interessen des Verhandlungspartners sowie dessen Argumentationslinien** in die eigene Vorbereitung der Verhandlung mit einbezogen werden. Sehen Sie die Welt mit den Augen Ihres Partners:

- Welche Forderungen wird er stellen, wie groß ist sein Verhandlungsspielraum?
- Was ist seine »Beste Alternative«?

- Welchen Argumenten wird er zugänglich sein, welche wird er selber anbringen?
- Was ist ihm besonders wichtig?

Auch dies ist von zentraler Bedeutung: Hat man viele entsprechende Informationen über den Partner, ist dies hilfreich bei der Entwicklung von Alternativen oder anderen Optionen. Je besser man sich in ihn hineinversetzen kann, umso effektiver die Vorbereitung.

Achtung:
Da man sich letztlich doch im spekulativen Bereich bewegt, ist Vorsicht geboten! Ob die angenommenen Tatsachen stimmen, muss unbedingt in der Verhandlung selbst regelmäßig überprüft werden.

Erkennt der Partner, dass auch seine Interessen in Ihrer Vorbereitung berücksichtigt wurden, wird ihn das in aller Regel positiv überraschen. Er wird sich verstanden fühlen. Dies kann innovative Lösungswege eröffnen und die Verhandlung entscheidend voranbringen.

So gründlich vorbereitet können Sie nun gelassen in die Verhandlung gehen. Ihre Strategie bestimmt sich dabei durch die präzise Vorbereitung: Sie kennen die wichtigsten Diskussionspunkte, Ihre Interessen und die des Partners. Zudem haben Sie bereits Lösungsalternativen entwickelt. Eine kluge Verhandlungsstrategie allein hingegen kann mangelnde Vorbereitung nicht wettmachen. Wer schlecht vorbereitet ist, kann in der Regel nicht erfolgreich verhandeln.

3.2.2 Während der Verhandlung

Nach all der intensiven Vorbereitung geht es nun endlich los: Die Verhandlung beginnt. Doch bevor wir uns mit der eigentlichen Verhandlungstechnik und den möglichen Schwierigkeiten, die sich im Verlauf des Gesprächs ergeben können, beschäftigen, folgt an dieser Stelle zunächst ein kurzer Überblick über die einzelnen Phasen während der Verhandlung.[19] Jede Phase hat ihren charakteristischen Inhalt und damit ihren besonderen Sinn. Das Erkennen und Einhalten der Phasen – auch in der dargestellten Reihenfolge, denn sie bauen aufeinander auf – erleichtert es, die Verhandlung zu strukturieren

---

19 Ausführliche Darstellung der einzelnen Verhandlungsphasen bei *Haft*, S. 123 ff.

und so die komplexen Inhalte besser zu bewältigen. Trotzdem kann es Situationen geben, in denen nicht alle Phasen durchlaufen werden müssen. Sieht man sich jeden Tag wie etwa der direkte Vorgesetzte und der Arbeitnehmer, die über eine Gehaltserhöhung verhandeln, ist das »Warming Up« sicher entbehrlich.

3.2.2.1 Phasen während der Verhandlung

Am Anfang steht in der Regel das so genannte »**Warming Up**«, die Aufwärmphase. Hier geht es noch nicht in medias res, sondern um die **Herstellung einer persönlichen Beziehung**. Die Annäherung der Partner erfolgt über typische »Small-Talk-Themen« wie etwa die Anreise, das Wetter oder – falls bekannt – die Hobbys des Verhandlungspartners. Das letzte Thema ist besonders gut geeignet, denn es gibt dem anderen die Möglichkeit, über sich selbst zu sprechen. Und dies ist laut statistischen Untersuchungen das häufigste und beliebteste Gesprächsthema. Es ist nicht jedem in die Wiege gelegt, diesen Teil elegant, ungezwungen und vor allem in der richtigen Länge (nicht zu lange ausdehnen!) zu bewältigen. In jedem Fall gehört es zu guten Umgangsformen, nicht direkt mit der Tür ins Haus zu fallen, sondern dem Partner zu signalisieren, dass man zivilisiert und höflich miteinander umzugehen gedenkt. Zwar ist es schwierig, konkrete Zeitvorgaben zu geben, aber fünf bis zehn Minuten sollten ausreichen. Denn Zeit zu verschenken hat meist niemand. Während des »Warming Up« kann man außerdem bereits Platz nehmen und seine Unterlagen herausholen.

Nun folgt der fließende Übergang zur **Rahmenphase**.[20] Hier werden die formalen Spielregeln, nach denen die Verhandlung ablaufen soll, sowie der zeitliche Rahmen von den Partnern festgelegt. Eventuell sind darüber schon während der Vorbereitung entsprechende Absprachen zwischen den Parteien erfolgt.

Beim **inhaltlichen Einstieg** fasst der Leiter der Gast gebenden Delegation (oder der Gastgeber bei Verhandlungen zwischen zwei Personen) in wenigen Sätzen zusammen, über welche **Themen** heute in welcher **Reihenfolge** verhandelt werden soll. Dabei beschränkt er

---

20 So nennt es *Haft*, S. 123.

sich auf die wesentlichen Fakten und bewertet nicht. Dies ist die Basis der Verhandlung. Hier darf nichts schief gehen, denn wenn der Gegenstand der Verhandlung nicht präzise benannt und für alle Seiten klar definiert wird, läuft die Verhandlung an den entscheidenden Punkten vorbei.

In der **Informationsphase** trägt jede Partei zu jedem Verhandlungspunkt den Sachverhalt aus ihrer Sicht vor. Wichtig ist es, an dieser Stelle noch nicht zu argumentieren oder zu bewerten. Es geht darum, für alle Partner möglichst dieselbe Tatsachengrundlage und **sachliche Ausgangslage** zu schaffen. Dabei wird immer wieder klar, dass vermeintlich Selbstverständliches und Unstreitiges in Wirklichkeit von den Parteien unterschiedlich wahrgenommen wird.[21] Die Informationsphase ist daher von sehr großer Bedeutung. Sie bietet die Gelegenheit zu direkten Rückfragen und Klarstellungen, z. B. durch Zwischenzusammenfassungen auch der Auffassung der anderen Partei (*Habe ich Sie richtig verstanden, dass...? Meinten Sie, dass...?*). Zudem wird hier das Fundament für die anschließende Entscheidung gelegt. Basiert die spätere Forderung auf objektiven Kriterien (etwa bei Gehaltsverhandlungen auf vergleichbaren Gehältern anderer Mitarbeiter, Bestimmungen in Tarifverträgen oder unabhängigen Honorarempfehlungen), sollte man in dieser Phase unbedingt diese Kriterien einführen, um im Anschluss mit seiner Forderung nicht auf völlige Ablehnung zu stoßen.

Wer als Zweiter den Sachverhalt aus der eigenen Sicht schildert, hat es ein wenig leichter, da vieles nicht mehr wiederholt werden muss. Bei mehreren Punkten, über die verhandelt werden soll, kann man die Reihenfolge der zuerst Vortragenden jeweils wechseln. Sinnvoll ist allerdings, dass derjenige, der über mehr Informationen verfügt, anfängt. Als Abschluss des Vortrags kann beispielsweise ein Vertrags- oder Vereinbarungsentwurf vorgelegt werden.

Nun folgt das **Herzstück einer jeden Verhandlung**, die **Argumentationsphase**. Nach der Klärung der sachlichen Ausgangslage bringen die Parteien ihre Argumente vor und erläutern ihre Interessen und Forderungen. Hier kommt die Methode der sachgerechten Verhandlungsführung voll zum Tragen, hier werden die Würfel fallen.

---

21 Das Phänomen »Meine Wirklichkeit ist nicht Deine Wirklichkeit« ist weit verbreitet. Siehe dazu auch *Däubler*, S. 52.

Je genauer in der Vorbereitung und in den ersten Verhandlungsphasen gearbeitet wurde, um so besser ist nun die persönliche Beziehung, um so exakter ist der formelle und inhaltliche Rahmen abgesteckt, um so klarer ist die sachliche Ausgangslage.[22] Diese Vorarbeit zahlt sich jetzt aus und erleichtert das eigentliche Verhandeln. Die Partner sollten anstreben, möglichst strukturiert über abgeschlossene Themenfeldern zu verhandeln und hierüber Teillösungen zu erzielen.

Den Abschluss der Verhandlung als solcher bildet die **Entscheidungsphase**. Nach dem Verständnis des in diesem Buch propagierten Verhandlungsmodells hat diese Phase eher **deklaratorische Bedeutung**. Denn die wesentliche Arbeit wurde bereits vorher erledigt. Durch die Methode des sachgerechten Verhandelns sind in der Regel bereits während der Argumentationsphase tragfähige Teillösungskonzepte gefunden worden.[23] Im Idealfall muss man lediglich die zu jedem Punkt zu Stande gekommenen Ergebnisse zum Gesamtergebnis addieren. Gibt es dabei Probleme, müssen die letzten noch zu klärenden Fragen einer für beide Parteien positiven Lösung zugeführt werden. Auch hier sind objektive Entscheidungskriterien äußerst hilfreich.

Wichtig:
Die getroffenen Übereinkünfte sollten unbedingt schriftlich fixiert werden.

In bestimmten Fällen kann diese Reihenfolge der unterschiedlichen Verhandlungsphasen in der Praxis nicht eingehalten werden. Diese **abweichenden Phasenverläufe** haben nach *Haft*[24] in der Regel zwei Ursachen. Zum einen besteht die Möglichkeit, dass der **Partner** einfach **nicht mitspielt** (zum Umgang mit schwierigen Partnern vgl. ausführlich Seite 83 ff.). Dann sollte man eigene zum Ablauf der Verhandlung gemachte Vorschläge explizit zurückziehen und unbedingt konstruktive Gegenvorschläge einfordern. Man sollte nicht einfach kommentarlos die Schaffung von Fakten durch die andere Partei, indem sie die Reihenfolge ändert, hinnehmen. Denn indem man seinen eigenen Vorschlägen Bedeutung und damit Respekt beimisst, schafft man die Voraussetzung, dass dies auch die Partner tun.

---

22 Ähnlich Haft, S. 142.
23 So auch Haft, S. 152.
24 *Haft*, S. 153 ff.

Die andere Variante erfordert mehr Fingerspitzengefühl. Je nach Art des zu verhandelnden Themas kann es angebracht sein, der anderen Partei etwas Zeit für Emotionen zu geben. Dies ist generell bei **unangenehmen Verhandlungen** – etwa Kündigungsgesprächen oder auch Sozialplanverhandlungen – ratsam. Nach dem inhaltlichen Einstieg oder der Informationsphase sollte deshalb eine Emotionsphase eingebaut werden. Erst wenn der Betroffene bzw. die Betroffenen Gelegenheit hatten, Dampf abzulassen und seiner/ihrer Wut, Trauer oder Verzweiflung Luft zu machen, ist es ratsam, in die Argumentationsphase einzutreten. Argumentieren – gerade nach dem Modell des sachgerechten Verhandelns – ist etwas sehr Rationales. Gefühle haben hier keinen Platz. Mit aufgestauten Gefühlen aber verhandelt es sich nicht nur schlecht, sondern verhandeln ist dann im Grunde unmöglich.

3.2.2.2 Methode des sachgerechten Verhandelns

Das Harvard-Konzept basiert im Wesentlichen auf **fünf Grundpfeilern:**

- Mensch und Problem trennen,
- Interessen statt Positionen vertreten,
- Optionen entwickeln,
- neutrale Kriterien vereinbaren,
- die »Beste Alternative« finden.

Mensch und Problem trennen

Verhandlungen führen in der Regel nur dann zu einem optimalen Ergebnis, wenn wir erkennen, dass uns nicht nur Verhandlungspartner, sondern Menschen gegenüber sitzen. Dieser »menschliche Faktor«[25] kann sich sowohl positiv als auch negativ auswirken, denn persönliche Beziehungen vermischen sich sehr schnell mit dem Sachproblem. So können gute persönliche Beziehungen zu besseren Ergebnissen in der Sache führen. Dies gilt besonders in längerfristigen Beziehungen, in denen immer wieder Verhandlungen anstehen. Umgekehrt kann es den Gesprächen deutlich schaden, wenn der

---

25 *Fisher/Ury/Patton*, S. 43.

Partner aus sachlichen Beiträgen oft gar nicht intendierte persönliche Konsequenzen zieht, indem er sich z. B. angegriffen oder herabgesetzt fühlt.

Übrigens:
Persönliche Probleme haben Sie nicht nur mit Ihrem Partner, sondern häufig auch mit sich selbst. Auch Ihre Probleme sollten Sie von den Sachfragen trennen.

Diese Trennung der Beziehungs- von der Sachebene fällt vielen Menschen sehr schwer; zu sehr sind wir in dem Verhaltensmuster, die Dinge persönlich zu nehmen, gefangen. Deshalb wirkt es sehr souverän, zu den Partnern stets freundlich, in der Sache aber dennoch konsequent zu sein.

Um diese Trennung von Mensch und Problem leichter in die Tat umzusetzen (wobei es hier wohl immer nur einen Näherungswert wird geben können), sollte man einige **psychologische Techniken** anwenden.[26] Dabei helfen drei Begriffe weiter, unter denen sich jedes zwischenmenschliche Problem subsumieren lässt: **Vorstellung – Emotion – Kommunikation**.

Unsere eigene **Vorstellung** – und die des Partners – bestimmt sehr häufig den jeweilgen Konflikt. Denn Konflikte bestehen in der Regel nicht nur aus objektiven Wahrheiten, sondern vielmehr aus persönlichen Wahrnehmungen und damit aus subjektiven Wahrheiten. Da man die eigene Wahrheit bereits kennt, sollte man zur Lösung des Problems den Versuch unternehmen, sich in die **Gegenseite hineinzuversetzen**, um deren Wahrheit herauszufinden. Häufig ist es hilfreich, miteinander über die jeweiligen Vorstellungen offen zu sprechen. Dann eröffnet das neu gewonnene Verständnis füreinander bisher ungeahnte Lösungswege.

Ein weiterer wichtiger Punkt bei Verhandlungen sind **Emotionen**. So sollte man nicht nur seine eigenen Gefühle erkennen und verstehen, sondern auch die des Partners. Genau wie bei den Vorstellungen ist es von großer Bedeutung, diese Emotionen auch zu artikulieren. Geschieht dies zunächst in eigentlich unangemessener Form durch gehöriges »Dampf ablassen«, sollte man auf diesen emotionalen Ausbruch in keinem Fall reagieren und ebenfalls aggressiv werden. Häufig wirkt allein das »Sich-Luft-Machen-Können« Wunder: Ist

---

26 *Fisher/Ury/Patton*, S. 45.

der Frust erst einmal raus, lässt es sich in aller Ruhe weiter verhandeln. Generell gibt es kein Patentrezept im Umgang mit Emotionen. Bewährt hat es sich aber in jedem Fall, ruhig zu bleiben, genau zuzuhören, nachzufragen (z. B.: Ich habe Sie richtig verstanden, dass Sie mit der Abfindungsregelung im Vertrag nicht einverstanden sind?) und zu versuchen, wieder zur Sachebene zurückzukehren.

Auch der Faktor **Kommunikation** hat große Auswirkungen. Hier gelten wieder dieselben Regeln wie bei der Moderation oder Diskussionsleitung. Das heißt, wichtig sind zunächst genaues Zuhören und das Geben von Feedbacks. Man sollte in der Lage sein, sich selbst verständlich zu machen. Drücken Sie sich klar aus, sprechen Sie in »Ich-Botschaften« darüber, was Sie bewegt und was Sie erreichen möchten. Reden Sie nicht vom Verhandlungspartner, sondern über sich selbst. Außerdem sollte man immer wieder versuchen, potenzielle Konfliktfelder in der Verhandlung durch Vorausdenken an ihrer Entstehung zu hindern. Handeln Sie bewusst und mit Blick auf mögliche Konsequenzen dieser Aktionen. Wie wird der Partner Ihr Verhalten wahrscheinlich auffassen?

Zum Vorausplanen kann auch gehören, die Beziehungen zu Ihren (zukünftigen) Verhandlungspartnern zu pflegen, z. B. durch gelegentlichen Small Talk ohne konkreten Anlass. Ein kurzer Anruf und die Frage, wie es geht, gerade wenn man zurzeit nichts vom Partner braucht, sind häufig unbezahlbar. Dies erleichtert insbesondere das Führen von mehreren Verhandlungen über einen längeren Zeitrahmen.

Wichtig:
Im Übrigen heißt ein Grundsatz des Harvard-Konzepts: »*Hart in der Sache, aber freundlich zu den Menschen.*« Deshalb: Trennen Sie die Beziehungsebene von der Sachebene, bleiben Sie höflich und zuvorkommend und verhalten Sie sich stets korrekt. Denn: Verhandlungspartner brauchen sich und sind hinsichtlich des Erzielens eines sachgerechten Ergebnisses aufeinander angewiesen. Könnten sie ihre Interessen ohne einander verwirklichen, würden sie nicht miteinander verhandeln. Diese symbiotische Beziehung sollte daher auf der menschlichen Ebene mit großer Sorgfalt gepflegt werden.

Interessen statt Positionen vertreten

Um den Unterschied zwischen Positionen und Interessen zu verdeutlichen, sei auf das »Orangenbeispiel« (siehe Seite 30) verwiesen. Die Position »eine halbe Orange« ist nicht deckungsgleich mit den Interessen »Saft auspressen« bzw. »Schale abschaben«. Dieser Unterschied ist entscheidend. Wer ihn erkennt und daraus die richtigen Schlüsse zieht, ist einem sachgerechten Ergebnis für alle Verhandlungspartner schon ziemlich nahe. Denn fast immer liegen hinter **gegensätzlichen Positionen** nicht nur sich widersprechende Interessen (die gibt es natürlich auch fast immer), sondern auch **gemeinsame und ausgleichbare Interessen**.[27]

Damit ein offenes, nicht vom Positionsdenken bestimmtes Verhandlungsklima entstehen kann, müssen beide Partner ihre **Interessen herausfinden** und formulieren. Die Positionen sind oft glasklar formuliert. Hier gibt es keine Schwierigkeiten. Die Preisfrage lautet deshalb: Wie erkenne ich meine Interessen und die des Partners? Beide sind gleichermaßen wichtig. Hilfreich ist hier das Stellen der richtigen Fragen nach den Gründen und Motiven, also warum der Partner oder Sie etwas möchten bzw. aus welchen Gründen nicht möchten.[28] Dabei geht es nicht darum, Rechtfertigungen für bestehende Forderungen zu entwickeln, sondern um die **tatsächlichen Beweggründe**.

Entscheidend sind nicht nur die eigenen Motive, sondern es ist auch erforderlich, sich in die Welt des Partners hineinzuversetzen. Führen Sie sich die **Wahlmöglichkeiten des Partners** vor Augen. Wer kann welche Entscheidung treffen? Durch diese Analyse (die zugegebenermaßen auf Spekulationen beruht) können Sie wichtige Rückschlüsse darauf ziehen, welche Konsequenzen diese Entscheidungsmöglichkeiten für Ihre eigenen Interessen haben werden.

Bei der »Fahndung« nach den Interessen treten naturgemäß auf allen Seiten **vielfältige Interessen** zu Tage. Diese Menge an Wünschen, Bedürfnissen, Befürchtungen und hin und wieder auch Zwängen kompliziert den Prozess der Lösungsfindung. Hierbei ist es ratsam, sich zunächst die Befriedigung der so genannten Grundbedürfnisse auf die Fahnen zu schreiben. Durch diese Grundbedürfnisse (Sicherheit, wirtschaftliches Auskommen, Zugehörigkeitsgefühl, Anerkennung und Selbstbestimmung) werden die meisten Menschen motiviert; sie stehen daher in der Regel auch hinter ihren Interessen. Bezieht man diese mit ein, kann das Finden eines sachgerechten Ergebnisses erleichtert werden. Dies gilt übrigens nicht nur für die

---

27 Vgl. mit Beispiel *Fisher/Ury/Patton*, S. 71.
28 Mit ausführlichen Beispielen *Fisher/Ury/Patton*, S. 73 ff.

Verhandlungen mit Einzelpersonen, sondern auch für Delegationen-Verhandlungen.

Zur besseren Strukturierung sollten alle Interessen sortiert und niedergeschrieben werden. Dies kann jede Seite für sich alleine tun. Diese Liste kann aber auch – dies ist der Idealfall – von den Parteien gemeinsam erstellt und im Verlauf der Verhandlung ständig verfeinert und verbessert werden.

Wichtig:
In jedem Fall sollten Sie in der Verhandlung über Ihre Interessen sprechen und auch den Partner dazu ermutigen. Dabei ist es wichtig, auch die Interessen des Partners anzuerkennen. Beim Austausch über die Interessen sollte auch das Problem, um dessen Lösung es ja geht, dargestellt werden. Vielleicht ist man der Lösung schon näher gekommen?

Genauso wenig, wie Sie stur auf Ihren Positionen beharren sollten, sollten Sie dies im Hinblick auf Ihre Interessen tun. Die Grundregel lautet: **Seien Sie bestimmt, aber flexibel.** Natürlich dürfen Sie Ihre grundlegenden Interessen nicht aus den Augen verlieren. Aber können diese wirklich nur »genauso« und kein bisschen modifiziert verwirklicht werden? Um adäquate Wahlmöglichkeiten zu entwickeln, hilft es, sich diese Optionen so konkret wie möglich zu veranschaulichen.[29]

Optionen entwickeln

In der Verhandlungspraxis ist häufig zu beobachten, dass die Partner aus unterschiedlichen Gründen damit beschäftigt sind, die Kluft zwischen ihren Positionen zu verkleinern, anstatt die verfügbaren Lösungsoptionen zu erweitern. Gerade durch neue Denkansätze eröffnen sich tatsächlich innovative Lösungskonzepte, die zur berühmten »**Vergrößerung des Kuchens**« führen, es also allen Partnern ermöglichen, einander mehr zu geben als zu nehmen.

Ein bereits erläutertes Rezept zum Finden von Optionen ist das **Brainstorming** (siehe Seite 57). Dabei ist es besonders sinnvoll (und vielleicht auch realisierbar?), das Brainstorming **gemeinsam mit dem Partner** durchzuführen. Eine andere Kreativitätstechnik, mit der sich ebenfalls gute Erfolge erzielen lassen, sind die so genannten »sechs Hüte des Denkens«.[30]

---

29 *Fisher/Ury/Pation* nennen dies »Erläuternde Konkretheit«, S. 85.
30 Erläutert bei *Knapp/Novak*, S. 36 ff.

Die gefundenen Optionen können durch verschiedene Methoden im Anschluss strukturiert und bewertet werden.[31] Wichtig ist, dass Sie sich dabei auf die Suche nach den **gemeinsamen Vorteilen** begeben.

Neutrale Kriterien vereinbaren

Je stärker objektive Kriterien bei der jeweiligen Problemlösung zum Tragen kommen, umso größer sind die Chancen auf ein sachgerechtes Ergebnis. Dies gilt umso mehr, wenn mehrere Parteien miteinander verhandeln. Der große Vorteil dieser Kriterien ist die Unabhängigkeit vom Willen und der Willkür des Verhandlungspartners. Im Idealfall sind sie sogar gesetzlich fixiert.

Die **Entwicklung der jeweiligen Kriterien** hängt natürlich vom **Einzelfall** der Verhandlung ab. Geht es z. B. um Sozialplanverhandlungen werden Urteile des Bundesarbeitsgerichts zur Abfindungshöhe, gesetzliche Regelungen, andere Sozialpläne, die Leistungsfähigkeit des Unternehmens, die Schwere der Einschnitte für die Beschäftigten etc. von Bedeutung sein.

Häufige und auf viele Fälle anwendbare neutrale Kriterien können sein:[32]

- Marktsituation,
- Marktwert,
- Vergleichsfälle,
- Gutachten,
- Gesetze,
- Gerichtsurteile,
- moralische Kriterien (z. B. Verhaltenskodex),
- Gleichbehandlung,
- Tradition etc.

Wie werden neutrale Kriterien nun **Bestandteil der Verhandlungen?** Zunächst sollten Sie versuchen, den Konflikt zur Suche nach objektiven Kriterien umzufunktionieren. Überzeugen Sie den Partner davon, dass deren Einbeziehung auch für ihn vorteilhaft ist und er so nicht von Ihnen »über den Tisch gezogen« werden kann. Einigen Sie sich explizit auf jedes anzuwendende Kriterium (z. B.: Gehälter

---

31 Ausführlich bei *Fisher/Ury/Patton*, S. 103 ff.
32 Aus *Fisher/Ury/Patton*, S. 126 f.

vergleichbarer Mitarbeiter). Denn eine wesentliche Voraussetzung für den Einsatz dieser Hilfsmittel zur sachgerechten Problemlösung ist deren Anerkennung durch den Partner. Nun können Sie vernünftig in aller Offenheit ohne versteckte Karten mit Ihren Argumenten loslegen – und auch für vernünftige, faire Argumente der anderen Seite offen sein. Schreiben Sie eine Liste aller Argumente und der mit einbezogenen Kriterien. Lassen Sie notfalls einen Dritten, den alle für unparteiisch halten, diese Liste begutachten und holen Sie dessen Meinung ein. Und: Lassen Sie sich nicht unter Druck setzen! Sollte der Partner dies versuchen, haben Sie häufig schon einen entscheidenden Vorteil: Denn nun haben Sie nicht nur Ihre eigene Entschlossenheit, sondern verfügen mit Ihrer fairen, offenen Argumentationslinie auch noch über die »Macht der Legitmität«.[33] Sie können sich somit leichter der Willkür und der Unfairness verweigern, als sich der Partner der Anwendung objektiver Verhandlungskriterien entgegenstellen könnte.

Die Beste Alternative finden

In einigen Verhandlungssituationen ist es trotz aller korrekt angewandten Verhandlungstechnik aus unterschiedlichen Gründen (siehe hierzu Seite 32 f.) nicht möglich, zu einer Übereinstimmung der Interessen zu gelangen. Dann kann die »Beste Alternative« eine wichtige Entscheidungshilfe sein, ob man überhaupt weiter verhandeln sollte.

Fisher/Ury/Patton schreiben zur »**Besten Alternative**«[34]:

> »Sie ist das einzige Kriterium, das Sie sowohl vor der Annahme allzu ungünstiger Bedingungen wie auch vor der Ablehnung von Konditionen bewahren kann, die Sie in Ihrem Interesse akzeptieren sollten. Ihre Beste Alternative ist nicht nur der geeignete Maßstab, sondern hat auch den Vorteil, flexibel genug zur Erkundung phantasievoller Lösungen zu sein.«

Wenn die »Beste Alternative« über dem liegt, was Sie in der Verhandlung noch erreichen können, ist es tatsächlich an der Zeit, die Verhandlung abzubrechen. Dann schützt sie Sie davor, einem Abschluss zuzustimmen, den Sie besser verweigert hätten.

---

33 So *Fisher/Ury/Patton*, S. 135.
34 Dies ist die Übersetzung des Originalbegriffs des Harvard-Konzepts »BATNA«: Best Alternative to Negotiated Agreement. Siehe auch *Fisher/Ury/Patton*, S. 147.

Das vorherige Festsetzen einer Minimalforderung ist dabei oft nur wenig hilfreich. Denn unter Umständen kann ein darunter liegendes Ergebnis immer noch wesentlich besser sein als gar kein Ergebnis.

Beispiel:
Der Betriebsrat hat sich vorgenommen, bei Sozialplanverhandlungen eine bestimmte Abfindungshöhe auf keinen Fall zu unterschreiten. Was aber, wenn zwar die Abfindung geringer ausfällt, dafür aber viele Beschäftigte in eine Qualifizierungsgesellschaft übernommen, dort weitergebildet werden und schließlich in einem anderen Unternehmen einen neuen guten Arbeitsplatz bekommen?

Hielte man in diesem Fall strikt an seinem persönlichen Limit fest, wäre man schlecht beraten. Jede Partei sollte deshalb bereits im Rahmen der Verhandlungsvorbereitung ihre »Beste Alternative« entwickeln und sich Gedanken über die der Partner machen. Um die »Beste Alternative« herauszufinden, sollten Sie:

- eine Liste erstellen, was Sie tun würden, falls die Verhandlung scheitert,
- ein paar der besten Ideen zu praktikablen Optionen weiterentwickeln und
- die beste dieser Optionen auswählen.

Dieses Verfahren verwenden Sie – auf ihn bezogen – auch bei der Entwicklung der »Besten Alternative« Ihres Partners.

Hinweis:
Je attraktiver Ihre »Beste Alternative« ist, desto mächtiger wird Ihre Verhandlungsposition, denn Sie könnten sich ja theoretisch ein Scheitern leisten. Je besser Sie eine mögliche »Beste Alternative« der anderen Seite entwickeln können, umso genauer kennen Sie die Spielräume Ihres Partners und sind dadurch ebenfalls in einer machtvollen Position.

3.2.2.3 Schwierige Verhandlungssituationen

Schwierige Verhandlungssituationen können sich zum einen aus der Konstellation der Verhandlungspartner und zum anderen aus dem Verhalten der Partner ergeben.

Verhandlungen mit vielen Beteiligten
Hierunter fallen sowohl die Delegationen-Verhandlungen als auch die Mehr-Parteien-Verhandlungen, sofern dies in der Praxis nicht

zusammenfällt (vgl. zu den Begriffen Seite 31 f.). Durch die Vielzahl von Beteiligten gibt es in diesen Verhandlungen eine große **Anzahl unterschiedlicher Interessen**. Auch in einer Delegation haben in der Regel nicht alle Mitglieder dieselben Interessen.[35] Diese Vielfalt »unter einen Hut zu kriegen«, macht solche Verhandlungen sehr schwierig. Der dadurch bedingten **erhöhten Komplexität** kann man am besten entgegen wirken, indem man verstärkt **Strukturen** bildet.[36] Konkret bedeutet dies: Brechen Sie die zu behandelnden Themen weitest möglich herunter, gliedern Sie in kleinen Einheiten, besprechen Sie diese Stück für Stück hintereinander. Sprechen Sie über die Interessen innerhalb Ihrer Delegation, aber auch über die der Partner. Sortieren und gewichten Sie diese: Welche kann man vernachlässigen, welche sind essentiell? Ein bekanntes asiatisches Sprichwort sagt: »*Wenn Du einen weiten Weg vor Dir hast, mache kleine Schritte.*« Diese Regel gilt auch hier. Ohne feine Strukturen, an denen man sich orientieren und auch bereits erzielte Fortschritte ablesen kann, sind solche Verhandlungen meist zum Scheitern verurteilt.

Gerade bei Verhandlungen mit mehreren Parteien stellt sich zudem die Frage der **Koalitionsbildung**. Immer wieder kommt es zu Zusammenschlüssen einiger Verhandlungspartner, um andere zu überstimmen oder zumindest zu beeinflussen. Meist bleibt es auch nicht bei den einmal geschlossenen Koalitionen, sondern während der Verhandlung finden inhaltlich bedingte Koalitionswechsel statt. Diese Allianzen können den Verhandlungsablauf sehr nachhaltig beeinflussen und zu unfairen Ergebnissen führen. In der Vorbereitung wichtiger Verhandlungen kommt dieser Aspekt regelmäßig zu kurz, da es hier vor allem um Inhalte und weniger um Strategien geht. Deshalb sollten sich alle Parteien bereits in diesem Stadium Gedanken zu möglichen Koalitionsbildungen machen. So kann Unfairness in der Verhandlung am schnellsten erkannt und am effektivsten abgewehrt werden.

Wenn der Partner nicht mitspielt

Auch wenn wir uns selbst mustergültig der Methode des sachgerechten Verhandelns verschrieben und deren Prinzipien verinnerlicht

---

35 Interessante Beispiele hierzu finden sich bei *Knapp/Novak*, S. 59 f.
36 So auch *Haft*, S. 69 ff.

haben, bleibt immer noch eine Unbekannte, die wir nur bis zu einem gewissen Grad beeinflussen können: unser Verhandlungspartner. Immer wieder kommt es vor, dass sich der Partner nicht an die gemeinsamen Abmachungen hält: Entweder bricht er offen die Spielregeln[37] oder er versucht, uns im Geheimen zu manipulieren. Was kann man dagegen tun? Generell gilt: »Üble Tricks« der Gegenseite beziehen sich auf den **Verhandlungsprozess**, den sie für sich vorteilhaft zu beeinflussen sucht und nicht auf die Inhalte. Die Rahmenbedingungen (etwa das Selbstbewusstsein des Partners oder dessen Konzentration) sollen zu ihren Gunsten verändert werden. Man sollte deshalb von Anfang an versuchen, ein Höchstmaß an Fairness zu erreichen, indem man objektive Verhandlungskriterien und verbindliche Spielregeln im Umgang miteinander vereinbart. Aber auch diese können natürlich mutwillig gebrochen werden. In keinem Fall sollte man die Unfairness der Gegenseite mit gleicher Münze zurückzahlen und sich auf deren Niveau herablassen. Damit begibt man sich nur in einen **destruktiven Teufelskreis**.

Wollen Sie nicht gleich die Hilfe eines Dritten (z. B. eines Mediators) in Anspruch nehmen, bleibt Ihnen u. a. das so genannte »**Verhandlungs-Judo**«.[38] Diese »Sportart« hat zum Ziel, das Augenmerk wieder auf das Sachproblem zu richten. Dabei soll man die Angriffe der Gegenseite unerwidert ins Leere laufen lassen und ihnen ausweichen, anstatt auf sie zu reagieren. Ähnlich wie beim Judo geht es hier darum, wendig zu sein, auszuweichen und einen direkten, unmittelbaren Kräfteaustausch zu vermeiden, frei nach dem etwas abgewandelten Sprichwort: »*Der Klügere weicht aus.*« Stattdessen sollte man eher versuchen, die negative Energie der Angriffe der anderen zu kanalisieren und in positive Energie umzuwandeln, die Interessen des Gegners herauszufinden, den Konflikt wieder auf die Sachebene zu ziehen und daraus z. B. Optionen zum beiderseitigen Vorteil zu entwickeln.

Dieses souveräne Beibehalten des rationalen Verhandlungsmodells erzielt so manchen Erfolg. Dennoch ist es natürlich kein Allheilmittel. Eine andere Strategie, gewissermaßen »Plan B«, geht offen-

---

37 Aus Platzgründen kann hier nicht ins Detail gegangen werden. *Fisher/Ury/Patton* widmen sich »übl(ich)en« Verhandlungstricks, S. 186 ff.
38 Begriff von *Fisher/Ury/Patton* mit anschaulichen Beispielen, S. 156 ff.

siver mit der Unfairness des Partners um, indem sie sie konkret anspricht.[39] Die Strategie heißt: »*Die Taktik des Gegners erkennen und den Streitpunkt artikulieren*«. Dies ist häufig ein wirksames Mittel, denn dadurch lässt man die sich unfair Verhaltenden ihr Ziel nicht erreichen: den Angegriffenen hilf- und sprachlos zu machen. Dadurch soll der Angreifer allerdings nicht vorgeführt werden – ein Herablassen auf dessen Niveau gilt es ja gerade zu vermeiden. Ist die **Unfairness** (etwa die Diffamierung eines Teilnehmers) eklatant zu Tage getreten, sollte man sie **explizit zum Thema der Verhandlung machen**, denn ein Weitermachen, ohne diesem Vorfall Beachtung zu schenken, ist dann nicht praktikabel. Dieses Ansprechen hat vorrangig zum Ziel, die unfairen Methoden dauerhaft aus der Verhandlung zu verbannen. Hier darf man seinen pädagogischen Neigungen freien Lauf lassen und drei Techniken anwenden. Zum einen kann man den Regelbrecher direkt nach dem Sinn seiner Attacke **befragen**. So führt man ihm und den anderen Anwesenden mitunter recht eindrucksvoll die offensichtliche Sinnlosigkeit seines Verhaltens vor Augen. Man kann die unfaire Bemerkung auch schlichtweg mit derselben Absicht wie bei der Fragetechnik **wiederholen** und an den Angreifer richten. Eleganter finde ich persönlich allerdings die erste Variante. Zuletzt kann man sich noch bemühen, den persönlichen Angriff **auf eine rationale Ebene** zu **transferieren** und somit – da dies naturgemäß zum Scheitern verurteilt ist – ebenfalls die Sinnlosigkeit der Bemerkung enttarnen. Dies sind Maßnahmen, um erneut während der Verhandlung (und nicht wie sonst ausreichend zu deren Beginn) faire Spielregeln zu etablieren.

Neben der unverhohlenen Unfairness greift der Partner auch nicht selten zu subtileren **Manipulationstechniken** (die natürlich auch kein Zeichen von Fairness sind).[40] Von Manipulation sprechen wir immer dann, wenn die eine Seite die Taktik der anderen Seite nicht durchschaut. Dabei nutzen die Manipulateure bestimmte Verhaltensmuster, nach denen die meisten Menschen funktionieren, aus. Typisiert wurden diese »Verhaltensprogramme«[41] u. a. durch Beobachtungen

---

39 So etwa *Knapp/Novak*, S. 58; *Haft*, S. 196.
40 Unter dem Begriff Macchiavellismus, zurückgehend auf *Niccolo Macchiavelli* und sein Werk »Il Principe«, sind diese Manipulationstechniken in die – überwiegend psychologische – Forschung eingegangen.
41 So nennt es *Haft*, S. 177.

beim Negotiation Dance, also bei den intuitiven Verhandlungen. Nach *Haft* sind dabei sieben Muster zu unterscheiden:[42]

- Harmonie,
- Gegenseitigkeit,
- Sympathie,
- Knappheit,
- Beständigkeit,
- Kontrast,
- Autorität.

Das erste Verhaltensmuster **Harmonie** stützt sich darauf, dass unser Zusammenleben auf Konsensbildung und damit auf »Ja-Sagen« statt auf Konflikten aufgebaut ist. Wir scheuen uns davor, Auseinandersetzungen einzugehen, und sagen deshalb oft schneller »Ja«, als uns lieb ist. Diese traditionsbedingten (vermeintlichen) Zwänge, denen wir uns ausgeliefert sehen, macht sich ein geschickter Manipulateur zu Nutze. Dies ist häufig der Beginn einer »Basarverhandlung«, in die man sich – gegen seinen eigenen Willen – hineinziehen lässt.

Auch das Programm **Gegenseitigkeit** arbeitet mit subtilem Zwang. Uns wird ein »Geschenk« gemacht (das in Wahrheit gar keines ist), damit wir uns wiederum revanchieren und uns überhaupt erst auf den Negotiation Dance einlassen. So beginnt z. B. der Partner die Verhandlung mit einer überhöhten Forderung, um uns dann relativ bald das »Geschenk« einer sehr viel günstigeren Forderung zu machen (in Wahrheit dürfte diese geminderte Forderung immer noch zu hoch sein). Dafür erwartet er aber natürlich ein Gegengeschenk, also dass wir den »Deal« so akzeptieren – was häufig auch geschehen wird.

Beim Muster **Sympathie** baut die Gegenseite darauf, dass wir auf Menschen, die uns sympathisch erscheinen, eher hören als auf solche, die für uns unsympathisch wirken. Findet man sich nett, kann man sich nur sehr schwer vorstellen, dass einem der andere Böses wollen könnte – und findet sich so schnell mit einem für sich selbst nachteiligen Verhandlungsergebnis wieder.

---

42 *Haft,* S. 177 ff. mit vielen guten Beispielen.

Eine wichtige Rolle spielt auch die vermeintliche **Knappheit** wertvoller Güter. Nach diesem uns eingetrichterten Verhaltensprogramm wird eine Sache allein dadurch begehrenswert, dass sie limitiert ist – auch wenn sie an sich für uns ohne jedes Interesse ist. Wird uns in einer Verhandlung suggeriert, dass es viele Mitinteressenten gibt und man sich bald entscheiden müsse, schließen wir den Vertrag sicher schneller ab, als uns im Grunde lieb ist. Dasselbe Muster greift ein, wenn uns das Angebot des anderen als so günstig erscheint, dass wir sofort zugreifen müssen. Übrigens können nicht nur Güter, sondern auch Informationen knapp sein.

Das Verhaltensprogramm **Beständigkeit** hängt eng mit dem der Harmonie und dem der Gegenseitigkeit zusammen. So ist es für unser Verständnis von Zusammenleben essentiell, dass wir nicht ständig unsere Entscheidungen, Meinungen und Handlungen ändern, sondern dass wir verlässlich agieren. Auch dies nutzen manche Verhandlungspartner geschickt aus.

Erscheint uns der **Kontrast** zwischen dem vermeintlichen Wert einer Sache und dem geforderten Preis oder einer Ausgangs- und einer zweiten reduzierten Forderung als besonders groß, neigen wir ebenfalls dazu, »zuzuschlagen«, bevor es ein anderer tut.

Das letzte Verhaltensprogramm, das sich Manipulierende zu Nutze machen können, ist die Orientierung an **Autoritäten**. Wir neigen dazu, diesen Menschen eher zu glauben, zu vertrauen oder ihre Ratschläge zu befolgen. Ob die Autorität durch Titel, Uniformen oder Positionen ausgedrückt wird, spielt dabei keine Rolle. Interessant ist aber, wie sehr die (vermeintliche) Autorität die persönliche Wahrnehmung beeinflusst. So führte ein in Australien gemachtes Experiment zu diesem kuriosen Ergebnis:[43]

Dort wurde fünf Gruppen von Studenten ein »Gast aus Cambridge« vorgestellt. In jeder Gruppe war er dabei etwas anderes: Student, Tutor, Assistent, Dozent und schließlich Professor. Als die Studenten nachher seine Körpergröße schätzen sollten, wurde der Professor als im Schnitt 6,5 cm größer als der Student wahrgenommen.

Es liegt auf der Hand, dass man selber diese Manipulationstechniken nicht anwenden sollte. Gerade in dauerhaften Beziehungen richten sie großen Schaden an. Meist kommt man damit nicht weit.

---

43 Aus *Däubler*, S. 67.

Doch da andere sie zuweilen in Verhandlungen anwenden, mussten sie angesprochen werden. Denn: Der beste Schutz gegen Manipulateure ist das Wissen um ihre Techniken. Alle skizzierten Verhaltensprogramme funktionieren nach demselben Schema: Sie nutzen kulturell bedingte Muster und Strukturen aus, in denen die meisten Menschen verhaftet sind, ohne sich dessen bewusst zu sein. So einfach sollten wir es den Spielverderbern unter den Verhandlungspartnern allerdings nicht machen.

3.2.2.4 Tipps zur Verhandlungsführung

An dieser Stelle nur noch wenige praktische Hinweise, die einem das Verhandeln zusätzlich erleichtern können.[44] So sollte man – aber das versteht sich im Grunde von selbst – niemals ohne Papier und Stift in die Verhandlung gehen und sich immer die **wichtigsten Punkte notieren**. Wenn es darum geht, noch einmal nachzuhaken oder einem gerade ein überzeugendes Argument eingefallen ist, sollte man dies direkt aufschreiben, um nicht Gefahr zu laufen, es später zu vergessen. Im Übrigen sollte sich nicht nur der Delegationsleiter, sondern alle Teilnehmer an diese Regel halten.

Ein weiterer Tipp lautet: Halten Sie **Blickkontakt zu Ihrem Gesprächspartner**, allerdings ohne ihn pausenlos zu fixieren. Dadurch bringen Sie zum Ausdruck, dass Sie ihn ernst nehmen und ihm **aufmerksam zuhören**. Den Aspekt des Zuhörens kann man durch gelegentliches Kopfnicken (an den richtigen Stellen) und beipflichtende Bemerkungen noch verstärken. Sind Sie nicht in der Lage, jemandem in die Augen zu schauen – auch und gerade, wenn sie selbst sprechen – wird dies leicht als Zeichen von Schwäche ausgelegt.

Außerdem sollten Sie Ihren **Partner mit Namen ansprechen**. Dadurch fühlt sich dieser direkter und persönlicher angesprochen. So verbessern sich der Kontakt und damit auch die Verhandlungsatmosphäre. Deshalb ist es wichtig, sich zu Beginn alle Namen gut einzuprägen. Hier erweisen Sitzordnungen, die an alle verteilt werden, oder Namensschilder gute Dienste. Etwas aufpassen sollte man bei den

---

44 Einige weitere Tipps finden sich zudem bei *Tusche*, S. 216 ff.

Titeln der Verhandlungspartner. Manche finden es eher lästig, damit angesprochen zu werden; andere wiederum sind tödlich beleidigt, wenn man z. B. den Doktor in der Anrede unterschlägt. Dies herauszufinden, ist eine Frage der Vorbereitung.

Des Weiteren sollte es selbstverständlich sein, dass man **klar und deutlich und auch verständlich spricht**. Wählen Sie die richtige Lautstärke, achten Sie auf eine akzentuierte Aussprache und sprechen Sie in kurzen, klaren Sätzen.

Beim rationalen Verhandlungsmodell sollten Emotionen weitgehend außen vor bleiben. Deshalb sollten Sie sich bemühen, sich nicht – oder zumindest so wenig wie möglich – von Sympathien oder Antipathien leiten zu lassen. Versuchen Sie, mit jedem Ihrer Partner eine **sachliche Arbeitsatmosphäre** herzustellen – das geht eher, als man denkt, wenn man es sich fest vornimmt.

Dem Verbessern der Atmosphäre ist es auch dienlich, wenn man bei Zwischenzusammenfassungen (die Sie sowieso regelmäßig machen sollten) besonders **das bereits gemeinsam Erreichte betont**.

Steckt man thematisch in einer Sackgasse, kann es manchmal ratsam sein, eine Auszeit zu nehmen und die **Verhandlung** entweder zu **unterbrechen oder** sogar zu **vertagen**. Manchmal kommt man einfach nicht weiter – trifft man sich aber später wieder, gelingen dann recht schnell inhaltliche Fortschritte.

Haben sich die Partner schließlich auf ein sachgerechtes **Ergebnis** geeinigt, so muss dieses unbedingt **schriftlich fixiert** werden – je nach Umfang zunächst nur in Stichpunkten.

3.2.3 Nachbereitung der Verhandlung

Nach der Verhandlung ist vor der Verhandlung. Diese abgewandelte Fußballweisheit wird in der Praxis wohl zu häufig übersehen. Denn die theoretischen Kenntnisse der sachgerechten Verhandlungsmethode allein führen noch nicht zum Erfolg. Durch jede Verhandlung, gerade durch schwierige Situationen, aber auch durch Erfolgserlebnisse, lernen wir dazu, gewinnen neue Erfahrungen und können unser **Vorgehen kontinuierlich verfeinern und verbessern**. Dies gelingt aber nur, wenn wir jede geführte Verhandlung im Anschluss

Revue passieren lassen und analysieren. Einmal angewöhnt, wird dies schnell zur Routine.

Wichtig ist eine zeitnahe Nachbereitung der Verhandlung. Am besten gelingt dies **unmittelbar nach Verhandlungsende**. Dabei ist es optimal (aber leider nicht immer praktikabel), den Verlauf wenigstens zum Teil gemeinsam mit dem Partner aufzuarbeiten. So bleibt man nicht auf seine eigenen Eindrücke beschränkt, sondern erhält ein für die persönliche Weiterentwicklung sehr wichtiges Feedback der anderen Seite. Vielleicht lässt sich der Partner zur Rückmeldung bewegen, wenn man ihm verdeutlicht, dass auch er umgekehrt von Ihrem Feedback profitieren kann? In jedem Fall sollte man versuchen, sich gemeinsam auszutauschen. Häufig ist dies gar nicht so zeitaufwändig.

Ob nun allein oder mit dem Partner, die Schritte der Verhandlungsnachbereitung bleiben dieselben:

- Gedächtnisprotokoll anlegen,
- Analyse der Verhandlungsorganisation,
- Analyse des Verhandlungsprozesses,
- Analyse des Verhandlungsinhalts.

3.2.3.1 Gedächtnisprotokoll anlegen

Bei manchen Verhandlungen gibt es kein offizielles Protokoll. Doch den **Verlauf**, die **Argumente** und natürlich das **Ergebnis schriftlich festzuhalten** (und sei es nur für den »Eigenbedarf«), ist immer ratsam.[45] Man weiß nie, ob man diese Notizen nicht zu einem späteren Zeitpunkt sehr gut gebrauchen kann. Es empfiehlt sich, schon während der Verhandlung mitzuschreiben. Dennoch kann in der Phase der Nachbereitung häufig noch einiges Wichtige ergänzt werden – gerade im Austausch mit den anderen Teilnehmern können sich zusätzliche bedeutsame Aspekte ergeben.

---

45 Ähnlich auch *Tusche*, S. 238 f.

3.2.3.2 Analyse der Verhandlung

Die drei erwähnten Analysefelder sollten nach dem immer gleichen Schema bearbeitet werden (siehe Seite 59). So sollte man zuerst nach den **positiven Aspekten** fragen:

- Was war gut, was haben wir richtig gemacht?
- Was hat der Partner Positives beigetragen?
- Was sollte in der nächsten Verhandlung wieder genau so laufen?

Erst nach dieser motivierenden Bestandsaufnahme sollte man zu den **negativen Ereignissen** während der Verhandlung kommen:

- Was waren unsere Fehler?
- Welche Dinge sind am Verhalten des Partners zu kritisieren?
- Was darf nicht wieder vorkommen?
- Was sollten wir künftig vermeiden?

Im letzten Schritt geht es darum, aus diesen gewonnenen Erkenntnissen (die Sie am besten auch strukturiert schriftlich fixieren sollten), die richtigen **Konsequenzen für die Zukunft** zu ziehen. Dann hat man nicht nur aus der gerade beendeten Verhandlung das Beste gemacht, sondern hat den entscheidenden Schritt zur **kontinuierlichen Verbesserung seiner Verhandlungsmethode** geschafft. Es gilt, über den Mut, sich auch der eigenen Fehler und Schwächen bewusst zu sein und daraus zu lernen, zu stetig besseren Leistungen zu gelangen.

Praxisbeispiel:
Nach der »grauen Theorie« soll hier an einem Beispiel ein **positiver Verhandlungsverlauf** gezeigt werden: der Abschluss einer Rahmenbetriebsvereinbarung zum Thema Führungskräfteentwicklung bei der ProSiebenSat.1 Media AG. Die Eckpunkte des Harvard-Konzepts wurden dabei fast alle berücksichtigt. Die Darstellung des chronologischen Ablaufs enthält auch Ausschnitte aus einem Interview mit dem Betriebsratsvorsitzenden der ProSiebenSat.1 Media AG *Hubertus Steinacher*.
Zwar gab es in diesem Beispielsfall keine großen inhaltlichen Differenzen, denn beide Parteien sahen dieselben Schwierigkeiten und wollten dasselbe erreichen. Deshalb ist der Fall sicher nicht typisch für eine sehr konfliktträchtige Verhandlung. An diesem Beispiel lässt sich aber der praktische Ablauf einer Verhandlung, deren Stil sich an die Methode des Harvard-Konzepts anlehnt, gut aufzeigen. Menschen, die dieses Konzept in der Praxis erstmals ausprobieren wollen, sei deshalb empfohlen, ebenfalls mit einem einfach gelagerten Fall zu beginnen. Ist man mit der Methode erst vertraut und hat sie dort zu Erfolgen geführt, wird man auch im nächsten Schritt bei schwierigen Verhandlungsfeldern gut zurechtkommen.

Vorbereitung der Verhandlung

Zunächst zum Hintergrund der Betriebsvereinbarung: Das Unternehmen ProSieben (heute ProSiebenSat.1 Media AG) hatte innerhalb der ersten Jahre seines Bestehens eine rasante Erfolgskurve zu verzeichnen. Als Folge stiegen die Mitarbeiterzahlen sprunghaft an. Viele Beschäftigte mussten deshalb schnell Führungsaufgaben für große Abteilungen übernehmen. Eine »geordnete« Personal- und somit auch Führungskräfteentwicklung war dadurch in der Anfangszeit nicht möglich. Nun, in einer etwas ruhigeren Phase, gab es Zeit, um sich mit diesem wichtigen Thema (das leider immer noch in zu vielen Unternehmen vernachlässigt wird) zu beschäftigen. Im Arbeitsalltag vor ähnliche Probleme mit den Auswirkungen zum Teil nicht ausreichender Qualifizierung einiger Führungskräfte gestellt, kam es zu dem zunächst untypisch erscheinenden Schulterschluss von Betriebsrat und Personalabteilung: Beide sahen den Handlungsbedarf und die Idee, eine koordinierte Führungskräfteentwicklung im Unternehmen zu etablieren, war geboren.

Hubertus Steinacher:
»Natürlich läuft das nicht immer so, dass Betriebsrat und Geschäftsleitung dieselben Ideen zur gleichen Zeit haben. Wenn uns im Gremium etwas wichtig erscheint und wir zunächst auf Widerstände beim Vorstand stoßen, versuchen wir, dort im Rahmen kleiner Gesprächsrunden den Boden für unsere Vorstellungen zu bereiten. Wichtig ist dabei vor allem, der Geschäftsleitung ihre Vorteile bei dem jeweiligen Thema deutlich vor Augen zu führen. So führt eine Maßnahme, die die Motivation der Mitarbeiter steigert, auch zu einem größeren Unternehmenserfolg. Bereits in diesem ersten Stadium sind gute persönliche Beziehungen sehr wichtig; zumal wir uns als langjährige Verhandlungspartner in zahlreichen Punkten bei vielen Verhandlungen einigen müssen.«

Ist die Idee auf der Welt, wird sie in das Betriebsratsgremium eingeführt. In der Regel wird nun eine Arbeitsgruppe zum Thema gegründet. Deren Mitglieder besuchen entsprechende Schulungsveranstaltungen. Dabei sollen sie zum einen das nötige theoretische Fachwissen erwerben, zum anderen aber auch vom Erfahrungsaustausch mit anderen Seminarteilnehmern profitieren. Wie gehen sie das Problem in ihrem Unternehmen an? Welche Lösungen haben sie bereits erzielt? Mit dieser Kombination von Wissen und Erfahrung ist die Delegation des Betriebsrats nun bestens vorbereitet und kann in die eigentlichen Verhandlungen eintreten.

Während der Verhandlung

Bei der Aufnahme der Verhandlungen zur Betriebsvereinbarung über Führungskräfteentwicklung kam es zunächst zu Gesprächen zwischen der Personalabteilung (Delegation aus drei bis vier Personalreferentinnen und dem Personaldirektor) und dem Betriebsrat (Delegation aus fünf Personen, in der Regel Mitglieder der Arbeitsgruppe und der Vorsitzende).

Hubertus Steinacher:
»Gerade zu Beginn der Verhandlungen erscheint es mir wichtig, dass die Anzahl der Teilnehmer so weit wie möglich begrenzt wird. Denn mit weniger Verhandlungspartnern ist es für alle leichter, sich einen Überblick zu verschaffen. Dadurch arbeitet man effizienter und erzielt schneller Fortschritte in der Sache.«

Im Fall der Führungskräfteentwicklung wurde schnell ein brauchbares Zwischenergebnis erzielt: der Entwurf einer Rahmenbetriebsvereinbarung. Dieser Entwurf konnte dann in einer »großen Runde« mit dem gesamten Betriebsratsgremium und den zuständigen Vorständen weiter verhandelt werden.

Hubertus Steinacher:
»*Falls wir bei einem Thema in dieser vorgeschalteten Verhandlungsrunde mit den zuständigen Sachbearbeitern kein tragbares Ergebnis erzielen, verhandle ich gerne direkt mit den zuständigen Vorständen. Im Rahmen einer langjährigen Verhandlungsbeziehung ist es gar nicht so schwer, mit einem kooperativen Verhandlungsstil gute Ergebnisse für alle Beteiligten zu erreichen. Dabei ist die Ehrlichkeit von großer Bedeutung; Tricks zahlen sich meiner Meinung nach nicht aus. Wichtig ist auch, langfristig zu denken. Dann kann man auch schon mal Umwege in Kauf nehmen und versuchen, das Ziel später auf einem anderen Weg zu erreichen. Hier sollte man ruhig seine eigene Kreativität spielen lassen, um neue Einigungsmöglichkeiten zu finden. Man sollte sich stets am Machbaren orientieren und auf praktikable Lösungen setzen. Hierbei zahlt es sich insbesondere aus, die Grenzen des Partners genau zu kennen. Der Pflege guter persönlicher Beziehungen kommt nach meiner Erfahrung langfristig eine wichtige Bedeutung zu. Bei den vielen Verhandlungen im Laufe der Jahre kann man sich dann jeweils abwechselnd gegenseitig ein bisschen entgegenkommen. Gerade bei Verhandlungen über Betriebsvereinbarungen erzielt man häufiger ein gutes Ergebnis, wenn man zunächst eine kurze Laufzeit von einem Jahr vereinbart. In diesem Zeitraum gewinnen beide Seiten wertvolle Erfahrungen, die bei Bedarf in die sich daran anschließende Vereinbarung eingebaut werden können.*«

Ergebnis der Verhandlung
Haben die Partner eine Einigung erzielt und steht der Entwurf der Betriebsvereinbarung schließlich fest, so folgt der nächste Schritt: Über den Text wird im Betriebsratsgremium diskutiert und schließlich abgestimmt. Im Beispielsfall wurde der Entwurf angenommen. Stößt der Entwurf im Gremium aber auf Kritik, sollte der Vorsitzende einen Experten zum Thema einladen (der möglichst unparteiisch sein sollte), der den Sachverhalt erneut aus seiner kompetenten Sichtweise heraus erklärt. So werden Widerstände häufig durch diese neue, von dritter Seite in die Diskussion getragene Faktenbasis aus der Welt geschafft und es entsteht ein von allen getragener Konsens.
Mit dem Erzielen des Ergebnisses ist es aber noch nicht getan. Erneut der Betriebsratsvorsitzende der ProSiebenSat.1 Media AG:

Hubertus Steinacher:
»*Für die Akzeptanz unserer Arbeit bei den Beschäftigten ist die Kommunikation der erzielten Ergebnisse ausschlaggebend. Dazu beschreiten wir in der Regel zwei Wege: Alle abgeschlossenen Betriebsvereinbarungen werden ins Intranet eingestellt. Außerdem machen wir bei Neuerungen Info-Veranstaltungen. Daran nehmen Mitglieder des Betriebsrats, aber auch zuständige Mitarbeiter von Seiten der Geschäftsführung Teil. Bei der Betriebsvereinbarung zur Führungskräfteentwicklung waren dies naturgemäß Kollegen aus der Personalabteilung.*«

3.3 Checklisten zur Diskussions- und Verhandlungsführung

In den getrennten Checklisten zur Diskussionsführung und Moderation sowie zur Verhandlungsführung ist noch einmal all das zusammengefasst, auf was Diskussionsleiter, Moderatoren und Verhandlungspartner unbedingt achten sollten. Beide Listen sind nach den Phasen einer Diskussion bzw. Verhandlung gegliedert in Vorbereitung, Durchführung und Nachbereitung.

Tipp:
Hilfreich ist das Ergänzen der Listen mit (Positiv- und Negativ-)Beispielen aus dem eigenen Erfahrungsbereich.

3.3.1 Checkliste Diskussionsführung und Moderation

Vorbereitung

- Inhaltliche Einarbeitung des Diskussionsleiters
- Strukturierung der zu behandelnden Themen, Erstellen einer Gliederung
- Ungefähre Zeitplanung erstellen
- Tagesordnung erstellen (stichwortartige Erklärung der einzelnen Punkte zur besseren Vorbereitung der Teilnehmer)
- Eventuell Zusatzmaterial (weitere Informationen) für alle zusammenstellen
- Organisatorische Spielregeln festlegen (und zu Beginn der Diskussion mit den Teilnehmern absprechen)
- Einladungen erstellen
- Einladungen mit Tagesordnung und etwaigen Zusatzmaterial rechtzeitig zustellen
- Visualisierung vorbereiten: alle Hilfsmittel (Beamer, Flipcharts, Metaplanwände, Projektoren, verschiedenfarbige Karten, Stifte, Klebepunkte, Reißzwecken etc.) auf Funktionstüchtigkeit überprüfen und parat haben
- Eventuell den Raum vorbereiten (Sitzordnung, Stifte und Papier für Teilnehmer, Technik installieren etc.)

Während der Diskussion

- Spielregeln der Diskussion absprechen und verbindlich vereinbaren
- Effektives Zeitmanagement
- Visualisieren (Flipcharts, Metaplanwände, Pinnwände, Karten, Projektoren, Beamer etc. einsetzen)
- Beginn mit komprimierter Einführung (bei jedem einzelnen Punkt)
- Vorstellen der vorbereiteten Gliederung, evtl. Punkte ändern bzw. ergänzen

- Gliederung den Teilnehmern in Kopie austeilen
- Einhalten dieser Gliederung
- Rednerliste machen und (meistens) einhalten
- Erteilen und Entziehen des Wortes
- Vermeiden von Unterbrechungen der einzelnen Beiträge
- Diskussion in Gang bringen und im Fluss halten: Fragetechniken bewusst zur Steuerung einsetzen, Feedback geben und geben lassen, (Zwischen-)Rücklenden machen
- Ermuntern stillerer Teilnehmer zur Beteiligung
- Vielredner-Dialoge vermeiden
- Auf Beiträge eingehen
- Organisatorische Störungen unterbinden
- Versuchen, inhaltliche Störungen durch Gespräche und Konsensbildung auszuräumen
- Zwischenzusammenfassungen geben
- Bewertungen und inhaltliche Beiträge nur in der Rolle als Teilnehmer (nicht als Leiter)
- Kreativität fördern (Brainstorming durchführen)
- Arbeitsaufträge konsequent vergeben
- Endergebnis zusammenfassen und schriftlich fixieren

Nachbereitung

- Erzielte Ergebnisse schriftlich festhalten und allen Teilnehmern zukommen lassen (evtl. in Form eines Protokolls)
- Nachhaken: Sind die vergebenen Aufträge erledigt worden?
- Persönliche Nachbereitung des Diskussionsleiters immer mit Begründung der jeweiligen Bewertung (Was war gut? Was ist verbesserungswürdig? Was kann so bleiben? Was muss bei der nächsten Diskussion anders werden?)
- Nachbereitung mit den Teilnehmern (selbe Fragen wie bei der persönlichen Nachbereitung immer mit Begründung der jeweiligen Bewertung) hinsichtlich des Inhalts/Ergebnisses und hinsichtlich des Ablaufs/der Organisation
- **Wichtig:** Feedback für alle Punkte (persönliche, inhaltliche, organisatorische) schon in der Diskussion geben lassen und das Wichtigste notieren!

Mit der Nachbereitung der letzten Besprechung/Sitzung beginnt häufig schon die Vorbereitung für die nächste:

- Wie ist die inhaltliche Weiterentwicklung?
- Welche Verbesserungen persönlicher, inhaltlicher und organisatorischer Art sollten vorgenommen werden?
- Vorbereitung der anschließenden Verhandlung

3.3.2 Checkliste Verhandlungsführung

Vorbereitung

- Ermittlung des richtigen Verhandlungspartners
- Möglichst viele Informationen über den Partner zusammentragen
- Bei Delegationen-Verhandlung: Rollenverteilung in der eigenen Delegation klären: Wer übernimmt die Leitung? Ist es wegen besonders komplexer Themenstellung sinnvoll, die inhaltliche und organisatorische Leitung zu trennen (wie bei Diskussionsführung und Moderation)? Wer hat welches Spezialgebiet? Wer übernimmt welche taktischen Aufgaben?
- Ort und Termin klären. Ein fremder Verhandlungsort kann wegen der Möglichkeit des Verhandlungsabbruchs und des freiwilligen Gehens Vorteile haben.
- Beim Ort müssen die technischen Voraussetzungen stimmen (Visualisierungsmittel wie bei Diskussionsführung und Moderation). Sind alle benötigten Hilfsmittel einsatzbereit und vorhanden? Wie schnell können Unterlagen dorthin nachgereicht werden (falls nicht im eigenen Hause)?
- Zeitplanung
- Präzise Festlegung des Verhandlungsgegenstandes, Strukturierung und Gliederung
- Entwicklung der eigenen Interessen
- Abstecken des eigenen Verhandlungsspielraums, entwickeln von Optionen und der »Besten Alternative« durch Brainstorming
- Antizipieren der Interessen und Argumente des Partners. Was ist dessen »Beste Alternative«? Wie sehen seine Optionen aus? Eventuell wieder Brainstorming (Vorsicht: Spekulation!!)
- Bei Verhandlungen mit mehreren Parteien: mögliche Koalitionsbildungen antizipieren

Während der Verhandlung

- Im Normalfall Verhandlungsphasen einhalten: Warming Up, Rahmenphase (Spielregeln mit dem Partner festlegen), inhaltlicher Einstieg, Informationsphase, Argumentationsphase und Entscheidungsphase
- Mensch und Problem/Beziehungs- und Sachebene trennen: Vorstellungen des Partners beachten, auf emotionale Ausbrüche höchstens rational reagieren, Möglichkeit zum Dampf ablassen geben. Auf Kommunikation achten: Respekt, Zuhören, Verständnis haben und artikulieren
- Interessen statt Positionen vertreten: Herausfinden der eigenen Interessen, Fragen nach den tatsächlichen Beweggründen bei sich selbst und den Partnern
- Alle Interessen auflisten, sortieren und gewichten
- Über die eigenen und fremden Interessen sprechen
- Lösungsoptionen entwickeln
- Neutrale Kriterien finden und durch Vereinbarung in Verhandlung mit einbeziehen
- Die »Beste Alternative« entwickeln (Schutz vor zu schlechtem Abschluss oder Schutz davor, nicht abzuschließen): Liste mit Szenarien nach Scheitern der Verhandlung, daraus praktikable Optionen entwickeln und die beste Option auswählen
- Verhandlungen mit vielen Beteiligten: Interessenvielfalt durch fein gegliederte Strukturen handhabbar machen
- Koalitionsbildung zu verhindern suchen
- Bei offenem Regelbruch: Streitpunkt artikulieren und zum Thema der Verhandlung machen (Frage-, Wiederholungs- oder Übersetzungstechnik)
- Manipulationsversuche enttarnen, Verhaltensprogramme kennen
- Alle sollten sich Notizen machen (nicht nur der Verhandlungsführer)
- Blickkontakt zum Gesprächspartner halten (aber nicht fixieren)
- Partner mit Namen ansprechen (Sitzordnung, Namensschilder)
- Klar und deutlich in kurzen Sätzen sprechen
- In Zwischenzusammenfassungen auch das bereits gemeinsam Erreichte betonen
- Bei Stillstand Verhandlung unterbrechen oder vertagen
- Ergebnis schriftlich festhalten

Nachbereitung

- Jede Verhandlung unmittelbar nach ihrem Ende nachbereiten (am besten mit dem Verhandlungspartner zusammen)
- Gedächtnisprotokoll anlegen: Verlauf in den wichtigsten Zügen schriftlich festhalten
- Analyse der Verhandlung in Bezug auf die Bereiche Organisation, Prozess und Inhalt immer mit Begründung der jeweiligen Bewertung: Was war gut? Was ist verbesserungswürdig? Was kann so bleiben? Welche Fehler haben wir gemacht? Was muss bei der nächsten Verhandlung besser werden? Was darf nicht wieder passieren? Welche Konsequenzen sind daraus jeweils zu ziehen?

4. Mediation im Betrieb

4.1 Mediation

In diesem Kapitel soll geklärt werden, wie die Verfahrensschritte der Mediation ablaufen, verbunden mit den rechtlichen Punkten, die es dabei zu beachten gilt. Es wird darauf eingegangen, wie die verschiedenen arbeitsrechlichen Problemlagen mediativ zu behandeln sind – vom individualrechtlichen Streit über Streitigkeiten zwischen Arbeitnehmern bis hin zum kollektivrechtlichen Konflikt. Des Weiteren wird darauf eingegangen, wann Mediation geeignet ist und wann sie als Verfahren nicht heranzuziehen ist.

Grundsätzlich sollte im Betrieb immer ein Vier-Schritt-Programm zur Lösung von Konflikten zur Anwendung kommen:[1]

1. Konflikt selber lösen,
2. Assistenz einer Vertrauensperson suchen (Betriebsrat, Frauenbeauftragte, Rechtsanwalt u. a.),
3. Mediationsverfahren anregen,
4. gerichtliche oder formelle Lösung suchen (Einigungsstelle, Beschlussverfahren, Urteilsverfahren nebst Güteverhandlung).

4.1.1 Ablauf der Mediation

Mediation ist ein strukturierter Verhandlungsprozess, der sich im traditionellen Ansatz in fünf Phasen gliedern lässt.[2]

Fünf Phasen der Mediation:[3]
- **Arbeitsbündnis:** Verfahren der Mediation wird erklärt
- **Sichtweisen der Konfliktpartner:** Erstellen einer Themensammlung
- **Bearbeitung der Konfliktfelder:** Klären von Bedürfnissen
- **Konsensfähige Konfliktlösung:** Entwickeln von Lösungsoptionen
- **Mediationsvereinbarung:** Abschlussvereinbarung

---

1 *Budde*, Quak I Teil V, S. 17.
2 *Hohmann/Morawe*, Praxis der Familienmediation, Centrale für Mediation GmbH + Co. KG, S. 115.
3 *Stoppkotte*, a. a. O.

4.1.1.1 Das Arbeitsbündnis

Hier wird das **Verfahren der Mediation** erklärt und die **Position des Mediators** geklärt. Es werden **Spielregeln** aufgestellt, d. h., es werden Richtlinien für den Umgang miteinander (z. B. ausreden lassen, etc.) festgelegt sowie ein **schriftlicher Mediationsvertrag** (= Durchführungsvereinbarung der Mediation mit – falls erforderlich – vorübergehendem Klageverzicht, Sicherung der Vertraulichkeit der Mediation und Schutz der Beteiligten vor der Verjährung von Forderungen) geschlossen. Des Weiteren werden die Konfliktparteien aufgefordert, Fragen bei nicht verstandenen Punkten zu stellen.

4.1.1.2 Verfahren der Mediation

Hier wird das Ziel festgelegt, welches mit der Mediation erreicht werden soll. Hierbei sollte als Ziel formuliert werden, dass alle Konfliktthemen eingeschlossen oder einige ausgeschlossen werden.[4] Dabei können auch Prioritäten vereinbart werden, die bei einer Lösung zu berücksichtigen sind, wie z. B. keine Entlassungen vorzunehmen.

Es wird auch klar gemacht, ob die Mediation überhaupt ein geeignetes Verfahren ist. Dies ist beispielsweise nicht der Fall, wenn der Streitgegenstand nicht zur Disposition der Parteien steht oder er einer höheren Institution unterliegt. Unabdingbare Ansprüche sind beispielsweise Tariflöhne, Beschäftigungsverbote oder gesetzliche Auflagen.[5] Die Mediation ist nur dann geeignet, wenn die Voraussetzungen, die für ein Mediationsverfahren unabdingbar sind, vorliegen:

---

4 *Redmann*, S. 44.
5 *Redmann*, S. 44.

Mediation im Betrieb

> **Voraussetzungen für ein Mediationsverfahren:[6]**
> - **Freiwilligkeit des Verfahrens:** Die Konfliktparteien beginnen das Verfahren freiwillig und können es in jeder Phase des Verfahrens wieder beenden.
> - **Eigenverantwortung und Autonomie der Konfliktpartner:** Die Konfliktparteien treffen selbst die Entscheidung für eine Lösung und beenden damit den Konflikt. Der Mediator ist nur verantwortlich für den Prozess der Konfliktlösung. Er greift in diesen nicht inhaltlich ein.
> - **Offenheit und Informiertheit:** Die Konfliktpartner legen alle Tatsachen offen, die für die Lösung des Konflikts in der Mediation erheblich sind. Sie informieren sich zu allen Detailfragen des zu lösenden Konflikts, gegebenenfalls holen sie Rat bei eigenen Experten (Rechtsanwälte, Steuerberater etc.) ein.
> - **Vertraulichkeit des Verfahrens:** Alle Aussagen der Konfliktparteien werden vertraulich behandelt. Der Mediator steht als Zeuge grundsätzlich nicht zur Verfügung.
> - **Regeln für die Zukunft:** Im Mediationsprozess werden zukunftsgerichtete Lösungen erarbeitet, die für beide Parteien akzeptabel sind. Es werden keine Regelungen für die Vergangenheit getroffen.

4.1.1.3 Rolle des Mediators

Der Mediator muss den Konfliktparteien klar machen, dass er als »Katalysator des Verfahrens« agiert. Er ist lediglich der **Vermittler** der Lösung und nicht der Impulsgeber für die Lösung bzw. Lösungsmöglichkeiten. Sollte der Mediator von Hause aus Rechtsanwalt sein, so ist den Parteien zu verdeutlichen, dass er in dem Mediationsverfahren nicht als Rechtsanwalt, also Vertreter einer Partei agiert, sondern als Vermittler.

Wichtig:
Im arbeitsrechtlichen Bereich – bei dem verstärkt Fristen laufen – ist es allerdings wichtig, dass die Konfliktparteien über den rechtlichen Hintergrund ihres Konflikts informiert werden. Es ist den Parteien anzuraten, sich diesbezüglich rechtlichen Beistand zu holen, um genau über den Sachverhalt und rechtliche Konsequenzen aufgeklärt zu sein.

Des Weiteren sollte der Mediator auf seine **Neutralität bzw. Allparteilichkeit** hinweisen. Dies kann dann problematisch sein, wenn der Geldgeber des Mediationsverfahrens der Arbeitgeber ist. Mit der Kostenübernahme durch den Arbeitgeber können die Konfliktparteien das Gefühl haben, dass der Mediator den Erwartungen des Geldgebers gerecht werden soll und somit nicht allparteilich ist. Dies

---

6 *Stoppkotte*, a. a. O.

kann nur ausgeräumt werden, wenn der Mediator in dem Vorgespräch explizit darauf hinweist, dass er unabhängig von der Kostentragungspflicht, eine unabhängige Person bleibt.[7]

4.1.1.4. Spielregeln

Zwar sind die Parteien während des Mediationsverfahrens die »Herren des Geschehens«, es sollten aber **Regeln zum Führen des Mediationsgesprächs** sichtbar (z. B. Flipchart oder Plakat) festgelegt werden. Zum einen haben die Parteien hier die erste Möglichkeit, etwas Gemeinsames festzulegen, zum anderen vereinfachen diese Regeln den Umgang miteinander, da es bei einem Verstoß dagegen unkomplizierter ist, auf das zuvor Festgelegte zu verweisen, als die dagegen verstoßende Partei abzustrafen. Es sollten dabei folgende Spielregeln aufgestellt werden (der Katalog ist selbstverständlich nicht abschließend):

- jeder darf ausreden,
- jeder hört dem anderen aufmerksam zu, wenn dieser spricht,
- gegenseitiger Respekt,
- es wird keiner beleidigt oder respektlos behandelt,
- es wird auf Pünktlichkeit geachtet,
- Wortmeldungen erfolgen nacheinander,
- Verpflichtung, während des Mediationsverfahrens keine die Konfliktfelder berührenden Fakten ohne Zustimmung der übrigen Konfliktbeteiligten zu verändern.

4.1.1.5 Schriftlicher Mediationsvertrag

Die Konfliktparteien sollten über das Mediationsverfahren einen schriftlichen Meditionsvertrag abschließen. Dieser dient zum einen dazu, die interne **Verbindlichkeit der Parteien** untereinander zu stärken. Zum anderen wird durch den Vertrag und durch die gemeinsame Unterzeichnung eine ausdrückliche **Zielfestlegung** gewährleistet.[8] Beide Parteien bekunden noch einmal nach außen, dass sie

---

7 *Redmann*, S. 46.
8 *Redmann*, S. 55.

bereit sind, zu kooperieren. Folgende Punkte sollten in dem Mediationsvertrag aufgenommen sein:
1. Vertragsgegenstand (Mediationsverfahren),
2. Mediationsziel (Darlegung des Streits, Bestimmung des Ziels der Mediation),
3. Teilnehmer der Mediation (Konfliktparteien und evtl. deren Bevollmächtigte),
4. Person und Aufgaben des Mediators (Allparteilichkeit, Neutralität, Haftungsausschluss),
5. Verhandlungstermine (Ort, Zeit),
6. Durchführung der Mediation (mündliche Verhandlung des Konflikts, Zeitfenster, Informationsbeschaffung),
7. Vertraulichkeit (Verpflichtung der Parteien, alles das, was im Mediationsverfahren gesprochen oder schriftlich erteilt wird, und alle damit zusammenhängenden Informationen, vertraulich zu behandeln; Verpflichtung, den Mediator sowie die die Parteien beratenden Rechtsanwälte nicht als Zeugen für Tatsachen zu benennen),
8. Stillhaltevereinbarung (es werden keine rechtlichen Schritte während des Mediationsverfahrens gegeneinander unternommen),
9. Beendigung der Mediation (jederzeit und ohne Angabe von Gründen),
10. Verbindlichkeit der Vereinbarungen (schriftliche Vereinbarung zur Konfliktbeilegung),
11. Hemmung der Verjährung während des Mediationsverfahrens (vgl. dazu die Mediationsklausel, Seite 104),
12. Vergütung des Mediators.

4.1.1.6 Sichtweisen der Konfliktparteien

In dieser Phase wird eine genaue **Problembeschreibung gemeinsam** erarbeitet, Voraussetzung dafür ist eine umfassende Bestandsaufnahme und ein Informationsabgleich.

Die Konfliktpartner tragen ihre Standpunkte vor, ihre Positionen werden dabei durch aktives Zuhören und Reframing (Umformulieren des Inhalts) zu Themen. In dieser Phase wird festgestellt, in welchen Bereichen die Parteien übereinstimmen und in welchen sie sich voneinander unterscheiden. Es wird eine **Themensammlung** erstellt, die Themen werden gewichtet und ihrer Reihenfolge nach festgelegt.

Der Mediator muss in dieser Phase den Konfliktbeteiligten verdeutlichen, dass Konflikte normal sind und eine Chance bedeuten können. Kommt es zu Streitereien sollte nicht zu früh interveniert werden, sondern die Parteien sollten sich »freireden« können. Wichtig ist es dabei allerdings, dass die oben genannten Spielregeln (siehe Seite 101) eingehalten werden.

4.1.1.7 Bearbeitung der Konfliktfelder

Hier werden alle Informationen zu den verschiedenen Themen gesammelt; es wird versucht, die unterschiedlichen Sichtweisen durch Nachfragen zu klären. Es werden die hinter den Positionen stehenden Interessen und Bedürfnisse sowie die Kriterien für die Entscheidungsfindung herausgearbeitet. Positionen sind nicht verhandelbar und Probleme werden zumeist durch Interessen bestimmt, die sich verändern können.

In Konfliktsituationen liegt das Grundproblem von Menschen und Organisationen zumeist im Konflikt der beiderseitigen Nöte, Wünsche, Sorgen und Ängste und nicht in den gegensätzlichen Positionen. Der Mediator unterstützt in dieser Phase die Konfliktparteien, ihre eigenen Interessen und Bedürfnisse herauszufinden und diese dem Gegenüber auch verständlich zu machen.

4.1.1.8 Konsensfähige Konfliktlösung

In dieser Phase werden **gemeinsame Lösungsoptionen** entwickelt, Möglichkeiten diskutiert, bewertet und ausgewählt. Die Konfliktparteien entwickeln hier Optionen für die Lösungen ihres Konfliktes. Hier dürfen Phantasien und völlig verrückt erscheinende Ideen im Rahmen eines Brainstormings (keiner bewertet die Vorschläge des anderen) ausgesprochen werden. Der Mediator versucht mit den Parteien, ihre einzelnen Lösungsvorschläge zu verbessern. Zumeist haben die Konfliktparteien die Grundannahme, dass der »Kuchen« begrenzt ist und somit nicht genug für alle da sei. Die dadurch entwickelte Einstellung »*Der kleinere Teil für dich, der größerer für mich!*«, engt dabei die Lösungsfindung ein. Es wird übersehen, dass der »Kuchen« sich vergrößern lässt, was für die Konfliktparteien bedeutet, sich auch über unkonventionelle Lösungen Gedanken zu machen, die alle Grundbedürfnisse der Beteiligten befriedigen können.

Nach Abschluss der Ideensammlung wählen die Parteien die aussichtsreichsten aus und bewerten diese nach folgenden Kriterien:

- gut denkbar,
- denkbar,
- schwer denkbar,
- gar nicht denkbar.

Danach verhandeln die Parteien gemeinsame Lösungen für jede einzelne Option. Oftmals geht es dabei um eine Vielzahl von Konfliktthemen. Diese sollten nacheinander bearbeitet werden in einer von den Beteiligten gewählten Reihenfolge. Wenn vorläufige Lösungen der Punkte erreicht worden sind, werden die Konfliktparteien die einzelnen Lösungen im Paket daraufhin prüfen, ob sie auch im Gesamtzusammenhang ausgewogen sind. Am Ende steht dann das Gesamtpaket.

4.1.1.9 Mediationsvereinbarung

Über das oben gefundene Gesamtpaket sollte eine Vereinbarung getroffen werden, die schriftlich fixiert wird.

Wichtig:
Bei der Lösung sollte aber in einer Nachschau nochmals darauf geachtet werden, dass es sich nicht um einen faulen Kompromiss handelt, sondern um eine Lösung, die von beiden Konfliktparteien gleichermaßen getragen wird.

Vor dem Hintergrund der Lösung sollten folgende Fragen diskutiert werden:[9]

- Sind alle Alternativen in Bezug auf die Lösungsfindung geprüft worden?
- Ist der Konflikt wirklich und dauerhaft gelöst?

---

9 *Redmann*, S. 72.

- Werden die Konsequenzen dieser Lösung von den Beteiligten akzeptiert?
- Sind die Beteiligten bereit, den Lösungsvorschlag zu realisieren und umzusetzen?

Wenn diese Punkte ausdiskutiert worden sind, werden die wichtigsten Lösungspunkte und Regelungen aufgenommen und in eine **rechtlich verbindliche Form** gebracht und von den Parteien unterschrieben. Der Mediator, der als Rechtsanwalt zugelassen oder dem das Amt des Notars verliehen ist, kann den Vertragsentwurf vorbereiten. Gehört der Mediator einer anderen Berufsgruppe an (z. B. Psychologe, Ingenieur, Betriebswirt, Pädagoge), so wird einer der beratenden Außenanwälte oder ein beauftragter Anwalt die Formulierung der Abschlussvereinbarung vornehmen. Anschließend kann die Vereinbarung durch einen Notar beurkundet (= vollstreckbare notarielle Urkunde nach § 794 Abs. 1 Nr. 5 ZPO) und somit vollstreckbar gemacht werden.

4.1.2 Unterschiede der Mediationsverfahren im individual- und kollektivrechtlichen Bereich

4.1.2.1 Mediationsverfahren im individualarbeitsrechtlichen Bereich

Mediationsverfahren können in den unterschiedlichsten Verfahren vorkommen. Im individualarbeitsrechtlichen Bereich unterscheidet man

- Streitigkeiten im Arbeitsverhältnis,
- Streitigkeiten zwischen Arbeitnehmern sowie
- Streitigkeiten zwischen Gruppen und einzelnen Arbeitnehmern auf einer Hierarchieebene.

Streitigkeiten im Arbeitsverhältnis

Bei Streitigkeiten im Arbeitsverhältnis handelt es sich meist um **Streitigkeiten im Hinblick auf Haupt- und Nebenleistungen**, also Arbeitseinsatz, Arbeitsbedingungen, Entgelt und Verhalten am Arbeitsplatz. Meistens mündet dies in einem individualarbeitsrechtlichen Streitverfahren vor dem Arbeitsgericht oder führt im günstigsten Fall zu Ermahnung oder Abmahnung.

Beispiel: Abmahnung einer allein erziehenden Mutter wegen mehrfacher Verspätung
Die Arbeitnehmerin A hat ein kleines Kind und ist allein erziehend. Das 4-jährige Kind besucht den Kindergarten, dessen Öffnungszeiten sich von 8:00 Uhr auf 9.00 Uhr verschoben haben. Arbeitsbeginn der A ist 8:30 Uhr. Diese Zeit kann sie nun nicht mehr einhalten und kommt zu spät, wenn es ihr nicht gelingt, sich mit einer befreundeten Mutter abzusprechen. Das ewige Zuspätkommen ärgert ihren Arbeitgeber B, der darauf angewiesen ist, dass das Büro schon um 8:30 Uhr besetzt ist. Er spricht A gegenüber eine Ermahnung aus, die bei abermaligem Zuspätkommen in eine Abmahnung mündet. Die Fronten verhärten sich. A arbeitet nicht mehr gerne für B und identifiziert sich nicht mehr mit dem Betrieb. B hält Ausschau nach einer neuen Arbeitskraft.

Frühzeitige Konflikterkennung und die Bearbeitung dieses Konfliktfeldes zunächst durch ein interessenorientiertes Verhandeln (siehe Seite 64 f.) oder das spätere Einschalten eines Mediators hätten vermutlich dazu geführt, dass die Interessen hinter den Positionen beider Parteien zu Tage getreten wären und eine befriedigende Konfliktlösung möglich geworden wäre, ohne eine Abkehr voneinander zu bewirken.

Bei dem Arbeitsverhältnis handelt es sich um ein **Vertragsverhältnis mit Dauerrechtscharakter,** eine Art Lebensbund, ein personenrechtliches Gemeinschaftverhältnis.[10] Grundsätzlich haben die Parteien Interesse daran, es zu den vereinbarten Konditionen fortzusetzen. Um die Beziehung trotz der Auseinandersetzung fortzusetzen, muss der Streit so beigelegt werden, dass keiner der Beteiligten Konfliktparteien das Gesicht verliert und ihm keine bleibenden Wunden zugefügt werden.[11] Mediation kann schon vor Ausspruch der Kündigung ansetzen und somit den »worst case« für beide Parteien verhindern. Sie kann die widerstreitenden Interessen der Parteien so in Einklang bringen, dass die Fortsetzung des Arbeitsverhältnisses zum beiderseitigen Vorteil gereicht.

Bei dem Einsatz einer Mediation nach Ausspruch der Kündigung ist aus Arbeitnehmersicht darauf zu achten, dass die Dreiwochenfrist nicht zu laufen beginnt und nach deren Ablauf die Fiktion der Rechtmäßigkeit der Kündigung eingreift. Um etwaige Fristen zu wahren, bietet es sich an, vorliegende **Mediationsklausel** mit in die Mediationsvereinbarung aufzunehmen:

---

10 *Rüthers,* NJW 1998, 1433, 1436.
11 *Lemke,* S. 110.

Arbeitsrechtliche Mediationsklausel[12]
»Die Arbeitsvertragsparteien verpflichten sich, zum Versuch einer gütlichen Beilegung von Streitigkeiten im Zusammenhang mit dem Arbeitsverhältnis ein Mediationsverfahren durchzuführen (vereinbartes Mediationsverfahren). Das Verfahren richtet sich nach der Betriebsvereinbarung vom ... (Datum)/der Verfahrensordnung ... (des Mediators/der Mediationsgesellschaft). Falls das Gesetz ein außergerichtliches Schlichtungsverfahren obligatorisch vorsieht (z.B. nach § 111 Abs. 2 ArbGG, §§ 28 ff. ArbNErfG) findet das vereinbarte Mediationsverfahren nicht statt.
Für die Dauer des Mediationsverfahrens verzichten die Parteien auf die Erhebung einer Klage und verpflichten sich deshalb, nur zur Wahrung von Ausschlussfristen und gesetzlichen Klagefristen (z.B. § 4 KSchG, §§ 17, 21 TzBfG) Klage zu erheben und vor Gericht unverzüglich das Ruhen des Verfahrens (§ 251 ZPO) zu beantragen.
Während der Dauer des Mediationsverfahrens ist die Verjährung der zwischen den Parteien bestehenden Ansprüche, die Gegenstand des Mediationsverfahrens sind, gehemmt.«

Das mit der Mediation verbundene Ziel besteht darin, möglichst wertschöpfend zu einer **Einigung zwischen den Konfliktparteien außerhalb des gerichtlichen Verfahrens** zu gelangen. Ein Regelungsgegenstand der Mediationsvereinbarung sollte daher der vorübergehende Ausschluss der Anrufung der Gerichte für die Dauer des Mediationsverfahrens sein.[13] Dieser Verzicht ist – solange er nicht dauerhaft ist[14] – im allgemeinen Zivilprozessrecht[15] und auch im Arbeitsrecht[16] zulässig.

Des Weiteren sollten Ausschlussfristen berücksichtigt werden. Nach § 4 Abs. 4 Satz 1 TVG ist ein Verzicht tarifgebundener Arbeitnehmer auf tariflich entstandene Rechte nur mit Zustimmung der Tarifvertragsparteien zulässig. Auch auf durch Betriebsvereinbarung eingeräumte Rechte für Arbeitnehmer kann nur mit Zustimmung des Betriebsrats verzichtet werden (§ 77 Abs. 4 Satz 2 BetrVG).

Um einem faktischen Verzicht auf diese Rechte auszuschließen und eine Unwirksamkeit der Mediationsklausel zu vermeiden, sollte in ihr die Erhebung der Klage zum Zwecke der Wahrung einschlägiger Ausschlussfristen zugelassen werden. Daneben sollten sich die Parteien verpflichten, in diesem Fall beiderseits Antrag auf Ruhen des Verfahrens nach § 251 ZPO i.V.m. § 46 Abs. 2 ArbGG, § 495 ZPO

---

12 *Lemke*, S. 170.
13 *Lemke*, S. 162.
14 Vgl. *Eidenmüller*, S. 15.
15 *Eidenmüller*, S. 13.
16 Vgl. *BAG*, v. 18.5.1999, NZA 1999, 1350, 1352.

zu stellen, damit das Mediationsverfahren ungestört fortgesetzt werden kann.[17]

Dasselbe gilt für die Berücksichtigung von Klagefristen – wie die Drei-Wochen-Frist nach § 4 KSchG – sowohl bei einem Kündigungsverfahren wie auch bei der Geltendmachung der Unwirksamkeit einer Befristung (§ 17 TzBfG) oder der auflösenden Bedingung. Dem Schutz vor Verjährung wird dadurch Genüge getan, dass in der Mediationsklausel eine deklaratorische Verjährungsabrede getroffen wird (da die Parteien schon einen vorübergehenden Klageverzicht – s. o. – abgeschlossen haben).

Aus Arbeitgebersicht ist bei dem Einsatz von Mediation stets darauf zu achten, dass sich während des Mediationsverfahrens der kündigungsrechtliche Status des Arbeitnehmers verändern kann, so wird beispielsweise während des Mediationsverfahrens das Kündigungsschutzgesetz anwendbar, wenn die Sechsmonatsfrist des § 1 Abs. 1 KSchG hinsichtlich des Bestehens des Arbeitsverhältnisses überschritten ist.[18]

Konflikte zwischen Arbeitnehmern

Mediation ist nicht nur geeignet bei individualrechtlichen Streitigkeiten zwischen Arbeitgeber und Arbeitnehmer, sondern auch bei **Konflikten zwischen Arbeitnehmern**. Auch die Beziehung zwischen Arbeitnehmern ist grundsätzlich auf Dauer angelegt. Oft handelt es sich bei diesen Konflikten um so genannte **inter-individuelle Konflikte**, die auch als **soziale Konflikte** bezeichnet werden. Hierunter versteht man eine Interaktion zwischen mindestens zwei Akteuren, die voneinander unabhängig sind, in der jeder versucht, scheinbar oder tatsächlich unvereinbare Handlungspläne (z. B. die Erlangung knapper Ressourcen und Positionen bzw. Lenkung des Verhaltens in bestimmte Richtungen) zu verwirklichen, wobei sich mindestens ein Akteur der Gegnerschaft bewusst sein muss.[19]

Derartige Konflikte sind oft Ausgangspunkt für Mobbingaktionen. Unter **Mobbing** versteht man eine konfliktbelastete Kommunikation am Arbeitsplatz unter Kollegen oder zwischen Vorgesetzten und

---

17 *Lemke*, S. 164.
18 *Lemke*, S. 115.
19 *Hage/Heilmann*, BB 1998, 742, 743.

Untergebenen, bei der die angegriffene Person unterlegen ist und von einer oder einigen Personen systematisch, oft und während längerer Zeit mit dem Ziel und/oder dem Effekt des Ausstoßes aus dem Arbeitsverhältnis direkt oder indirekt angegriffen wird und dies als Diskriminierung empfindet.[20] Bei Mobbing handelt es sich um einen **sozialen Konflikt**, bei dem z. B. die eine Partei die andere als Bedrohung für ihren Arbeitsplatz empfinden kann, obwohl die andere Partei diesen Platz überhaupt nicht beansprucht und das Problem überhaupt nicht wahrnimmt.[21]

Arbeitsrechtliche Möglichkeiten hiergegen vorzugehen sind gegeben durch den Arbeitgeber. Er hat die Möglichkeiten, dem Mobber gegenüber eine Ermahnung, eine Abmahnung oder in schlimmen Fällen eine Kündigung auszusprechen. Voraussetzung für ein Einschreiten und Vorgehen des Arbeitgebers ist eine Nebenpflichtverletzung des Arbeitsvertrages durch den Mobber. Zu den arbeitsvertraglichen Nebenpflichten eines jeden Mitarbeiters gehört es, sich für das Interesse des Arbeitgebers sowie des Betriebs einzusetzen und das zu unterlassen, was diese Interessen beeinträchtigen könnte. Mobbing verursacht im Betrieb finanziellen Schaden bedingt durch die negative Beeinträchtigung des Betriebsklimas, das Absinken von Leistungen bis zu anfallenden krankheitsbedingten Entgeltfortzahlungskosten.

Im arbeitsrechtlichen Zusammenhang stellt sich das **Sanktionieren von Mobbing** problematisch dar. Dies deshalb, weil an die meisten Sanktionsmittel – vor allem an die Kündigung – sehr hohe rechtliche Maßstäbe geknüpft werden. Diese sollen den Arbeitnehmer in der Regel vor ungerechtfertigten Maßnahmen des Arbeitgebers schützen. Dies kann aber im Fall von Mobbing auch zu unüberwindbaren Hürden führen, die letztlich zum Nachteil vieler anderer Beschäftigter wirken.[22]

Nach der Definition von *Leymann* wird von Mobbing erst dann gesprochen, wenn die Ausgrenzung bzw. Anfeindung sich über mindestens ein halbes Jahr erstreckt hat.[23] Die Vorphasen wie einzelne

---
20 *Leymann* (Hrsg.), S. 18.
21 *Hage/Heilmann*, BB 1998, S. 743; a. A. *Esser/Wolmerath*, S. 21.
22 *Hage/Heilmann*, S. 745.
23 Phasenmodell nach *Leymann*, S. 18.

Unverschämtheiten und Gemeinheiten und die Konzentration dieser auf eine Person können mit Mediation sinnvoll abgewendet werden, da eine mediative Intervention solange möglich ist, wie es sich bei der Auseinandersetzung noch um das Streitthema handelt. Ist beim Mobbing bereits die Eskalationsphase 5 (siehe Seite 22) erreicht worden, eine Phase, in der das Streitthema nicht mehr bekannt ist und es nur noch darum geht, den anderen »zu vernichten«, dann ist es sehr schwer eine effiziente Mediation zu betreiben. Meistens wird es einige Sitzungen dauern, um die Konfliktparteien von dem hohen Eskalationslevel herunterzuholen und sie in die Lage zu versetzen, »hart an der Sache und weich zum Menschen zu sein«.

Der von der Mediation zu erwartende Mehrwert liegt zum einen in der Selbstverantwortlichkeit der Parteien bzgl. des Ergebnisses, Schnelligkeit, Kostenersparnis, Flexibilität und Diskretion des Verfahrens.[24] Zum anderen begründen die speziellen Verhandlungstechniken der Mediation, die eine Lösungsfindung gerade durch die Parteien ermöglichen, auch die Basis für die beachtlichen Erfolgsquoten und eine hohe Verfahrenszufriedenheit bei den Beteiligten.

Einer Studie zufolge haben 45 Prozent der deutschen Führungskräfte in ihren Unternehmen schon Fälle von Mobbing beobachtet. Um dieser Erscheinung Herr zu werden, werden externe Moderatoren und Mediatoren herangezogen. 27 Prozent der größeren Unternehmen (mit mehr als 1000 Mitarbeitern) ziehen bei solchen Sachverhalten externe Mediatoren hinzu, während kleinere Unternehmen (bis zu 250 Beschäftigten) nur zu 2 Prozent darauf zurückgegriffen haben.[25]

Mediation kann auch in **Fällen sexueller Belästigung** angewendet werden. Tatsächliche oder auch nur empfundene psychische oder physische Beeinträchtigungen eines Arbeitnehmers können sich auch durch sexuelle Belästigung ergeben. Nach einer Studie des damaligen Ministeriums für Jugend, Frauen und Gesundheit im Jahre 1990 hatten 90 Prozent aller berufstätigen Frauen Erfahrungen mit sexueller Belästigung.[26] Diese Erfahrungen am Arbeitsplatz führen nicht selten zu mangelnder Konzentrationsfähigkeit, krankheitsbedingten

---

24 *Lemke*, S. 137.
25 FAZ vom 2.7.2001, S. 28; vgl. dazu auch *Lemke*, S. 137.
26 *Marzodko/Rinne*, ZTR 2000, 305; *Lemke*, S. 155.

Fehlzeiten und im schlimmsten Fall zur inneren Kündigung, was sich letztendlich negativ auf das Unternehmensergebnis auswirkt. Möglichkeiten, sich dagegen zu wehren, bestehen durch das **Beschäftigtenschutzgesetz** (in Kraft seit dem 24.6.1994). Danach hat der belästigte Arbeitnehmer die Möglichkeit, ein Beschwerdeverfahren einzuleiten. Der Arbeitgeber ist dann verpflichtet, die im Einzelfall geeigneten Maßnahmen zu treffen, die von der Abmahnung bis zur Versetzung und Kündigung gehen können (§ 4 Abs. 1 Nr. 1 BeschSchG). Auch hier sind aber aus den oben beschriebenen Gründen den Betroffenen in arbeitrechtlicher Hinsicht oftmals die Hände gebunden, da der Begriff der sexuellen Belästigung ziemlich vage in § 2 Abs. 2 BeschSchG gefasst ist. (Darunter fällt jedes vorsätzliche, sexuell bestimmte Verhalten, dass die Würde der Beschäftigten am Arbeitsplatz verletzt. Dazu gehören sexuelle Handlungen und Verhaltensweisen, die nach den strafgesetzlichen Vorschriften unter Strafe gestellt sind, sowie sexuelle Handlungen und Aufforderungen zu diesen, sexuell bestimmte körperliche Berührungen, Bemerkungen sexuellen Inhalts sowie Zeigen und sichtbares Anbringen von pornographischen Darstellungen, die von den Betroffenen erkennbar abgelehnt werden.)

Es stellt sich für die oder den Belästigten das Problem, die Belästigung im arbeitsgerichtlichen Verfahren unter den Tatbestand der sexuellen Belästigung zu subsumieren. Dies ist bei dem ziemlich vagen Begriff ziemlich kompliziert, das Beschäftigtenschutzgesetz erfasst nicht ausdrücklich den Alltag der sexuellen Belästigung: das scheinbar zufällige Berühren des Gesäßes, wenn »frau« am Kopierer steht und den Urheber nicht sehen kann, das Führen der Hand beim Blättern in Unterlagen, die allmorgendliche Begrüßung mit scheinbar zufälligem Streifen der Brust, gegen die sich eine Auszubildende oder eine junge Kollegin gerade nicht erkennbar ablehnend zu äußern wagt.[27] Fraglich ist daher, ob man hier nicht ein Mediationsverfahren einsetzten könnte, mit dem man das starre Subsumieren, das gerichtsmäßig erforderlich ist, um einen Anspruch bzw. hier die Rechtmäßigkeit der eventuellen Kündigung des Belästigers begründen zu können, umgehen könnte. Der Einsatz von Mediation

---

27 *Schiek*, 2. Gleichberechtigungsgesetz – Änderungen des Arbeitrechts, AiB 1994, 450, 458.

in Fällen sexueller Belästigung am Arbeitsplatz ist nicht nur in den USA, sondern auch in Deutschland als Erfolg versprechend anerkannt worden.[28] Dagegen spricht, dass es sich hier um höchstpersönliche Belange dreht und es vielleicht der Belästigten nicht zumutbar ist, gegenüber ihrem Peiniger den Konflikt zu benennen sowie Lösungen zu erarbeiten und zu verhandeln.[29] Dem kann jedoch entgegengehalten werden, dass sich durch ein Mediationsverfahren, welches sich im Betrieb abspielt und von der Zustimmung des Arbeitgebers und des Betriebsrats getragen wird – also auch im Betrieb anerkannt wird – sexuellen Belästigungen vielleicht viel eher Einhalt geboten werden kann, als wenn die oder der Belästigte das Ganze aus Scham und Zweifeln »unter den Tisch« fallen lässt. Hier ist es leichter, darüber zu reden, ohne ein weiteres Vorgehen an sturer juristischer Subsumtion unter Tatbestandsmerkmale zu fassen, da die Parteien die Konfliktlösung in den Händen halten und daneben immer noch Anwälte mit hinzuziehen können, die das ganze begleiten. Hier kann verabredet werden, dass bestimmte Verhaltensweisen unterlassen werden, evtl. der Arbeitsplatz gewechselt wird.

Konflikte zwischen Gruppen und einzelnen Arbeitnehmern auf einer Hierarchieebene

Diese Arten von Konflikten werden in den **seltensten Fällen als arbeitsrechtliche Streitigkeiten** formuliert, da es in den deutschen Arbeitsgesetzen keine dementsprechende Anspruchsgrundlage gibt, unter die man diese Streitigkeiten fassen könnte. Aber gerade diese Konfliktarten nehmen in modernen Unternehmen und Betrieben zu. Wie kann man auch von zu Einzelkämpfern ausgebildeten Spezialisten verlangen, dass sie teamfähig sind, in Gruppen kooperieren, wozu sie in ihrem vorherigen Leben nicht angehalten wurden und es auch nicht praktiziert haben.[30] Wie kann man vom einzelnen Arbeitnehmer verlangen, dass er sein Wissen der Gruppe preisgibt? – Sollte er dies tun, damit er vielleicht hinterher wegen seiner innovativen

---

28 *Dendorfer*, FA-Spezial 9/2000, S. 12; *Budde*, in: Henssler/ Koch, § 15 Rn. 22 f.; *Lemke*, S. 158.
29 *Richter/Schwartz*, AuA 2000, 582, 585.
30 *Budde*, Quak, S. 9.

Ideen wegrationalisiert wird? Ein Vorgehen, welches bei fusionierenden Betrieben und Unternehmen an der Tagesordnung liegt. Mit diesen Arten von Streitigkeiten werden zumeist Personalabteilungen, Unternehmensberater oder Konfliktmanagement-Trainer befasst. Die **Streitigkeiten werden dort letztendlich verwaltet** oder zum Teil eingedämmt und es ist eine Frage der Zeit, wann sie von neuem eskalieren.

Versucht man diese Streitigkeiten im Wege des **Mediationsverfahrens** zu lösen, wird dies sicherlich in den **meisten Fällen zu mehr Erfolg** verhelfen, da hier die **Bedürfnisse hinter den Positionen beleuchtet** und die Gründe den unterschiedlichen Gruppen transparenter gemacht werden. Oft erhalten die Parteien zum ersten Mal, die Möglichkeit miteinander zu reden und sich kennen zu lernen. Es werden die Gründe für Kommunikationsprobleme aufgedeckt, wie beispielsweise das Nichtfunktionieren einer Telefonanlage, die nicht benutzerfreundliche Einstellung von Softwareprogrammen und vieles mehr.

Hinweis:
Bei der Durchführung eines Mediationsverfahrens sollte aber immer sichergestellt werden, dass die es veranlassende Geschäftsführung es nicht zum Ziel hat, Gruppen wegzurationalisieren und das Verfahren lediglich einen Vorwand darstellt, um Produktionswege einzusparen.

Des Weiteren ist auch noch auf die Besonderheiten bei Mehrparteien (Gruppenmediationen) hinzuweisen. Nehmen an einer Mediation nicht nur zwei Konfliktparteien, sondern mehrere (z. B. auch Rechtsanwälte und Betriebsräte) teil, dann sind Kenntnisse in der Gruppendynamik und über die Eskalation von Gruppenprozessen erforderlich. Nach der Theorie realistischer Gruppenkonflikte von *Mustafer Sherif*[31] ergibt sich, dass eine **Kooperation von Konfliktgruppen** möglich ist, wenn sie unter Bedingungen miteinander in Kontakt kommen, die für die beteiligten Gruppen zwingende Ziele beinhalten, welche nicht von einer Gruppe mit ihren Kräften und Fähigkeiten allein erreicht werden können. Es müssen also übergeordnete Ziele geschaffen werden, die von beiden Gruppen als erstrebenswert und dringend angesehen werden und die nur von beiden Gruppen in gemeinsamer Anstrengung erreicht werden können, z. B.

---
31 *Sherif*, C.W. Sherif, Social Psychology, Harpers and Row, 1969.

die Optimierung des Umsatzergebnisses zwischen Produktion und Vertrieb.

Handelt es sich nicht um einen definierten und eskalierten Konflikt, bei dem alle Anwesenden Konfliktpartner sind, und um Themen, für die es keine abschließende Vereinbarung geben muss, sollte von Konfliktmoderation (Moderation = Leitung) gesprochen werden.

4.1.2.2 Mediationsverfahren im kollektivrechtlichen Bereich

Streitigkeiten zwischen Arbeitgeber und Betriebsrat, zwischen **Betriebsrat und Arbeitnehmern**, zwischen **Betriebsratsmitgliedern** sind im Betrieb oftmals an der Tagesordnung. Bei **Streitigkeiten zwischen Arbeitgeber und Betriebsrat** handelt es sich zum einen um solche, die die Schulungen von Betriebsratsmitgliedern, die Ausstattung des Betriebsrats (z. B. Büro, Zeitschriften, Bücher, PC, Internetzugang), den Arbeitsaufwand für Betriebsratsarbeit betreffen. Zum anderen geht es um das Amt des Betriebsrats und das ihm dadurch verliehene Mitbestimmungsrecht.

Die **Mitbestimmungsrechte des Betriebsrats** sind von unterschiedlicher Intensität. Sie reichen von Unterrichtung, Information und Anhörung, Beratung, Zustimmungsverweigerung bis hin zur echten Mitbestimmung, bei der es um die positive Zustimmung des Betriebsrats geht (z. B. Lage der Arbeitszeit, Entgeltsysteme, Einführung von SAP, Veränderung von Schichtsystemen). In der Praxis treten oft Konflikte in den Fällen der Mitbestimmung auf, die wie folgt lauten können:

- Wann ist der Betriebsrat zu beteiligen?
- Wie sind Betriebsvereinbarungen abzufassen?
- Welche Mitbestimmungsrechte kann der Betriebsrat wie ausüben?
- Wie können Informationsansprüche gegenüber dem Arbeitgeber durchgesetzt werden?

Innerbetriebliches Konfliktpotenzial findet sich auch außerhalb des Betriebsverfassungsgesetzes, z. B. bei Arbeitnehmererfindungen, beim Arbeits- und Gesundheitsschutz, Arbeitszeitschutz, Datenschutz, Betriebsübergang und Umwandlungen u. a.[32] und bei den

---

32 Vgl. dazu *Pulte*, NZA 2000, S. 234 ff.

Beteiligungsrechten anderer Interessenvertreter, wie der Jugendauszubildendenvertretung, der Schwerbehindertenvertretung sowie dem Sprecherausschuss der leitenden Angestellten. Bei all diesen Konstellationen kann es zu Streitigkeiten kommen, die durch ein Mediationsverfahren als Alternative zu der arbeitsgerichtlichen Variante gelöst werden können.

Das Betriebsverfassungsgesetz stellt für die Streitigkeiten zwischen den Betriebsparteien Verfahren zur Verfügung, die durchaus auch Ansatzpunkte und ein Einfallstor für die Mediation bieten könnten. Grundsätzlich leitet sich der Einsatz von Mediation schon aus dem Grundsatz der vertrauensvollen Zusammenarbeit nach § 2 Abs. 1 BetrVG ab, wonach Arbeitgeber und Betriebsrat unter Beachtung der geltenden Tarifverträge vertrauensvoll (...) zum Wohl der Arbeitnehmer und des Betriebes zusammenwirken sollen. § 74 Abs. 1 BetrVG definiert die Grundsätze der Zusammenarbeit von Betriebsrat und Arbeitgeber dergestalt, dass sie über strittige Fragen mit dem ernsten Willen zur Einigung zu verhandeln haben und Vorschläge für die Beilegung von Meinungsverschiedenheiten machen sollen.

Beispiel: Entgelt- und Arbeitszeitsystem[33]
Bei der Verhandlung von Entgelt- und Arbeitszeitsystemen kommt es häufig dazu, dass sich Betriebsrat und Arbeitgeber als Konfliktparteien gegenüberstehen. Der Betriebsrat hat diesbezüglich ein zwingendes Mitbestimmungsrecht. Er hat nach § 87 Abs. 1 Nr. 11 BetrVG, soweit eine gesetzliche oder tarifliche Regelung nicht besteht, in Angelegenheiten mitzubestimmen, die Fragen der betrieblichen Lohngestaltung, insbesondere die Aufstellung von Entlohnungsgrundsätzen und die Einführung und Anwendung von neuen Entlohnungsmethoden sowie deren Änderung beinhalten. Kommt eine Einigung über diese Angelegenheiten nicht zustande, so entscheidet die Einigungsstelle (Näheres zur Einigungsstelle siehe Seite 139). Dazu wollten es Arbeitgeber und Betriebsrat in einem mittelständischen Zulieferunternehmen nicht kommen lassen und entschieden sich für den Einsatz von Mediation. Es sollte ein neues Entgeltsystem erarbeitet werden. Ziel war es, eine konstruktive, individuelle, zukunftsorientierte, kooperative und dauerhafte Lösung für ein neues Entgeltsystem zu erarbeiten. Man wollte weg von dem Akkordlohn. Dies wurde mittels einer externen Mediation in acht Workshops erreicht. Heute wird in dem Unternehmen nach folgenden Entlohnungsgrundsätzen gearbeitet: Flexibilitätsgrundlage (Grundlage Mitarbeiterqualifikation), Gruppenprämie (Grundlage Gruppenproduktivität), Individuelle Leistungszulage (Grundlage Mitarbeitergespräch), KVP-Bonus. Durch den erfolgreichen Abschluss des Projekts hat sich die Zusammenarbeit zwischen Betriebsrat und Geschäftsleitung verändert. Notwendige Veränderungen werden heute frühzeitig mit der notwendigen Offenheit behandelt und dementsprechende Lösungen entwickelt.

---

33 Details zu dem Fall bei *Günther*, in: Eyer, S. 135 ff.

Streitigkeiten zwischen Arbeitnehmern und Betriebsrat resultieren oft daraus, dass Arbeitnehmer mit der Vertretung durch den von ihnen gewählten Betriebsrat unzufrieden sind. Die gesetzlich bestehende Möglichkeit sieht den Ausschluss des Mitglieds des Betriebsrats vor, wenn eine grobe Pflichtverletzung durch das Betriebsratsmitglied erfolgt ist und wenn ein Viertel der wahlberechtigten Arbeitnehmer den Ausschluss beim Arbeitsgericht beantragt.

Problematisch ist hierbei, die Feststellung, dass eine grobe Pflichtverletzung vorliegt, die objektiv erheblich und offensichtlich schwerwiegend ist.[34] Hier wäre der Weg über eine externe Mediation gangbar, da es dabei nicht auf den Nachweis des Pflichtverstoßes ankommt, sondern die Parteien sich angeleitet darüber unterhalten können, was vorgefallen ist und wie eine Lösung in der Zukunft aussehen könnte.

Bei **Streitigkeiten zwischen den Mitgliedern des Betriebsrats** kann auf das oben Gesagte verwiesen werden. Auch hier ist es möglich, bei einem groben Verstoß, den Ausschluss des Mitglieds zu beantragen (§ 23 Abs.1 Satz 2 BetrVG). Unbeschadet der Frage von oben, ist hier zweifelhaft, ob sich durch ein solches Vorgehen das Klima im Betriebsratsgremium verbessern lässt. Auch hier würde das Ansprechen der Bedürfnisse, die sich hinter den festgefahrenen Positionen verbergen in einem angeleiteten Verfahren dazu führen, dass Vorgehensweisen für die Zukunft vereinbart werden können.

4.1.3 Mediation als Alternative in Arbeitsplatzkonflikten

Konfliktlösungen im Arbeitsrecht beschränken sich bislang auf **gerichtliche oder gerichtsförmige Verfahren.** Es gibt schwach ausgeprägte Möglichkeiten des Konsenses im Bereich des **individualrechtlichen Streitverfahrens** während der Güteverhandlung. Aber meistens ist bei dem Einleiten eines arbeitsgerichtlichen Verfahrens »das Kind schon in den Brunnen gefallen«, d.h., es geht nicht mehr beispielsweise bei einer Kündigungsschutzklage darum, den Arbeitsplatz zu erhalten, sondern meistens um die Abfindung sowie die Liquidation und die Abwicklung der vormaligen Dauerrechtsbezie-

---

34 *BAG* vom 22.6.1993, NZA 1994, 184.

hung. Konsensual ist dann allenfalls der Abschluss des von dem Richter unterbreiteten Vergleichsvorschlags. Aber dieser ist immer nur eine Reaktion auf die von den Parteien durch Klage bzw. Klageerwiderung vorgetragenen Ansprüche, er wird also selten dem individuellen Einzelfall in Gänze gerecht.

Dies ist auch der Fall bei den kollektivrechtlichen Streitigkeiten, die per Einigungsstelle oder durch Gerichtsbeschluss entschieden werden.

Bei **kollektivrechtlichen Streitigkeiten** unterscheidet man zwischen Rechtsstreitigkeiten und Regelungsstreitigkeiten. Unter Rechtsstreitigkeiten versteht man Streitigkeiten über die Rechte und Pflichten der Betriebspartner, die Betriebsratswahl, die Zusammensetzung des Gremiums sowie die Erstattung von Betriebsratskosten. Bei den Regelungsstreitigkeiten geht es um die Regelung einer dem Mitbestimmungsrecht des Betriebsrats unterliegenden Frage. Bei diesen Streitigkeiten besteht von Rechts wegen die Möglichkeit, ein arbeitsgerichtliches Beschlussverfahren zu beantragen (mit der möglichen Ansetzung einer fakultativen Güteverhandlung, § 80 Abs. 2 Satz 2 ArbGG).

Bei den reinen Regelungskonflikten wird zuerst eine Einigungsstelle einberufen (Fälle der erzwingbaren Mitbestimmung), der Einigungsstellenspruch kann aber vom Arbeitsgericht noch überprüft werden.

Des Weiteren gibt es noch ein in der Praxis selten genutztes Verfahren, nämlich die **Beschwerde nach §§ 84, 85 BetrVG** mit dem möglichen Anrufen der Einigungsstelle. Fühlt sich der Arbeitnehmer vom Arbeitgeber oder anderen Arbeitnehmern des Betriebs benachteiligt, ungerecht behandelt oder in sonstiger Weise beeinträchtigt, kann er dagegen mit dem individuellen oder kollektiven Beschwerdeverfahren vorgehen.[35] Die individuelle Beschwerde kommt in Betracht bei Rechtsstreitigkeiten, d.h., justiziablen, anspruchsorientierten Konflikten über die Anwendung oder Auslegung bereits bestehenden Rechts, wie beispielsweise der Verstoß gegen den Gleichbehandlungsgrundsatz, eine falsche Eingruppierung, eine ungerechtfertigte Abmahnung; sie kommt des Weiteren dann in Betracht, wenn der Arbeitnehmer konkret durch Regelungsstreitigkeiten beeinträchtigt

---

35 *Lemke*, S. 220.

wird, d. h., interessenorientierte Streitigkeiten über Rechtssetzung bzw. die Regelung neuer Arbeitsbedingungen, wie die ungünstige Lage der Arbeitszeit, Rauchverbot am Arbeitsplatz, Taschenkontrollen etc.[36] Mit der Beschwerde kann der Arbeitnehmer auch Mobbing durch andere Arbeitnehmer oder sexuelle Belästigung am Arbeitsplatz[37] angreifen.

Bei der **individuellen Beschwerde** geht der Arbeitnehmer wie folgt vor: Einlegung einer form- und fristlosen Beschwerde bei der zuständigen Stelle, die meist – je nach Betriebsorganisation – der Arbeitgeber ist. Der Arbeitnehmer kann dazu ein Mitglied des Betriebsrats hinzuziehen. Der Arbeitgeber hat der Beschwerde des Arbeitnehmers abzuhelfen, wenn er sie für berechtigt hält, er muss sie aber auf alle Fälle bescheiden.

Bei der **kollektiven Beschwerde** handelt es sich um eine Ergänzung des individuellen Beschwerdeverfahrens, bei dem der Betriebsrat die Beschwerde des Arbeitnehmers entgegennimmt und falls er sie für berechtigt erachtet, beim Arbeitgeber auf Abhilfe hinwirken kann. Erfolgt diese Abhilfe nicht, kann er die Einigungsstelle zur Schlichtung anrufen. In der Praxis scheint dieses Verfahren aber nicht sehr bekannt zu sein, da zumindest ziemlich wenig kollektive Beschwerdeverfahren durchgeführt werden.[38] Ursache hierfür könnte die unzureichende Informiertheit der Betroffenen und der Betriebsräte über die Möglichkeiten eines betriebsverfassungsrechtlichen Beschwerdeverfahrens sein.[39]

Alle diese Verfahren weisen also deutliche Schwachstellen auf.

4.1.3.1 Keine Konsenslösung

In den meisten Fällen geht es nicht wirklich um eine Konsenslösung des Konflikts. Es wird vielmehr versucht, einen Rechts- und Machtanspruch durchzusetzen. Der Gütertermin ist daher häufig nur noch ein formal notwendiger Vorlauf, in dem nicht selten der Rich-

---

36 *Dütz*, RdA 1978, 291 f.; *Lemke*, RdA 2000, 223 ff.
37 Ungeachtet der Möglichkeiten einer Beschwerde nach §§ 2, 3 Abs. 1 Satz 2 BeschSchG.
38 Vgl. hierzu *DKK*, § 84 Rn. 5.
39 Vgl. *FKHES*, § 85 Rn. 7.

ter das stärkste Interesse an einer gütlichen Einigung aufweist. Bei den Einigungsstellenverfahren wird im Falle der erzwingbaren Mitbestimmung (Fälle des § 87 BetrVG) eine Entscheidung per Mehrheitsbeschluss herbeigeführt, was nicht für einen Konsens spricht.

Vergleicht man die Tätigkeit des Mediators mit derjenigen des Richters oder des Einigungstellenvorsitzenden, dann fällt auf, dass es sich bei allen drei Amtsinhabern um neutrale Dritte handelt, wobei Richter und Schiedsrichter aber berechtigt sind, autoritativ zu entscheiden. Am Ende steht eine rechtsverbindliche Entscheidung des Richters und ein Spruch seitens des Einigungsstellenvorsitzenden, der die Einigung ersetzt. Anders bei der Mediation: Dort geben die Konfliktparteien ihre Verantwortung und Entscheidungsfreiheit nicht an Dritte ab.

Auch für das Dauerrechtsverhältnis der Parteien ändert sich etwas mit dem Beschreiten des gerichtlichen Weges, dies führt in den meisten individualarbeitsrechtlichen Fällen zu einer nicht mehr heilbaren Belastung des Arbeitsverhältnisses. Am Ende steht meistens die Auflösung des Vertragsverhältnisses. Im Beschlussverfahren entscheidet das Gericht nach freier aus dem Gesamtergebnis des Verfahrens gewonnener Überzeugung. Oftmals haben diese Beschlüsse nichts mehr mit dem Anlasskonflikt und der betrieblichen Realität zu tun. Der Ausgang eines Beschlussverfahrens ist schwer prognostizierbar und kann je nach Instanzenzug drei bis fünf Jahre dauern.

Oftmals werden gerichtliche Entscheidungen als ungerecht erlebt, weil es nicht um die Interessen der Parteien geht, sondern um Rechtsansprüche, über die nur nach einem bestimmten schematischen Verfahren und nach Beweislastregeln entschieden wird. Nicht zu vergessen ist dabei, dass das Streitverfahren oft als streitverschärfend erlebt wird, da hierbei nach Fehlern und Unzulänglichkeiten der Konfliktparteien in der Vergangenheit gefahndet wird.

4.1.3.2 Ringen um Positionen und nicht um Bedürfnisse

Da bei Arbeitsgerichts- und Einigungsstellenverfahren um positionelle Regelungen gerungen wird (der Antrag markiert den Streitgegenstand und drückt die Rechtspositionen aus: »**Wer will Was von Wem Woraus?**«), bleiben die dahinter stehenden Gründe außen vor.

Gerade im Wirtschaftbereich kann Mediation eine schnelle, praxisorientierte und kostengünstige Alternative sein. Ist doch die Ursache vieler Streitigkeiten häufig auf Kommunikationsprobleme zurückzuführen, die auch auf kommunikativem Wege gesichtswahrend und kostengünstig beseitigt werden können und häufig eine weitere Zusammenarbeit ermöglichen. Bei der Mediation handelt es sich um ein nichtöffentliches Verfahren, was bedeutet, dass durch die Art des Verfahrens und die Vertraulichkeitserklärung der Parteien kein Imageverlust für das Unternehmen zu verzeichnen ist. Des Weiteren geht es hier nicht um die in der Vergangenheit liegende Frage, wer ist schuld an dem Konflikt, sondern darum, wie gehen wir in Zukunft damit um, welche Regelungen treffen wir. Dabei haben die Konfliktparteien die Kontrolle über das Ergebnis, da der Mediator ja nicht wie ein Richter oder Einigungsstellenvorsitzender beim zweiten Abstimmungsgang, Entscheidungsbefugnis hat, sondern neutraler Dritter ist.

Eine betriebsinterne Mediation, basierend auf der Grundannahme, dass die eine Partei auf die Mitwirkung der anderen angewiesen ist, bietet den Vorteil, dass auf die jeweiligen Bedürfnisse eingegangen wird. Dies ist kostengünstiger, betriebsbezogener, nachhaltiger und hilft, langfristige und beständige Beziehungen zu sichern. Vor diesem Hintergrund sollten Möglichkeiten einer Institutionalisierung der Mediation für den Bereich des Arbeitsrechts vor allem bei Großunternehmen in Erwägung gezogen werden. Dort werden neben der Kostenersparnis vor allem die Möglichkeiten einer modernen Corporate Identity nach innen auf Interesse stoßen.[40]

Vorteile der Mediation:[41]

- kann schnell in Gang gesetzt werden,
- bietet Vertraulichkeit,
- Gesamtsystem »Betrieb« wird berücksichtigt,
- schnellere und effektivere Lösungen,
- Auffinden ungewöhnlicher Lösungen,
- Betroffene können schnell und informell ihre Beschwerden äußern,
- nicht-justiziable Lösungen sind erreichbar,
- kostengünstiges Verfahren,
- Arbeitgeber erhalten Einblick in etwaig nicht-funktionale Kooperationen zwischen Mitarbeitern.

---

40 *Thau/Pusch*, AuA 1997, 344.
41 *Stoppkotte*, a.a.O.

4.1.3.3 Möglichkeiten und Grenzen der Mediation

Mediation ist **kein Allheilmittel** und nicht für jede betriebliche Situation geeignet. Sie ist auch sehr stark von der Art und Weise der Prozessleitung durch den Mediator abhängig. Sie ist nach *Duve*[42] dann ein geeignetes Verfahren, wenn

- eine langfristig angelegte Beziehung zwischen den Parteien betroffen ist,
- der Wunsch nach Wiederherstellung der Kommunikation besteht,
- die Parteien, den Ursachen des Konflikts näher kommen wollen,
- es darum geht, eine kooperative Lösung zu finden,
- es sich um sehr komplexe Sachverhalte mit schwieriger Beweislage und dem Wunsch nach einer einvernehmlichen Beilegung handelt,
- eine zügige Lösung sowie
- Kontrolle und Vertraulichkeit des Verfahrens gewünscht werden.

Mediation ist **nicht geeignet**, wenn

- ein Streitgegenstand nicht zur privaten Disposition steht (z. B.: die Parteien besitzen aufgrund von Rechtsnormen oder Tarifverträgen keine Verhandlungsautonomie),
- die Entscheidung einem Hoheitsträger vorbehalten ist (z. B. dem Insolvenzverwalter bei der Insolvenz),
- es eindeutige Erfolgsaussichten im streitigen Verfahren gibt; das ist insbesondere dann der Fall, wenn die Sach- und Rechtslage so eindeutig ist, dass die andere Partei Mediation nur benutzt, um sich ihren Verpflichtungen zu entziehen,
- mindestens eine Partei einen Spruch – sei er gerichtlich oder durch die Einigungsstelle bedingt – erreichen möchte,
- die Öffentlichkeit aufmerksam gemacht werden soll,
- mangelndes Vertrauen bezüglich der Mediation besteht; das Vertrauen ist durch die Zerrüttung der Beziehung so zerstört, dass es nicht mehr aufgebaut werden kann,
- das Vertrauen in die eigenen Verhandlungsmöglichkeiten geringer ist als in einen Richter oder einen Schlichter.

---

[42] *Duve*, in: Henssler/Koch (Hrsg.), Mediation in der Anwaltspraxis, 2000.

Auch wenn sich aus dem Vorgenannten ergibt, dass Mediation nicht für alle Streitigkeiten geeignet ist, so sollte man nicht die Augen verschließen vor den Möglichkeiten, die eine phantasievolle und ungewöhnliche Konfliktlösungsmethode bietet: das moderne Benchmarking (von den Besten lernen) lenkt den Blick dabei auf den VW-General-Motors Disput, der einen Ausbau und nicht die Einstellung gegenseitiger Geschäftsbeziehungen als Streitbeilegungsmethode verstand. Oder das Entfernen einer Abmahnung wegen Zuspätkommens aus der Personalakte verbunden mit der Aushändigung eines zuverlässigen und lauten Weckers an den Arbeitnehmer.

Mediation stellt eine ungewöhnliche aber in vielen Fällen lebbarere Methode der Streitbeilegung dar. So wenig wie der Transistorentaschenrechner durch Weiterentwicklung der Kugelrechenmaschine erfunden wurde, so wenig ist Mediation Streitentscheidung mit Gewinnern, Verlierern und starren Ergebnissen.[43]

4.2 Implementierung von Mediation im Betrieb

Welche gesetzlichen Ansatzpunkte gibt es für Mediation im Betriebsverfassungsrecht? Können Konfliktlösungsverfahren im Betrieb durch Betriebsvereinbarung implementiert werden und – wenn ja – wie? Wie können die wesentlichen Eckpunkte einer solchen Betriebsvereinbarung aussehen? Diese Fragen werden im Folgenden beantwortet.

4.2.1 Klassische Konfliktlösungsmechanismen in Betrieben

Die bisherigen Konfliktlösungen bestanden vornehmlich im Gang zu den Gerichten. Individualrechtlich kam es zu Versetzungen, schlimmstenfalls zu Kündigungen, die zwar zum großen Teil vor Gericht in einem Vergleich endeten, aber fast immer die Beendigung des Arbeitsverhältnisses zur Folge hatten. Dieses wird nun vermutlich noch verstärkt durch den zum 1.1.2004 in Kraft getretenen

---

43 *Thau/Pusch*, S. 344.

gesetzlichen Abfindungsanspruch bei betriebsbedingten Kündigungen nach § 1a Abs. 1 KSchG[44]).

Im kollektivrechtlichen Bereich, also bei Streitigkeiten zwischen Arbeitgeber und Betriebsrat um Rechte aus dem Betriebsverfassungsgesetz, trafen sich die Parteien oftmals vor der Einigungsstelle wieder. Ob mit diesem Vorgehen den Konfliktparteien genüge getan wird und ihre Bedürfnisse hinreichend erfüllt werden, ist zu bezweifeln.

Bei all diesen Verfahren geht es aber nicht um die Erfüllung von Interessen, sondern um die Klärung von Rechts- und Machtpositionen. Der Gütetermin ist daher häufig nur noch ein formal notwendiger Vorlauf zu der streitigen Verhandlung, die teilweise mit einem Vergleich, teilweise aber auch durch Urteil oder Beschluss beendet wird. Bei den Einigungsstellenverfahren wird im Falle der erzwingbaren Mitbestimmung (Fälle des § 87 BetrVG) eine Entscheidung per Mehrheitsbeschluss herbeigeführt, was oftmals einen fairen Interessenausgleich im Konsens ausschließt.

Das Beschreiten des gerichtlichen Weges führt in den meisten individualarbeitsrechtlichen Fällen zu einer nicht mehr heilbaren Belastung des Arbeitsverhältnisses, wodurch nicht selten eine Trennung der beiden Parteien bedingt wird. Im Beschlussverfahren entscheidet das Gericht nach freier aus dem Gesamtergebnis des Verfahrens gewonnener Überzeugung. Oftmals haben diese Beschlüsse nichts mehr mit dem Anlasskonflikt und der betrieblichen Realität zu tun und die Verfahren dauern sehr lange (bis zu fünf Jahren).

Da bei Arbeitsgerichts- und Einigungsstellenverfahren um positionelle Regelungen gerungen wird (der Antrag markiert den Streitgegenstand und drückt die Rechtspositionen aus), bleiben die dahinter stehenden eigentlichen Interessen der Parteien oftmals außen vor.

---

44 Nach dem neu in das Kündigungsschutzgesetz eingefügten § 1a Abs. 1 hat der Arbeitnehmer mit Ablauf der Kündigungsfrist bei einer Kündigung wegen dringender betrieblicher Erfordernisse und dem Verzicht auf Erhebung einer Kündigungsschutzklage einen Anspruch auf Abfindung.

Eine betriebsinterne Mediation, die darauf basiert, dass eine Partei auf die Mitwirkung der anderen angewiesen ist, bietet den Vorteil, dass auf die jeweiligen Bedürfnisse und Interessen der Parteien eingegangen wird. Dies ist schneller, kostengünstiger, betriebsbezogener, nachhaltiger und hilft, langfristige und beständige Beziehungen zu sichern. Für eine Mediation im individualrechtlichen Bereich, z. B. bei einer Abmahnung, könnte dies bedeuten, dass sich der Sachverhalt während der Mediation für beide Seiten, Arbeitgeber und Arbeitnehmer, so darstellt, dass es nicht zu einem gerichtlichen Verfahren kommen muss und danach das Arbeitsverhältnis ohne Repressalien weiter abläuft. Bei der Mediation im kollektiven Bereich könnten ohne das Einschalten der Einigungsstelle und somit auch ohne Gesichtsverlust für die Konfliktparteien schnell und kostengünstig die Interessen geklärt werden, die hinter den Positionen stehen. Dies ist z. B. der Fall bei der Einführung neuer Technologien, wie Internet, E-Mail, Weiterentwicklung von Software, SAP.

Beispiel: Einführung von SAP
Einigen sich Arbeitgeber und Betriebsrat nicht über die Einführung von SAP, kommt es zur Anrufung der Einigungsstelle, bei der dann im zweiten Abstimmungsgang die Stimme des Vorsitzenden entscheidet, was nichts mehr mit der eigentlichen Einigung und dem Konsens der Konfliktparteien zu tun hat. Das Verfahren dauert lange (es vergeht wertvolle Zeit bis zur Einführung der neuen Technologien), die Fronten der Parteien verhärten sich, was auch im Nachhinein in anderen Angelegenheiten eine vertrauensvolle Zusammenarbeit erschwert.

4.2.2 Formen der Konfliktlösung

Es gibt neben der Mediation noch verschiedene Formen von Konfliktlösungsverfahren:

- Bei der **Schlichtung** tragen die Konfliktparteien dem Schlichter ihren Fall vor und bitten ihn um einen Entscheidungsvorschlag. Der Schlichter agiert wie der Mediator als neutraler Dritter ohne Entscheidungskompetenz. Der Unterschied zur Mediation ist, dass der Schlichter den Vorschlag macht und nicht – wie bei der Mediation – die Parteien ihren Lösungsvorschlag selbst erarbeiten und kontrollieren.

- Bei der **Konfliktmoderation** handelt es sich um ein mit der Mediation vergleichbares Verfahren, das sich auch in fünf Phasen aufgliedert: Vorgespräch, Kontakt zwischen den Beteiligten herstellen, Themen sammeln, Sichtweisen der Beteiligten klären und Lösungen aushandeln. Die Moderation wird aber oft bei Gruppenkonflikten als Konfliktlösungsverfahren eingesetzt, da der Moderator neben der Vermittlung zwischen den Konfliktseiten zugleich noch eine Personengruppe leitet. Demzufolge kann man mit *Redlich*[45] sagen, dass Konfliktmoderation die Vermittlung in Gruppen bedeutet und Mediation, die Vermittlung zwischen zwei Parteien.

- Bei der **Supervision** handelt es sich um ein Verfahren, das in Kleingruppen mit ca. vier bis sechs Personen unter Anleitung eines erfahrenen Supervisors abläuft. Jeder Teilnehmer hat dabei die Gelegenheit, ein für ihn in der Vergangenheit aufgetretenes Problem darzustellen, was dann gemeinsam in der Gruppe bearbeitet wird. Unterschied zur Mediation liegt bei diesem Verfahren vor allem in der Zielsetzung, nämlich darin, dem System seine Selbstregulierungsfähigkeit zurückzugeben.
- Das **Coaching** ist eine Art Supervision im Management. Es dient als erstes der Förderung bzw. Wiederherstellung der beruflichen Kompetenz. Der Coach begleitet die zu coachende Person in ihrem beruflichen Alltag und leistet Hilfestellung bei der Lösung vorwiegend im Arbeitsleben vorkommender Probleme. Im Unterschied zur Mediation impliziert Coaching neben der Diagnostik und Beratung auch die Modifikation suboptimalen Verhaltens und Handelns.

4.2.3 Einsatzgebiete der Mediation

Findet das Betriebsverfassungsgesetz in einem Betrieb Anwendung, d. h., gibt es in diesem Unternehmen einen Betriebsrat, so erhält das Gesetz zahlreiche Anknüpfungspunkte für den Einsatz von Mediation, vor allem bei Streitigkeiten zwischen Arbeitgeber und Betriebsrat, zwischen Arbeitgeber und Arbeitnehmer sowie unter Arbeitnehmern.

---

45 *Redlich*, Konflikt-Moderation, Bd. 2, Hamburg 1997.

> **Arbeitsrechtliche Mediationsfelder im Betrieb[46] sind beispielsweise:**
> - **Konflikte zwischen Arbeitgeber und Arbeitnehmer:** Einstellung (z. B. Diskriminierung), Vertragsdurchführung (z. B. Streit über den Umfang des Direktionsrechts, über die Eingruppierung, über Personalentwicklungsmaßnahmen), Beendigung des Arbeitsverhältnisses;
> - **Konflikte zwischen Arbeitgeber und Betriebsrat** über Beschwerden, Beteiligungsrechte, vermeintliche Beteiligungsrechte;
> - **Konflikte von Interessenvertretern**, z. B. im Betriebsrat zwischen Gruppenvertretern, zwischen Betriebsrat und Schwerbehindertenvertretung;
> - **Konflikte zwischen Arbeitnehmern** als Individuen (z. B. unterschiedliches Sozialverhalten), als Gruppen (z. B. Raucher und Nichtraucher), infolge von Unternehmenszusammenschlüssen;
> - **Konflikte zwischen Führungskräften**, z. B. zwischen Fach- und Personalabteilung.

4.2.4 Ansatzpunkte für die Betriebsratsarbeit

Hauptregelungsgegenstand des Betriebsverfassungsrechts sind die Mitbestimmungsrechte des Betriebsrats. Sie sind von unterschiedlicher Intensität und reichen von der Unterrichtung (§ 80 Abs. 2 BetrVG), Information und Anhörung (§ 102 Abs. 1 BetrVG), Beratung (§§ 92 Abs. 1 Satz 2, 92a Abs. 2 Satz 1, 96 Abs. 1 Satz 2, 97 Abs. 1, 111 Satz 1 BetrVG), Zustimmungsverweigerung (§ 99 BetrVG) bis hin zur echten Mitbestimmung im Sinne des Erfordernisses positiver Zustimmung des Betriebsrats (§§ 87, 94, 95, 98, 112 Abs. 4 BetrVG).

Das Betriebsverfassungsgesetz verfügt über zahlreiche Anknüpfungspunkte für die Mediation, vor allem bei Streitigkeiten zwischen Arbeitgeber und Betriebsrat, Arbeitgeber und Arbeitnehmer sowie unter Arbeitnehmern. Beispielhaft und in keiner Weise abschließend seien hier nur § 76 (Einigungsstelle), § 112 Abs. 2 (Vermittlungsgesuch an der den der Bundesagentur für Arbeit wegen Nichtzustandekommens eines Interessenausgleichs über geplante Betriebsänderung oder eines Sozialplans) bzw. § 112 Abs. 3 sowie §§ 84 ff. BetrVG (Beschwerdeverfahren) genannt. § 86 BetrVG (ergänzende Vereinbarungen über Regelungen des Beschwerdeverfahrens) bietet die Möglichkeit, ein innerbetriebliches Konfliktbehandlungssystem durch Betriebsvereinbarung oder Tarifvertrag auszugestalten.

---

46 *Stoppkotte*, a. a. O.

Wichtig:
Bei dem Mediationsverfahren als alternative Konfliktlösungsmethode ist zu beachten, dass es sich immer im Rahmen des möglichen und zulässigen Rechts bewegen muss. Es kann also nicht einfach ein zwingendes Mitbestimmungsrecht oder ein Schutzrecht des Arbeitnehmers durch eine simple Vereinbarung ausgehebelt werden.

4.2.4.1 Einsatzgebiet für Mediation nach § 112 Abs. 2 BetrVG

Nach § 112 Abs. 2 BetrVG in der seit dem 1.1.2004 geltenden Fassung können im Falle des Scheiterns eines Interessenausgleichs über eine geplante Betriebsänderung oder des Scheiterns einer Einigung über einen Sozialplan, der Unternehmer oder der Betriebsrat den Vorstand der Bundesagentur für Arbeit um Vermittlung ersuchen. Die Einschaltung des Vorstands oder eines von ihm beauftragten Bediensteten der Bundesagentur dürfte in Zukunft größere Bedeutung gewinnen, da dieser über die Gewährung von Zuschüssen zum Sozialplan nach § 254 ff. SBG III entscheidet.[47]

Die Betriebsparteien können auch jede andere Stelle, beispielsweise einen externen Mediator um Vermittlung ersuchen.[48] Demzufolge wäre hier ein gesetzliches Einfallstor für eine Mediation.

Der Betriebsrat könnte aber auch mit dem Unternehmer für die Fälle einer Betriebsänderung eine Betriebsvereinbarung vereinbaren.[49] Geht man von dem Hintergrund aus, dass Betriebsänderungen regelmäßig auf unternehmerischen Entscheidungen basieren, die zügig umgesetzt werden müssen und durch viele Maßnahmen des Betriebsrats konterkariert werden können, wie z. B. die Nichteinigung über den Einigungsstellenvorsitzenden; der Betriebsrat hat auch die Möglichkeit eine einstweilige Verfügung zu erwirken, die dem Unternehmer die Umsetzung der Betriebsänderung bis zum Abschluss der Verhandlungen über den Interessenausgleich untersagt.[50] Um eine Verzögerung, die unumstritten zu Verlusten des Unternehmens führen würde, zu vermeiden, sollten Betriebsrat und Unternehmer auch bei Betriebsänderungen und Sozialplanverhandlungen koope-

---

47 *DKK*, § 112 Rn. 4.
48 *FKHES*, §§ 112, 112 a Rn. 29.
49 So auch *Ehler*, BB 2000, 980.
50 *Ehler*, a.a.O., 979; *Lemke*, S. 212. Es gibt diesbezüglich noch keine Leitentscheidung des BAG; a.A. *ArbG Nürnberg* vom 17.1.2000, BB 200, 2100.

rieren, statt sich in Konfrontation zu üben. Um dies zu fördern, könnten die Betriebsparteien eine **Betriebsvereinbarung über Mediation** schließen.[51]

4.2.4.2 Weitere Möglichkeiten zum Einsatz von Mediation nach dem Betriebsverfassungsgesetz

Das Betriebsverfassungsgesetz ermöglicht einen weiteren Einsatz der Mediation durch Erweiterung der Handlungs- und Regelungsmöglichkeiten im Rahmen einer Betriebsvereinbarung und gibt somit die Chance, ein innerbetriebliches Konfliktlösungssystem einzuführen.

Erweiterungsmöglichkeiten stecken in einer so genannten erzwingbaren Betriebsvereinbarung auf der Grundlage des § 77 BetrVG i. V. m. § 76 BetrVG. Darüber hinaus können freiwillige Betriebsvereinbarungen abgeschlossen werden nach § 88 BetrVG i. V. m. § 80 Abs. 1 Nr. 2 BetrVG. Auch § 86 BetrVG (ergänzende Vereinbarungen über Regelungen des Beschwerdeverfahrens) bieten die Möglichkeit, ein innerbetriebliches Konfliktbehandlungssystem durch Betriebsvereinbarung oder Tarifvertrag auszugestalten.

Grundlage für alle aufgeführten Möglichkeiten sollte sein, dass beim Entschluss der Betriebsparteien für das Installieren eines Streitschlichterprogramms im Betrieb beide Betriebsparteien – sowohl der Betriebsrat als auch die Unternehmensleitung – als Partner agieren. Denn nur wenn die Installation eines Streitschlichtungsprogramms von beiden Seiten gleichermaßen getragen und akzeptiert wird, wird dieses auch von der Belegschaft als möglicher gangbarer Weg bei der Lösung von Konflikten angesehen.

Es sollte bei den Überlegungen zu der Einführung eines Streitschlichtungsprogramms aber immer klar sein, dass das Mediationsverfahren niemals den Gang zum Gericht verschließt, sondern eine weitere Möglichkeit einer Streitschlichtung darstellt. Bei einem Mediationsverfahren ist des Weiteren zu beachten, dass es sich immer im Rahmen des möglichen und zulässigen Rechts bewegen muss. So kann nicht einfach ein zwingendes Mitbestimmungsrecht

---

51 Die wesentlichen Eckpunkte dieser Betriebsvereinbarung finden sich ab Seite 134.

oder ein Schutzrecht des Arbeitnehmers durch eine simple Vereinbarung ausgehebelt werden. Möglichkeiten zur Implementierung eines betrieblichen Konfliktlösungssystems:
- über die erzwingbare Mitbestimmung nach §§ 77, 76 BetrVG,
- über eine freiwillige Betriebsvereinbarung nach §§ 88 Abs. 1 Nr. 2, 77 BetrVG,
- über eine Betriebsvereinbarung nach § 86 zur Regelung des Beschwerdeverfahrens nach §§ 84, 85 BetrVG.

Erzwingbare Betriebsvereinbarung nach §§ 77, 76 BetrVG
Durch Betriebsvereinbarung (= Vertrag zwischen Betriebsrat und Arbeitgeber, der unmittelbar und zwingend wirkt, § 77 Abs. 4 BetrVG) können wesentliche Mitbestimmungsrechte ausgestaltet werden. Das Betriebsverfassungsgesetz unterscheidet zwischen erzwingbaren und nicht erzwingbaren Betriebsvereinbarungen. Erzwingbare sind solche, denen ein erzwingbares Mitbestimmungsrecht des Betriebsrats zugrunde liegt und bei denen ein Spruch der Einigungsstelle die Einigung zwischen Arbeitgeber und Betriebsrat ersetzt (so genannte erzwingbare Mitbestimmung). Bei den nichterzwingbaren Betriebsvereinbarungen handelt es sich um solche, die die freiwillige Mitbestimmung umfassen und regeln.

Vor diesem Hintergrund stellt sich die Frage, ob es der Implementierung eines Mediationverfahrens – ungeachtet des Problems, dass es sich hierbei um eine Maßnahme der erzwingbaren Mitbestimmung handeln könnte – zugute käme, dies über eine erzwingbare Betriebsvereinbarung zu tun. Dagegen spricht in erster Linie, dass es bei der Installierung eines Mediationsverfahrens auf die Zusammenarbeit des Betriebsrats und des Arbeitgebers ankommt, die gerade nicht durch den bindenden Spruch der Einigungsstelle implementiert werden kann.

Freiwillige Betriebsvereinbarung nach §§ 88, 80 Abs. 1 Nr. 2, 77 BetrVG
Der Betriebsrat kann mit dem Arbeitgeber eine Betriebsvereinbarung über die Installation eines Mediationsverfahrens nach §§ 88, 80 Abs. 1 Nr. 2, 77 BetrVG treffen. Es geht hierbei um Maßnahmen, die

dem Betrieb und der Belegschaft dienen, was bei einem innerbetrieblichen Streitschlichtungsverfahren der Fall ist, da dies nicht nur direkte Kosten (Gerichtsverfahren) eindämmt, sondern auch dem inneren Betriebsfrieden dient. Dadurch werden indirekte Kosten (Fluktuation, Höhe der Krankenstände, mangelnde Identifikation mit dem Unternehmen) vermieden.

Der Betriebsrat hat diesbezüglich ein Initiativrecht. Das bedeutet, dass er, wenn er eine Regelung oder Neuregelung einer bestimmten Angelegenheit wünscht, in der ihm ein Mitbestimmungsrecht zusteht, nicht warten muss, bis der Arbeitgeber auf diesem Gebiet tätig wird. Der Betriebsrat kann dem Arbeitgeber selbst Vorschläge in Form des Entwurfs einer Betriebsvereinbarung zur Regelung einer speziellen Angelegenheit unterbreiten. Das Initiativrecht wird durch den Inhalt des jeweiligen Mitbestimmungstatbestandes begrenzt. Bei der Unterbreitung des Entwurfs einer Betriebsvereinbarung zur Installation eines Streitschlichtungsverfahrens handelt es sich um eine freiwillige Maßnahme, d. h., der Betriebsrat kann den Abschluss einer Betriebsvereinbarung nicht einseitig erzwingen.

Hinweis:
Zweckmäßigerweise sollte der Betriebsrat einen Formulierungsvorschlag vorlegen. Um im Betrieb ein höheres Maß an Rechtssicherheit zu haben, sollten Betriebsrat und Unternehmensleitung ihre getroffene Vereinbarung schriftlich fixieren und als für beide Seiten verpflichtende Betriebsvereinbarung festhalten.

Betriebsvereinbarung zur Regelung der Beschwerdeverfahren nach §§ 84, 85 BetrVG (§ 86 BetrVG)

§ 86 BetrVG eröffnet die Möglichkeit zur Einführung eines innerbetrieblichen Konfliktbehandlungssystems auf kollektivrechtlicher Grundlage und damit auch zur Nutzung von Chancen, die eine alternative Konfliktlösungsmethode wie die Mediation bieten.[52]

Nach § 86 BetrVG können durch Tarifvertrag oder Betriebsvereinbarung die Einzelheiten des Beschwerdeverfahrens geregelt werden. Hierbei kann bestimmt werden, dass in den Fällen des § 85 Abs. 2 BetrVG an die Stelle der Einigungsstelle eine betriebliche Beschwerdestelle tritt. Sinn und Zweck dieser Vorschrift ist es, die Anpassung an die betrieblichen Verhältnisse zu ermöglichen.[53]

---

52 So auch *Lemke*, S. 231.
53 *Stege/Weinspach*, §§ 84-86 Rn. 21.

Ausgestaltet werden können also die Einzelheiten des Beschwerdeverfahrens nach §§ 84, 85 BetrVG. Zulässig sind danach Regelungen über die zur Beschwerdeeinreichung zuständige Stelle, die Ausgestaltung der notwendigen Verfahrensschritte, die Einrichtung eines betrieblichen Instanzenzuges, die Besetzung der Beschwerdestelle und der Einsatz externer Dienstleister und Vermittler sowie die Form und Frist für die Erhebung, Behandlung und Bescheidung der Beschwerden und die Reihenfolge von kollektivem und individuellem Beschwerdeverfahren.

Da nach § 86 BetrVG nur ausgestaltende und ergänzende Regelungen getroffen werden können, darf in keinem Fall die Zuständigkeitsordnung des § 85 Abs. 2 BetrVG geändert werden, die besagt: Zuerst hat der Betriebsrat die Beschwerden des Arbeitnehmers entgegenzunehmen und falls er diese als berechtigt empfindet, beim Arbeitgeber auf Abhilfe hinzuwirken. Sollten zwischen Arbeitgeber und Betriebsrat Meinungsverschiedenheiten über die Berechtigung der Beschwerde bestehen, kann der Betriebsrat die Einigungsstelle anrufen. Der Spruch der Einigungsstelle ersetzt dann die Einigung zwischen Arbeitgeber und Betriebsrat.

Des Weiteren ist es dem Betriebsrat nicht gestattet, die ihm gesetzlich zugedachten Aufgaben auf eine andere Institution zu übertragen. Er kann sich also nicht seiner Aufgaben aus dem Beschwerdeverfahren entledigen.[54]

Die betriebliche Beschwerdestelle tritt nach § 86 Satz 2 BetrVG an die Stelle der Einigungsstelle und hat somit die Möglichkeit, die Rechtsstreitigkeiten als Mediator zu lösen. Ihre Mitglieder unterliegen in gleicher Weise wie die Mitglieder der Einigungsstelle der mit Strafe bedrohten Geheimhaltungspflicht nach § 79 Abs. 2 BetrVG. Gemäß §§ 78, 119 Abs. 1 Nr. 2 und 3 BetrVG sind sie in ihrer Tätigkeit geschützt.

Wichtig:
Eine Betriebsvereinbarung über die Ausgestaltung eines betrieblichen Beschwerdeverfahrens und der Besetzung der Beschwerdestelle unterliegt allerdings nicht dem erzwingbaren Mitbestimmungsrecht des Betriebsrats, sondern kann lediglich im Rahmen einer freiwilligen Einigung zwischen Arbeitgeber und Betriebsrat zustande kommen.

---

54 *Lemke*, S. 233.

Ein solches **Streitschlichtungssystem** könnte folgendermaßen aussehen:

1. **Stufe:** Der beschwerte Arbeitnehmer wendet sich wegen einer Beeinträchtigung durch den Arbeitgeber oder andere Arbeitnehmer an die zuständige Stelle des Betriebs (sein Vorgesetzter oder die Personalabteilung).
2. **Stufe:** Sollte der Beschwerde nicht abgeholfen werden, ist in der 2. Stufe ein Mediationsverfahren vorgesehen, in dem entweder ein interner Mediator – ein speziell geschultes Betriebsratsmitglied – tätig wird oder ein speziell ausgebildeter betriebsinterner Vermittler in Arbeitsplatzkonflikten, der auf einer eigenständigen Position vergleichbar der einer Gleichstellungsbeauftragten im Betrieb angesiedelt ist.
3. **Stufe:** Sollten die Stufen 1 und 2 wider Erwarten nicht zum Erfolg führen, gelangt die Beschwerde zum Betriebsrat, der hinsichtlich einer Abhilfe mit dem Arbeitgeber verhandelt, falls er die Beschwerde für berechtigt hält.
4. **Stufe:** Falls sich Betriebsrat und Arbeitgeber unter der Einbindung der Konfliktbeteiligten nicht auf eine einvernehmliche Beilegung der Streitigkeit einigen, ist auf der 4. Stufe die Anrufung der betrieblichen Beschwerdestelle vorgesehen, die dann ein Mediationsverfahren durchführt. Die betriebliche Beschwerdestelle sollte für jeden Konfliktfall – ob nun kollektivrechtlicher oder individualrechtlicher Art – unterschiedlich besetzt werden. Sie sollte bei einer kollektivrechtlichen Streitigkeit mit externen, also nicht betriebsangehörigen Mediatoren und bei individualrechtlichen Streitigkeiten mit betriebsinternen Mediatoren besetzt sein.

Betriebsexterne oder -interne Mediatoren

Ob es sich bei den zum Einsatz gelangenden Mediatoren um betriebsinterne oder externe Personen handeln sollte, ist sehr stark von der Streitmaterie abhängig. Handelt es sich um eine **kollektivrechtliche Streitigkeit** sollte auf **externe Mediatoren** zurückgegriffen werden, da diese die nötige Distanz und Neutralität aufweisen. Der Betriebsrat hat in solchen Fällen auch die Möglichkeit, den Mediator als Sachverständigen nach § 80 Abs. 3 BetrVG hinzuzuziehen.

Nach § 80 Abs. 3 BetrVG kann der Betriebsrat bei der Durchführung seiner Aufgaben nach näherer Vereinbarung mit dem Arbeitgeber

Sachverständige hinzuziehen, soweit dies zur ordnungsgemäßen Erfüllung seiner Aufgaben erforderlich ist. Sachverständige sind Personen, die dem Betriebsrat die ihm fehlenden fachlichen und rechtlichen Kenntnisse vermitteln oder aus einem feststehenden Sachverhalt Schlussfolgerungen ziehen, damit der Betriebsrat die ihm konkret obliegenden betriebsverfassungsrechtlichen Aufgaben sachgerecht erfüllen kann.[55] Sachverständiger kann jede Person sein, die über die im Rahmen der Betriebsratstätigkeit erforderlichen Kenntnisse verfügt, z. B. Informatiker, Arbeitswissenschaftler, Bilanzsachverständige, Rechtsprofessoren und Dozenten sowie Rechtsanwälte.[56]

Demzufolge könnte bei einer Meinungsverschiedenheit zwischen Betriebsrat und Arbeitgeber im kollektivrechtlichen Bereich ein externer Mediator zur Vermittlung seinen Sachverstand zur Verfügung stellen. Der Mediator bietet im jeweiligen Konfliktfall sein Expertenwissen auf dem Gebiet der systematischen Konfliktbeilegung gepaart mit Erfahrungen. Die Kosten für die Zuziehung des Sachverständigen trägt der Arbeitgeber.[57]

Voraussetzung für den Einsatz des Mediators als Sachverständiger ist, dass es erforderlich ist, ihn zur Erfüllung einer konkret zu erledigenden Aufgabe hinzuzuziehen. Des Weiteren ist notwendig, dass eine Vereinbarung mit dem Arbeitgeber über Thema, Person des Sachverständigen und Kosten sowie den Zeitpunkt vorliegt.[58] Erforderlichkeit ist dann zu bejahen, wenn es sich bei den Streitigkeiten zwischen Arbeitgeber und Betriebsrat um Fragen handelt, die zu den allgemeinen Aufgaben des Betriebsrats nach §§ 75, 80 Abs. 1 BetrVG gehören, oder die einem Beteiligungsrecht des Betriebsrats unterliegen und die innerbetrieblichen Verständigungsmöglichkeiten wie z. B. das Verhandeln über strittige Fragen mit dem ernsten Willen zur Einigung sowie das Machen von Vorschlägen für die Beilegung der Meinungsverschiedenheiten zwischen Betriebsrat und Arbeitgeber nicht mehr möglich sind.

---

55 *DKK*, § 80 Rn. 137.
56 *BAG* vom 18.7.1978, AP Nr. 11 zu § 80 BetrVG 1972.
57 *Knauber-Bergs*, AiB 1987, 160.
58 So auch *FKHES*, § 80 Rn. 77 ff.

Wird der Mediator nach § 80 Abs. 3 BetrVG als Sachverständiger herangezogen, so ist er – unabhängig von etwaigen standesrechtlichen Verschwiegenheitspflichten – der strafbewehrten Geheimhaltungspflicht nach §§ 80 Abs. 4 BetrVG unterworfen.

Bei **individualrechtlichen Streitigkeiten** können auch **betriebsinterne Mediatoren** hinzugezogen werden, da diese oftmals um die betrieblichen Belange Bescheid wissen. Es sollte bei ihrem Einsatz aber darauf geachtet werden, dass sie die notwendige Neutralität aufweisen und sichergestellt ist (z. B. durch Ausgestaltung in einer Betriebsvereinbarung), dass sie der Verschwiegenheitspflicht unterliegen und ihnen keine Repressalien entgegengebracht werden können sowie eine gesonderte Vergütung erfolgt.

Eckpunkte einer Betriebsvereinbarung

Wesentliche Eckpunkte für eine Betriebsvereinbarung zum Einsatz von Mediatoren und Streitschlichtern im Betrieb sind Folgende:

1. **Präambel:** Leitgedanke und Zielsetzung der Mediation
2. **Geltungsbereich**
   a) bei Streitigkeiten von Arbeitnehmern im Betrieb
   b) bei Streitigkeiten zwischen Betriebsrat und Arbeitgeber
   c) Konfliktarten (individualrechtliche oder kollektivrechtliche Konflikte)
3. **Aufgaben der betriebsinternen Mediatoren bei individualrechtlichen Streitigkeiten:** Prävention von Konflikten, Betreuung Betroffener in akuten Konfliktlagen, Durchführung von Mediations- bzw. Streitschlichtungsverfahren, Weitervermittlung und Zusammenarbeit mit internen und externen Stellen.
   a) **Pflichten der betriebsinternen Mediatoren;** Verschwiegenheit, Neutralität, Ergebnisoffenheit, Dokumentation des Verfahrens
   b) **Rechte der betriebsinternen Mediatoren;** Benachteiligungsverbot, Schweigerecht, Vorschlagsrecht, Zutrittsrecht, Einrichtung von Sprechstunden
   c) **Stellung der betriebsinternen Mediatoren:** Zeitlicher Umfang der Tätigkeit, Freistellung zur Tätigkeit, Freistellung zur Fort- und Weiterbildung und Supervision
   d) **Räumliche und materielle Ausstattung**
   e) **Qualifzierung;** Ausbildung als Mediator und regelmäßige Fortbildungen (Weiterbildung und Supervision)

f) **Kostentragung:** Kostenübernahme für Ausstattung und Qualifizierung obliegt dem Arbeitgeber.
4. **Aufgaben der betriebsexternen Mediatoren bei kollektivrechtlichen Streitigkeiten**
5. **Mediationsverfahren:** Einhaltung der fünf Phasen der Mediation: Arbeitsbündnis, Sichtweisen der Konfliktpartner, Bearbeitung der Konfliktfelder, konsensfähige Konfliktlösung und Mediationsvereinbarung
6. **Berichterstattung über Mediationstätigkeit**
7. **In-Kraft-Treten und Kündigung**

Gangbarster Weg für die Implementierung eines Mediations- bzw. Streitschlichtungsverfahrens ist die freiwillige Betriebsvereinbarung nach §§ 88, 80 Abs. 1 Nr. 2, 77 BetrVG sowie die Ausgestaltungsmöglichkeit nach § 86 BetrVG. Daneben ist unabdingbar, dass Unternehmensleitung und Betriebsrat hinter dem Projekt stehen. Das Streitschlichtungsprojekt muss regelmäßig auf Betriebsversammlungen diskutiert werden, so dass alle Mitarbeiter um die Installation wissen und sich über die damit verbundenen Möglichkeiten austauschen können.

5. Wirtschaftsmediation – die Alternative zu Stillstand und Einigungsstelle

5.1 Mediation im kollektiven Arbeitsrecht

Viele Streitigkeiten in Unternehmen sind ursächlich auf Interessengegensätze, aber auch auf Kommunikationsstörungen zurückzuführen und sollten sich deshalb auch auf kommunikativem Wege aus der Welt schaffen lassen. Im Folgenden werden nach grundsätzlichen Ausführungen praktische Erfahrungen mit der Wirtschaftsmediation, die insbesondere zu innovativen Betriebsvereinbarungen verhelfen und dadurch teure Einigungsstellenverfahren vermeiden können, dargestellt.

Zum Wohle der Arbeitnehmer und des Betriebes sollen Arbeitgeber und Betriebsrat nach § 2 Abs. 1 BetrVG unter Beachtung der geltenden Tarifverträge vertrauensvoll zusammenwirken. Die **Betriebsparteien** sind so gesehen zugleich auch **Betriebspartner**, es ist ihre Aufgabe Regelungen und Absprachen einvernehmlich zu treffen. Das gilt allen voran für Betriebsvereinbarungen nach § 77 BetrVG. Zum Gegenstand besonders schwieriger Verhandlungen gehören insbesondere folgende Regelungsbereiche des Betriebsverfassungsgesetzes: Mitbestimmungsrechte nach § 87, Betriebsänderung nach § 111, Interessenausgleich nach § 112 und erzwingbarer Sozialplan bei Personalabbau nach § 112a. In diesem Fall bedarf es zweier Unterschriften oder des Spruchs der Einigungsstelle. Wenn es den Parteien schwer fällt sich zu einigen und die Einigungsstelle droht, ist hier die Wirtschaftsmediation die Alternative.

5.1.1 Abschluss einer Betriebsvereinbarung

Der Weg zum meist komplizierten Abschluss von Betriebsvereinbarungen ist angesichts der häufig unterschiedlichen oder gar gegensätzlichen Interessen der Parteien langwierig, belastend und nicht immer von Erfolg gekrönt. Häufig skizziert eine Betriebspartei der anderen den Handlungsbedarf, den sie sieht, und kündigt an, dass sie einen entsprechenden Entwurf erarbeiten und zum Zeitpunkt X vorlegen wird. Bei diesem beschriebenen »Ritual« vom Problemaufriss (qualitative oder erste Phase) bis hin zur Betriebsvereinbarung (rechtliche oder dritte Phase; vgl. Abbildung 1), lässt sie jedoch die andere Betriebspartei außen vor.

Die dann entstehenden Gespräche und Diskussionen sind in der Regel davon geprägt, dass die Seite, die den Entwurf nicht formuliert hat, überlegt, was mit dieser Betriebsvereinbarung neben der eigentlich beabsichtigten Intention (z. B. Leistungsentgelt) noch alles gemacht werden könnte (z. B. Basis für Mitarbeiterfreisetzung), d. h., sie begegnet dem unterbreiteten Dokument mit großem Misstrauen und unterzieht es einer sehr zähen und zeitaufwendigen Analyse.

Diese von Misstrauen und Hinterfragen geprägte Situation führt nicht unbedingt zu einem guten Klima. Gefallen dabei einer Seite einzelne Aspekte nicht, kann es schnell zu einem mehr oder weniger großen Eklat kommen, der entweder die Verhandlungen als Ganzes scheitern lässt oder den Fortgang um einige Wochen oder gar Monate verzögert.

Werden die Parteien mutlos, den schwierigen innerbetrieblichen Prozess weiter zu verfolgen, kommt es vor, dass man den Entwurf ad acta legt und evtl. mit der alten Regelung bzw. den damit behafteten Problemen weiterlebt, was dann in dieser Hinsicht praktisch Stillstand bedeutet. Verliert jedoch eine der beiden Seiten die Geduld und ruft die Einigungsstelle nach § 76 BetrVG an, so versucht diese unter Vorsitz eines neutralen Vorsitzenden, eine Betriebsvereinbarung zu erreichen, die beiden Seiten gerecht wird. Über diesen Verhandlungen schwebt dann jeweils das »Damokles-Schwert«, dass der Einigungsstellenvorsitzende im Zweifel mit der anderen Betriebspartei stimmt. Dieser muss sich bei der Beratung aber immer im gesetzten rechtlichen Rahmen bewegen und wird ihn nicht ändern. Er wird also keinen Spruch fällen, der zu anderen rechtlich vorgegebene Regelungen führt, z. B. einen Tarifvertrag durch einen Haustarifvertrag ersetzt. Eine Alternative zu Stillstand und Einigungsstelle ist die Wirtschaftsmediation.

Abbildung 1: Darstellung der Mediationsphasen am Beispiel der Vergütung

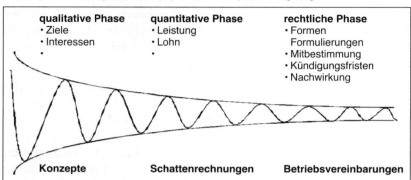

Abbildung 2: Einsatzbereiche für Mediation

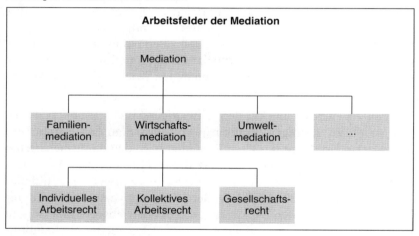

5.1.2 Wirtschaftsmediation

Bei der Wirtschaftsmediation handelt es sich um eine Methode der Konfliktlösung, die unter dem Stichwort »Harvard-Konzept« für grundsätzliche Verhandlungsprozesse (vgl. Abbildung 2) erarbeitet wurde. Die in Deutschland vor allem auf dem Betriebsverfassungsrecht und dem kollektiven Arbeitsrecht basierenden Anwendungsbereiche – in der Regel betreffen sie Probleme bei Arbeitszeit und Entgelt – sind von dem Gedanken getragen, dass es ein »Zusammenleben und -arbeiten nach der Einigungsstelle« gibt. Sowohl das kooperative Verhalten von Einigungsstellenvorsitzenden, die grundsätzlich gemeinsame Entscheidungen der Betriebsparteien anstreben und dabei häufig moderierend wirken, als auch das Wissen um Problemlösungstechniken, die das Unternehmen beim Entwickeln neuer Produkte und Arbeitssysteme anwendet (Visualisierung, Wertanalyse, Moderation), fördern die Wirtschaftsmediation als innovative und erfolgreiche Methode arbeitsrechtlicher Konfliktlösung.

Im Grunde genommen muss es aber gar nicht erst zum Einigungsstellenverfahren kommen. Management und Betriebsrat können sich sogleich – wie bereits betont – auf die Wirtschaftsmediation stützen. Der Nutzen lässt sich leicht ausmachen.

5.1.3 Vergleich von Mediation und Einigungsstelle

Wesentlich für die Mediation ist der **Einigungswille zweier Konfliktparteien**. Das zeigt sich nicht zuletzt an der aktiven Beteiligung beider Seiten, die so den Verhandlungsprozess kreativ mitgestalten. Hierbei entscheidet im Gegensatz zum Einigungsstellenverfahren (vgl. Abbildung 3) kein Außenstehender aufgrund vorgetragener Rechtspositionen. Der Mediator geleitet beide Seiten zu einem selbst bestimmten Ziel, dem gerade deshalb nachhaltige Effekte verliehen werden, was sich schließlich auch positiv auf ein schöpferisches Betriebsklima auswirkt. Dies setzt natürlich voraus, dass der Verhandlungsführer entsprechende Sach- und Fachkunde besitzt.

Abbildung 3: Konfliktlösungsmechanismen im Vergleich

Kriterien	Wirtschaftsmediation	Einigungsstelle
Teilnahme	freiwillig	erzwingbar
Ergebnis	Konsens, Betriebsvereinbarung	Spruch, Mehrheitsentscheid
finanzielle Seite/ Kosten	etwa 30 % der Einigungsstellenkosten, d. h. 3000 € pro Tag	etwa 10 000 € pro Tag für Einigungsstellenvorsitzenden sowie unternehmensexterne Beisitzer als Sachverständige
Zeitdauer	2 bis 4 Sitzungen	2 bis 6 Sitzungen
Durchlaufzeit (Zeitraum von der ersten bis zur letzten Sitzung)	2 bis 6 Monate	3 bis 12 Monate
Auswirkung auf Betriebsklima während der Durchlaufzeit	neutral bis positiv, nachhaltig positiv	negativ bis destruktiv, nachhaltig belastend
Leitung	prozessverantwortlicher Mediator	ergebnisverantwortlicher Einigungsstellenvorsitzender
gerichtliche Überprüfung	• keine, wenn es zu einer Einigung kam • ggf. Gang in die Einigungsstelle, wenn es nicht zur Einigung kam	durch Arbeitsgericht; Anrufung durch die »unterlegene« Partei
Erfahrungen mit Mediation und Einigungsstelle	• ca. 80 bis 90 % der Fälle erfolgreiche Einigung • ca. 10 % der Fälle gehen dann in die Einigungsstelle • ca. 10 % der Fälle werden aufgeschoben	• ca. 75 % der Fälle werden ohne Spruch der Einigungsstelle gelöst • in ca. 25 % der Fälle fällt die Einigungsstelle einen Spruch

Hinweis:
Was die finanzielle Seite anbelangt, so verstehen sich die Beträge ohne Mehrwertsteuer, Reisekosten und Spesen. Legt man noch die nur schwer zu bemessenden Kosten für ein sich verschlechterndes Betriebsklima, sinkende Arbeitsproduktivität und -qualität zugrunde, so liegen die Vorteile der Mediation auf der Hand (siehe auch Kapitel 6).

5.2 Phasen der Wirtschaftsmediation

Die Wirtschaftsmediation muss insbesondere bei Konflikten im Bereich des kollektiven Arbeitsrechts einige Besonderheiten berücksichtigen:

- Die Parteien werden in der Regel durch je zwei bis fünf Personen vertreten.
- Die Zustimmung des Gesamtgremiums »Betriebsrat« ist für eine Übereinkunft erforderlich. Die Betriebsratsvertreter sind in der Regel nicht ohne Rückkopplung mit dem ganzen Gremium zur Zustimmung bevollmächtigt.
- Der Erwartungsdruck von Externen (Mitarbeitern) ist sehr hoch.
- Die Probleme sind in der Regel sehr komplex.

Insbesondere der letztgenannte Punkt führt nach der Bewertung und Vorauswahl von Lösungsalternativen zu einem umfangreichen Rechenprozess, in dem beispielsweise Lohnvergleiche Alt-Neu, Übergangsregelungen, Zusatzkosten, Anzahl Gewinner/Verlierer etc. berechnet und den mediierten Partnern vorgestellt werden müssen. Schließlich wollen beide Parteien, die auch Partner sind, am Ende des Mediationsprozesses keine quasi Blanko-Unterschrift geben. Aus diesem Grund wurde speziell für die Wirtschaftsmediation ein Vorgehen in drei Phasen von **FAIR – INSTITUT FÜR PRAKTISCHE WIRTSCHAFTSMEDIATION,** Köln, entwickelt, in dem zwischen qualitativer, quantitativer und rechtlicher Phase differenziert wird (siehe Abbildung 1, Seite 138).

5.2.1 Qualitative Phase

In der ersten qualitativen Phase werden die Interessen und Ziele der Betriebsparteien erarbeitet, in einem kreativen Prozess Lösungsansätze entwickelt und benannt »was nicht sein soll«. Daraus wird gemeinsam ein Konzept geformt. Die Methoden, die in dieser Phase zur Anwendung kommen, sind z. B. Kärtchenabfrage, Zurufabfrage und Mind mapping. Der Prozess wird visualisiert und vom Mediator dokumentiert.

5.2.2 Quantitative Phase

Wenn die Interessen und Ziele offen gelegt sind, kann ein qualitativ tragfähiges Konzept erarbeitet werden, in dem bewusst noch quantitative Aspekte (Euro-Beträge, Arbeitszeitkorridor, Abfindungen, Entgelthöhen etc.) fehlen. In der zweiten Phase wird in einer oder mehreren Sitzungen dieser Part bewusst nachgeschaltet. Die (politische) Realisierbarkeit der Konzepte (Frage: *Was wäre wenn die Betriebsvereinbarung im letzten Jahr schon wirksam gewesen wäre?*) wird durch eine Simulation, auch Schattenrechnungen genannt, überprüft. Im Auftrag der Betriebsparteien übernehmen einzelne Personen oder eine Arbeitsgruppe aus der Mitte der Verhandlungspartner die Aufgabe, das qualitative Konzept auf seine Realisierbarkeit hin zu überprüfen. Hierzu sind die notwendigen Daten zusammenzutragen, und verschiedene Fälle »Was wäre wenn?« zu simulieren und Alternativen zu rechnen, die für die weitere Entscheidung auf dem Weg zur Betriebsvereinbarung notwendig sind.

Beispiel 1:
Bei dem Thema Arbeitszeit kann es sein, dass in der quantitativen Phase die Schwankungen der Arbeitszeit im Kalenderjahr, der Bedarf der an der Kapazität orientierten Arbeitszeit, die Größe des Arbeitszeitkorridors, die Ankündigungsfrist für verlängerte oder verkürzte Arbeitszeiten sowie die Praktikabilität der »Freiheiten« und Selbststeuerung der Mitarbeiter in eine rechnergestützte Simulation eingebracht werden.

Beispiel 2:
Bei Vergütungssystemen wären die Aussagefähigkeit von Kennzahlen, ihre Akzeptanz bei Mitarbeitern, die Beeinflussbarkeit als Einzelner oder als Gruppe zu besprechen sowie darüber hinaus die beispielhafte Verknüpfung von Leistung und Lohn sowie die daraus resultierenden Einkommen und deren Veränderung in Schattenrechnungen zu verifizieren.

In der quantitativen Phase werden die Schattenrechnungen in der Regel mehrmals durchgeführt (so genannte iterative Schleifen). Die Schattenrechnungen werden den Betriebsparteien jeweils gemeinsam in der nächsten Mediationssitzung vorgestellt, diskutiert und weiterentwickelt. Die Betriebsparteien sehen so, wie sich ihre qualitativen Vorstellungen umsetzen lassen, wo und wie sie zu verändern oder zu ergänzen sind.

5.2.3 Rechtliche Phase

Der gemeinsame Gestaltungsprozess ist für beide Parteien auch ein Lernprozess. In ihm kristallisiert sich das neue Arbeitszeit- bzw. Vergütungssystem heraus, das in der dritten rechtlichen Phase dann in eine Betriebsvereinbarung bzw. Rahmen- und Einzelbetriebsvereinbarung gegossen wird. Bei Haustarifverträgen hat sich dieses Vorgehen auch bewährt. Die Erfahrung zeigt, dass insbesondere in sehr schwierigen betrieblichen Konstellationen der Betriebsparteien, bei für das Unternehmen neuartigen Problemen, bei dem Auftreten neuer Verhandlungspartner auf der Bildfläche (neu gewählter Betriebsrat und neue Vorsitzende sowie neues Mitglied der Geschäftsleitung) oder in der Nachsorge von wenig erfolgreichen Einigungsstellen die Wirtschaftsmediation erfolgreich eingesetzt werden kann.

5.3 Unternehmensbeispiele

An drei Betriebsbeispielen wird aufgezeigt, wie die Mediation erfolgreich eingesetzt werden kann. Sie sind (vgl. Abbildung 4) in Unternehmensform, Mitarbeiter, Branche, Region, Ausgangssituation, Anstoß zur Mediation, Dauer der Mediation (Tage im Monat) und Ergebnis gegliedert. Sie zeigen, dass man mit der Wirtschaftsmediation zu neuen innovativen Betriebsvereinbarungen gelangen kann, die allerdings ohne die externe Hilfe eines Wirtschaftsmediators als »Katalysator« (wahrscheinlich) so nicht erzielt worden wären und in Einigungsstellenverfahren mit einem zuvor juristisch determinierten Feld nicht zustande gekommen wären.

Abbildung 4: Mediationsbeispiele auf einen Blick

	Beispiel 1	Beispiel 2	Beispiel 3
Unternehmensform	GmbH & Co. KG	GmbH	AG
Mitarbeiter	240	125	300
Branche	Metall- und Elektroindustrie	Metall- und Elektroindustrie	Metall- und Elektroindustrie
Region	Nordschwarzwald	Westfalen	Münsterland
Ausgangssituation	• neuer Betriebsrat • neues Mitglied der Geschäftsführung	Produktionsverlagerung	• mangelnde Rentabilität • Teams von Arbeitern und Angestellten
Anstoß	Geschäftsführer	Geschäftsführer	IG Metall
Dauer	5 Arbeitstage in 4 Monaten	3 Arbeitstage in 2 Monaten	6 Arbeitstage in 5 Monaten
Ergebnis	• Rahmenbetriebsvereinbarung • Einzelbetriebsvereinbarung	• Rahmenbetriebsvereinbarung • Einzelbetriebsvereinbarung	• Rahmenbetriebsvereinbarung • Einzelbetriebsvereinbarung

5.3.1 Beispiel 1: Entlohnung von Gruppenarbeit

Unternehmen und Konflikt

Das Unternehmen ist ein mittelständisches Zuliefererunternehmen mit ca. 250 Mitarbeitern, das Schalter, elektronische Baugruppen und Sensoren entwickelt und produziert. Im Jahr 1997 wurde nach ersten Pilotprojekten im gesamten Fertigungsbereich Gruppenarbeit eingeführt.

Der bisherige Durchschnittslohn nach dem Entlohnungsgrundsatz Akkordlohn wurde festgeschrieben, um in der Umstrukturierungsphase den Mitarbeitern die notwendige Sicherheit zu geben und die Angst vor Lohnverlusten zu nehmen. Es zeigte sich nach Einführung der Gruppenarbeit sehr schnell, dass der Akkordlohn weder leistungsorientiert war, noch von den Mitarbeitern und Führungskräften als gerecht erlebt wurde. Darüber hinaus war der Einzelakkord als Führungsinstrument bei Gruppenarbeit ungeeignet. Die Unzufriedenheit sowohl bei Mitarbeitern als auch bei den Verantwortlichen in der Geschäftsleitung führte zu Gesprächen über »etwas Neues«. Das für die Verhandlungen mit dem Betriebsrat verantwortliche Mitglied der Geschäftsleitung war ein halbes Jahr im Unternehmen und die Betriebsratsvorsitzende sowie ihre Stellvertreterin waren seit drei Monaten in ihrem Amt. Mit Vergütungsfragen hatten sich alle Beteiligten in der Vergangenheit nur am Rande beschäftigt, aber sehr feste Standpunkte.

Vorgehensweise und Zusammenarbeit

Aus dieser Problemstellung heraus wurde die Notwendigkeit gesehen, erstmalig in der Firmengeschichte gemeinsam mit dem Betriebsrat ein Projekt zu initiieren, das von einem externen Mediator und Entgeltexperten begleitet wurde. Das Projektteam setzte sich aus Mitarbeitern der Fertigung, der Arbeitsvorbereitung, der Geschäftsleitung und Personalabteilung sowie zwei Betriebsratsmitgliedern zusammen.

Alle Mitarbeiter in der Produktion wurden vorher über das Projekt, seine Zielsetzungen und die Mitglieder der Projektgruppe informiert. In insgesamt acht ganztägigen Workshops wurde ein gemeinsames Verständnis der Ausgangssituation und der Ziele der Betriebsparteien sowie ein neues, auf die spezifische Situation des Betriebes zugeschnittenes Entlohnungssystem erarbeitet. Der Terminus »Workshop« wurde gewählt, weil man sich von dem Wort »Verhandlungen«, das negativ besetzt war, lösen wollte und gemäß § 2 BetrVG eine vertrauensvolle Zusammenarbeit zum Wohle der Mitarbeiter und des Betriebes suchte.

Die Workshops zeichneten sich insbesondere dadurch aus, dass der Prozess, das Vorgehen als Ganzes und die einzelnen Schritte von Anfang an transparent waren. Es wurde nach einer gemeinsam festgelegten Tagesordnung verfahren und am Ende der Besprechung gemeinsam ein Maßnahmenplan verabschiedet.

Für den Erfolg des Projektes war es wichtig, dass sich alle Parteien respektierten und jeder einzelne darüber klar wurde, dass seine Meinung, seine Erfahrung wertvoll für das Gelingen des Gesamtprojektes ist. Gab es offene Fragen oder Unstimmigkeiten, wurden diese vorrangig behandelt. Jede Partei konnte ohne Begründung Unterbrechungen verlangen und/oder eine Aussprache mit dem Mediator.

Um den Mediationsprozess von außen durch Aussagen, Gerüchte und Druck nicht unnötig zu belasten, wurde am Ende des Workshops festgelegt, welche Ergebnisse an die Mitarbeiter in welcher Form weitergegeben wurden. Der Projektgruppe war bewusst, dass vorläufige Ergebnisse, die einmal weitergeben sind und geändert werden müssen, sich nur mit sehr großem Aufwand wieder rückgängig machen lassen und das Vertrauen in ein solches Projektteam beeinträchtigen.

Mediationsprozess

Die Vorgehensweise in der Projektgruppe verlief nach der Einleitung in drei Phasen (siehe hierzu auch Seite 141 ff.):

- qualitative Phase,
- quantitative Phase,
- rechtliche Phase.

Qualitative Phase

Nach dem Kennenlernen und der Festlegung der Spielregeln kam es zur Zieldefinition. Hier konnten die unterschiedlichen inhaltlichen Standpunkte, die aufeinander prallten, offen und rechtzeitig diskutiert sowie prinzipiell abgestimmt werden. Damit war vor der eigentlichen fachlichen Arbeit ein gemeinsamer Startpunkt gefunden worden. Die Ziele dienten im weiteren Projektverlauf immer wieder als Leitlinie, insbesondere dann, wenn Meinungsunterschiede auftraten.

In den darauf folgenden Besprechungen wurden unterschiedliche Entlohnungsmodelle diskutiert, miteinander verglichen und bewertet. Letztendlich kristallisierte sich ein Konzept heraus, das insgesamt eine Win-win-Situation versprach.

Das Entlohnungskonzept gliedert sich heute in folgende Bausteine:

- Flexibilitätszulage (Grundlage Mitarbeiterqualifikation),
- individuelle Leistungszulage (Grundlage Mitarbeitergespräch),
- Gruppenprämie (Grundlage Gruppenproduktivität),
- KVP-Bonus (Grundlage Verbesserungen).

Sehr kontrovers war die Diskussion um die KVP-Komponente (gain sharing), da diese von dem Betriebsrat sehr kritisch gesehen wurde. Diese schwierige Klippe wurde jedoch mit Unterstützung des Mediators gelöst.

Abbildung 5: Entgeltaufbau

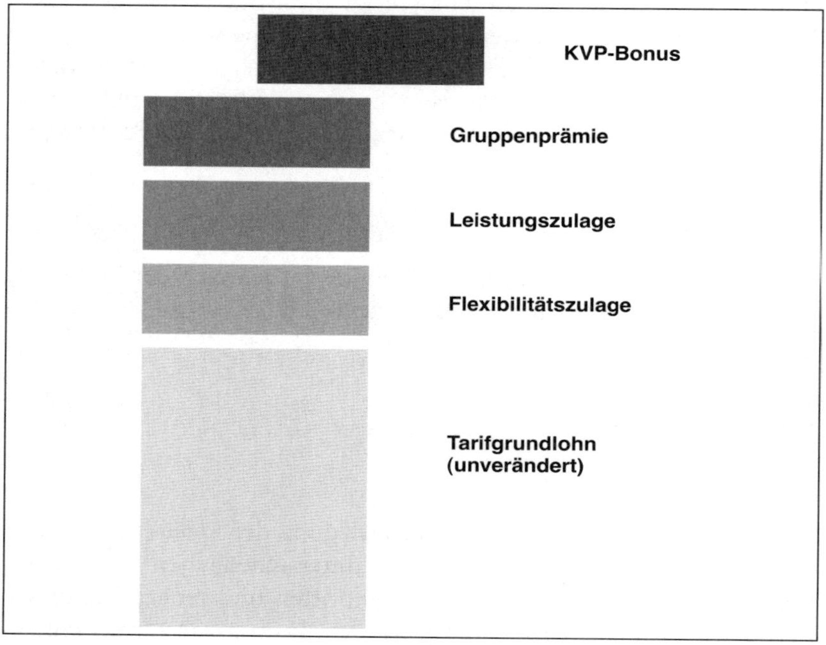

Quantitative Phase

Im nächsten Schritt wurden die einzelnen Komponenten ausgestaltet und anhand paralleler Kennzahlenerfassung erste Erfahrungen gesammelt.

Die individuelle Flexibilitätszulage basiert auf einer gruppenspezifischen Qualifikationsmatrix. Damit wird es jedem Mitarbeiter möglich, sich durch aktive Weiterqualifizierung zusätzliche Verdienstmöglichkeiten zu erschließen. Dazu ist in der Qualifikationsmatrix festgelegt, wie viele Mitarbeiter welche Prozesse beherrschen müssen.

Die individuelle Leistungszulage basiert auf einem Mitarbeitergespräch. Die Bewertung erfolgt nach einer Selbstbeurteilung durch den Mitarbeiter und einer Fremdbeurteilung durch den Gruppenleiter. Die Leistungskriterien sind Qualitätsverhalten, Teamverhalten, Eigeninitiative, Arbeitsproduktivität und Mitarbeiterflexibilität. Alle Kriterien haben die gleiche Gewichtung.

Die Gruppenprämie wird durch eine Produktivitätskennzahl, die ein Faktor ist, ermittelt. Dieser ergibt sich aus der Gutstückzahl multipliziert mit der Vorgabezeit dividiert durch die Anwesenheitsstunden. Hierzu waren Rahmenbedingungen für Zustände wie Serienanlauf, Qualitätseinbruch u. a. festzulegen. Um zu große Schwankungen zu vermeiden, wird diese Kennzahl im gleitenden 3-Monats-Durchschnitt ausgewiesen.

Ein KVP-Bonus wird dann bezahlt, wenn eine Fertigungsgruppe dauerhaft ein vorab festgelegtes Produktivitätsniveau P_{max} überschritten hat. Die Gruppe erhält einen pro Prozent-Punkt vereinbarten, einmaligen Euro-Betrag als Bonus und »verkauft« als Gegenleistung einen Teil ihrer Produktivitätssteigerung.

Anschließend gab es zwei weitere Konflikte zu lösen:

- Gewichtung der drei Lohnkomponenten zueinander und
- hohe Akkordlöhne sollten nicht Maßstab für das neue Entgeltniveau sein.

Bei der Gewichtung der drei Lohnkomponenten war vorab die Frage des zu verteilenden Kostenvolumens zu regeln. Anschließend wurden die beiden Komponenten »Individuelle Leistungszulage« und »Gruppenprämie« betrachtet. Es zeigte sich in Schattenrechnungen sehr schnell, dass nur eine gleiche Gewichtung zwischen Gruppenleistung und individueller Leistung die Leistungsträger adäquat berücksichtigt.

Die individuelle Flexibilitätszulage wurde an das tarifliche Grundentgelt angelehnt. Hiermit soll es Mitarbeitern mit einer hohen gelebten fachlichen Flexibilität ermöglicht werden, dauerhafte Lohngruppensteigerungen realisieren zu können.

Der zweite Problembereich war der weitaus schwierigere. Mit der Umstellung wird es im neuen Entgeltsystem Mitarbeiter geben, die mehr, und andere, die weniger Geld verdienen werden als im alten. Die Projektgruppe war sich klar darüber, dass hier eine Vorgehensweise aufgezeigt werden musste, die die Akzeptanz bei allen Mitarbeitern sichert. Man einigte sich letztendlich auf einen individuell festen Kompensationsbetrag, der über mehrere Jahre bei Tariferhöhungen abgeschmolzen wird (»weiche Landung«). Dieser Kompensationsbetrag ermittelt sich aus der Differenz des individuellen alten zum neuen Entgelt.

Rechtliche Phase

Nach der quantitativen Phase wurden die Betriebsvereinbarung erarbeitet und das neue Entgeltsystem den Mitarbeitern mit allen Vor- und Nachteilen sowie den vermeintlichen Risiken vorgestellt. Die Mitarbeiterinformation in kleinen Gruppen wurde von dem externen Mediator begleitet, was sich als sehr positiv erwies.

Fazit

Ziel des Projektes war es, durch die Mediation eine unternehmensspezifische und zukunftsorientierte dauerhafte Lösung des Entlohnungskonflikts durch eine kooperative Form der Konfliktlösung zu erreichen. Es gelang mit externer Unterstützung, bei der die Mediationskompetenz mit fachlicher Kompetenz gepaart war. Die Zusammenarbeit im Projektteam gestaltet sich mit zunehmendem Verlauf immer konstruktiver und stellte persönliche Belange und Positionen zugunsten der gemeinsamen – für Arbeitnehmer und Unternehmen vorteilhaften – Lösung in den Hintergrund. Im Fokus waren die anfangs miteinander vereinbarten Zielsetzungen.

5.3.2 Beispiel 2: Produktionsverlagerung

Unternehmen und Konflikt

Die Modine Neuenkirchen GmbH im westfälischen Neuenkirchen gehört zum Modine Konzern mit über 40 Produktionsstätten weltweit und einem Jahresumsatz von über 1 Milliarde Euro. Bei Modine in Neuenkirchen produzieren 110 Mitarbeiter im heavy duty-Bereich (off highway) Kühlanlagen (Wasser, Öl und Ladeluft) für Bau- und Erntemaschinen sowie Wärmetauscher für stationäre Anlagen. Hauptsächlich werden in diesem Werk Klein- und Kleinstserien gefertigt. Im Jahre 1997 führte die Modine GmbH unter ihrem neuen Geschäftsführer Werner Koch flächendeckend Gruppenarbeit ein und gestaltete im Jahre 1998 ihr Entgeltsystem für Gruppenarbeit neu. Das Unternehmen mit 110 Mitarbeitern war eines der produktivsten und wirtschaftlich erfolgreichsten Werke im Modine Konzern. Die Kunden lobten die Qualität und Termintreue, die zu akzeptablen Preisen bei hoher Produktivität erarbeitet wurden.

Ausgangssituation

Aufgrund einer Strategieentscheidung in den USA wurde festgelegt, dass die Teilefertigung für die Wärmetauscher nach Ungarn verlagert werden sollte. In Tübingen, wo vor drei Jahren ein neues Werk für den heavy duty-Bereich gebaut wurde, das noch nicht voll ausgelastet war, sollte die Endmontage durchgeführt und von dort aus die Kunden just-in-time beliefert werden.

Aufgrund der bisher guten betriebswirtschaftlichen Zahlen wollte man das Werk in Neuenkirchen nicht schließen, sondern ihm ein absolut neues Produkt übertragen. Wurden bisher Teile aus Kupfer und Aluminium hergestellt und weichgelötet, sollte zukünftig ein Abgaswärmetauscher in Neuenkirchen gebaut werden, mit dem Dieselmotoren die EU Abgas-Norm 4 erfüllen würden. Diese Wärmetauscher für VW werden aus Edelstahl erstellt und hartgelötet. Das erfordert sowohl eine absolut neue Produktionstechnologie als auch anders qualifizierte Mitarbeiter. Aus dem Klein- und Kleinstserienhersteller sollte ein Massenproduzent werden, der aufgrund vorliegender Verträge in der Endausbaustufe mehr als eine halbe Million Kühler nach Salzgitter liefert.

Die Planungen der Konzern-Mutter sahen Ende 1999 so aus, dass die Mitarbeiter in Neuenkirchen im Sommer 2000 Überstunden arbeiten sollten, um alle Aufträge, die bis Ende Oktober 2000 geliefert werden sollten, bereits Ende September 2000 gefertigt zu haben. Diese vier Wochen sollten dann genutzt werden, um die Maschinen und Anlagen in Neuenkirchen ab- und in Ungarn bzw. Tübingen wieder aufzubauen sowie die Produktion anlaufen zu lassen. Von Oktober 2000 bis Ende April 2001 sollte die Belegschaft halbiert werden. Anschließend sollte sie – mit dem Produktanlauf bei VW – sukzessive hochgefahren werden, so dass nach 18 Monaten das Beschäftigungsniveau vom September 2000 wieder erreicht würde.

Das Durchschnittsalter der Mitarbeiter in der Produktion lag bei ca. 45 Jahren. Im Münsterland gab es praktisch keine alternativen Arbeitsplätze für die Mitarbeiter dieses Alters und dieser Qualifikation. In dem Unternehmen wurde einschichtig gearbeitet.

Schritte zur Wirtschaftsmediation

Im ersten Schritt ging der Geschäftsführer auf den zuständigen Sekretär der IG Metall und den Betriebsratsvorsitzenden zu und erläuterte ihnen die Entscheidungen der Zentrale, die den Standort betrafen. Zu einem Gespräch über Handlungsalternativen kam es nicht, da die beiden Vertreter der Arbeitnehmer einen Kampf um die Arbeitsplätze, Betriebsbesetzung und Pressearbeit in Erwägung zogen. Nachdem die ersten Emotionen abgeklungen waren, sprachen die Vertreter der Arbeitnehmer und der Geschäftsführer darüber, wie man das Problem, das sich dem Unternehmen stellte, lösen könnte.

Beide Parteien einigten sich darauf, das Problem weder mit Betriebsbesetzungen noch gemeinsam mit ihren Anwälten zu lösen, sondern zügig und geräuschlos in einem Mediationsverfahren. Die Einschätzung beider Betriebsparteien war die, dass eine Betriebsbesetzung im Zweifelsfall von der amerikanischen Holding dazu benutzt würde, diesen Standort ganz zu schließen und in der Nähe des Kunden VW (Niedersachsen oder Sachsen-Anhalt) ein neues Werk aufzubauen. Andererseits war es nicht nachvollziehbar und der Öffentlichkeit ohne Imageschaden nicht vermittelbar, dass ein profitables Werk einfach verlagert wurde.

Die beiden Betriebsparteien hatten während der Verhandlungen über ein modernes Entlohnungssystem für Gruppenarbeit im Jahre 1998 gute Erfahrungen mit einem Mediator gemacht und fragten diesen, ob er bereit wäre, die Mediation bei der Standortverlagerung zu übernehmen. Der Mediator willigte ein. Er führte zunächst ein Gespräch mit dem Geschäftsführer, der die Situation und seinen Standpunkt als Arbeitgeber beschrieb. Sie waren:

- Die Kosten einer Problemlösung durch die Mediation dürfen die Kosten eines Sozialplans nicht übersteigen.
- Es soll eine imagefördernde und keine imageschädigende Lösung gefunden werden.
- Das Unternehmen will motivierte und qualifizierte Mitarbeiter behalten.

Im zweiten Schritt sprach der Mediator mit dem Betriebsrat und dem zuständigen Gewerkschaftssekretär. Nach der Entrüstung über die geplanten Maßnahmen des Arbeitgebers wurde der Standpunkt der Arbeitnehmervertreter herausgearbeitet:

- Es sollte eine intelligentere Lösung als ein Sozialplan erarbeitet werden.
- Die Mitarbeiter sollen im Vergleich zu einem Sozialplan nicht benachteiligt werden.
- Über die Flexibilität der Mitarbeiter sollen deren Arbeitsplätze gesichert werden.
- Gegebenenfalls ist eine Beschäftigungsgesellschaft zu gründen.

Mit beiden Parteien wurde auch über einen Terminplan gesprochen. Sie waren sich darüber einig, dass die Mediation nur dann erfolgreich sein würde und zur Förderung des Betriebsfriedens sowie zum Erhalt der Motivation und damit Qualität und Produktivität des Unternehmens führen würde, wenn

- Geschäftsleitung und Betriebsrat eine lautlose und nicht von Medien begleitete Lösung suchen.
- die Lösung zügig erreicht wird, damit die Mitarbeiter stabile Rahmenbedingungen haben, unter denen sie arbeiten.
- eine tragfähige Lösung »etwas kosten« dürfte.
- beide Betriebsparteien gemeinsam zum Erhalt des Standorts und damit der Arbeitsplätze in der Region beitragen würden.

In diesen Vorgesprächen mit dem Mediator, die sich über ca. vier Wochen hinzogen, wurde ein Terminplan für die Auftaktsitzung und die sich daran möglicherweise anschließenden weiteren Mediationsrunden erarbeitet und Termine blockiert. Der Auftakt sollte Ende April in der Woche nach Ostern sein. Das Projekt mit allen Absprachen und Formulierungen sollte spätestens im Juni, das heißt vor der Sommerpause, abgeschlossen sein, günstiger wäre es, bereits im Mai, nach drei bis vier Sitzungen, ein Ergebnis zu haben. Es wurden im Vierzehn-Tage-Rhythmus Termine festgelegt. Man setzte auf ein intensives Arbeiten während der Sitzungen, eine ausreichende Zeit zwischen den Sitzungen, um Hausaufgaben und Schattenrechnungen zu erledigen, sowie auf eine entstehende intensive Zusammenarbeit und Gruppendynamik durch die relativ kurzzyklischen Mediationsrunden.

Mediationsprozess

In der Auftaktveranstaltung erläuterte der Mediator, dass der Mediationsprozess in drei aufeinander folgenden Phasen ablaufen würde (vgl. Abbildung 1, Seite 138).

In der ersten, qualitativen Phase soll zunächst die Situation geklärt und ein gemeinsames Verständnis von der Ausgangssituation – die eigentlich allen bekannt war – erarbeitet werden. Danach werden Ideen gesammelt, wie die Mitglieder der Geschäftsleitung, des Betriebsrates und der Vertreter der IG Metall sich vorstellen können, den Arbeitskräfteüberhang von 50 % der Belegschaft über 7 bis 18 Monate zu überbrücken. In der zweiten, quantitativen Phase werden die vorliegenden Ideen auf ihre Realisierbarkeit und ihren möglichen Beitrag zur Lösung hin analysiert. Die einzelnen Handlungsoptionen sind dann mit Prioritäten zu versehen. In der dritten, rechtlichen Phase werden die Lösungen in eine Übereinkunft eingebracht, die für die beteiligten Parteien verbindlich ist.

Für die Zusammenarbeit zwischen den Konfliktparteien und die Weitergabe von Arbeitsergebnissen wurde Folgendes festgelegt: Ideen, die gesammelt werden und auf die sich beide Betriebsparteien einigen, sind ein Angebot an die Mitarbeiter. In welchem Umfang die Mitarbeiter die einzelnen Optionen freiwillig annehmen, hängt von ihnen ab. Beide Betriebsparteien verpflichten sich dazu, für das – wie auch immer geartete – gemeinsame Ergebnis des Mediationsprozesses gemeinsam zu werben. Nach den einzelnen Mediationsrunden sollen gemeinsame Mitarbeiterinformationen stattfinden. Ob die Verlautbarungen per Aushang, in Gruppengesprächen oder Mitarbeiterversammlungen erfolgen, hängt jeweils vom Inhalt der Mitteilung und der dafür geeigneten Form ab. Letztere werden jeweils am Ende einer Mediationsrunde zwischen den Betriebsparteien vereinbart und dann gemeinsam umgesetzt. Kein Teilnehmer des Mediationsprozesses wird außerhalb der Mediationsrunden zitiert.

Qualitative Phase

Nachdem die Ausgangssituation geklärt war, wurden in der qualitativen Phase die in der folgenden Übersicht genannten Ideen gesammelt.

Ideensammlung
- Arbeitszeit flexibilisieren,
- 32-Stunden-Woche einführen statt 35 Stunden-Woche,
- flexible Arbeitszeit weit ins Minus öffnen,
- Mitarbeiter aus Neuenkirchen befristet als Trainer in Ungarn einsetzen,
- Mitarbeiter aus Neuenkirchen befristet als Trainer in Tübingen einsetzen,
- Beschäftigungsgesellschaft gründen,
- Lizenz für Personalverleih erwerben und Mitarbeiter im Radius von 30 Kilometern temporär verleihen,
- Stückzahl in Neuenkirchen dadurch erhöhen, dass keine Teile parallel in den USA gefertigt und zu VW nach Salzgitter verschifft werden,
- Qualifizierungsbedarf und Zeit für die Qualifizierung der Mitarbeiter auf die neuen Produkte und Technologien hin ermitteln und Mitarbeiter qualifizieren.

Quantitative Phase

Nach der Nennung der einzelnen Ideen wurde – soweit in dieser Mediationsrunde möglich – abgeschätzt, welchen Beitrag die einzelnen Ideen vom Volumen her leisten könnten und wie hoch die Wahrscheinlichkeit nach Meinung der Teilnehmer sei, dass sie realisiert werden. Am Ende des ersten Tages wurde ein Maßnahmenplan erarbeitet, in dem festgelegt wurde, was wer mit wem bis wann an weiteren Informationen zusammenzutragen und an Schattenrechnungen über den Beitrag der einzelnen Ideen zur Lösung des Standortproblems beizutragen hat bzw. beitragen kann.

Der Geschäftsführer übernahm es, in diesem Zusammenhang über die Europazentrale in Stuttgart mit der Konzernzentrale in den USA Kontakt aufzunehmen und die Frage der Belegschaft weiterzugeben, welchen betriebswirtschaftlichen Sinn es habe, sowohl in den USA als auch in Deutschland das gleiche Produkt für einen deutschen Kunden zu fertigen, der die Produkte nur an seinem deutschen Standort braucht. Innerhalb von zehn Tagen wurde aus den USA signalisiert, dass man wegen der konstruktiven Zusammenarbeit mit den Arbeitnehmervertretern in Neuenkirchen und den betriebswirtschaftlichen Zahlen die für die USA geplante Menge in Neuenkirchen fertigen würde. Strategische Überlegungen, das Know-how auch in den USA aufbauen zu wollen, würde man zurückstellen. Für den Standort bedeutete das, dass sich der Personalüberhang um zehn Mitarbeiter verringerte. Diese Entscheidung der Holding bewirkte eine deutliche Entspannung der Stimmung im Unternehmen.

In einer Mitarbeiterversammlung wurden die einzelnen Handlungsoptionen vorgestellt und die Mitarbeiter gebeten, sich unverbindlich, aber offen, für einzelne Handlungsalternativen zu entscheiden. Daraus ergab sich ein Überblick über die Annahme der einzelnen Optionen durch die Mitarbeiter. Diese Übersicht diente zur Quantifizierung des Beitrags der einzelnen Lösungsalternativen zum Ausgleich des Personalüberhangs.

Die quantitativen Auswirkungen der einzelnen Lösungsvorschläge wurden unter Berücksichtigung der Mitarbeiterentscheidungen von einem Vertreter des Controllings ermittelt und in einer zweiten Mediationsrunde präsentiert. Es zeigte sich, dass der Personalüberhang auch dann auszugleichen war, wenn man auf die Gründung einer Beschäftigungsgesellschaft verzichtete. Deshalb wurde diese Alternative ausgeschlossen. In einem weiteren Schritt wurden die einzelnen Lösungsalternativen nach Prioritäten geordnet.

Lösungsalternativen nach Prioritäten geordnet
1. Die Arbeitszeitkonten werden auf 100 Stunden geöffnet.
2. In Tübingen werden mindestens sechs Mitarbeiter für zwei Monate als Trainer eingesetzt.
3. In Ungarn werden mindestens sechs Mitarbeiter für vier Monate als Trainer eingesetzt.
4. Eine Lizenz für die Arbeitnehmerüberlassung wird erworben und ca. fünf Mitarbeiter können in einem Radius von weniger als 50 Kilometern zeitlich befristet verliehen werden.
5. Die regelmäßige tarifliche Arbeitszeit der Mitarbeiter könnte von 35 Stunden auf 34 oder gar 32 Stunden reduziert werden. Diese Lösung ist mit Einkommensverlusten für die Mitarbeiter verbunden.
6. Kurzarbeit wird eingeführt, falls sich die Termine von VW her verschieben.

Für die einzelnen Alternativen wurde dann der Regelungsbedarf im Einzelnen formuliert, z. B.

- die Ausweitung der maximalen positiven und negativen Gleitzeitguthaben bei der flexiblen Arbeitszeit.
- die Übernahme der Reisekosten und Zuschläge für Mitarbeiter, die in Tübingen bzw. Ungarn aushalfen; sie waren weit günstiger als die Bedingungen des Montagetarifvertrages. Es wurde z. B. auch darüber gesprochen (und geregelt), ob es nur möglich ist, dass Mitarbeiter aus Ungarn Heimflüge nach Deutschland bekommen, oder ob es alternativ möglich ist, dass die Partnerinnen anstelle von Heimflügen auch Flüge nach Ungarn für ein langes Wochenende oder eine Woche und die Übernahme der Kosten erhalten. Es wurde darüber gesprochen (und geregelt), was im Falle von kurzfristig dringender Rückkehr aus Tübingen oder Ungarn nach Neuenkirchen passieren würde (Unfall in der Familie etc.) und wer welche Kosten übernimmt.
- was im Falle einer 32 Stunden-Woche, die normalerweise auch nur mit 32 Stunden bezahlt würde, das Unternehmen als teilweisen Ausgleich gegenüber der Normalarbeitszeit von 35 Stunden zahlen würde.
- Kilometergeld und Zeitausgleich für die längeren Anfahrtswege der temporär ausgeliehenen Mitarbeiter.

Es zeichnete sich in dieser Phase ab, dass – unter der Prämisse, dass bei VW die mitgeteilten Planungen und der Produktionsstart 2. 5. 2001 eingehalten werden – auch auf den »Notnagel« Kurzarbeit verzichtet werden könnte.

Rechtliche Phase

Der Mediator übernahm es, die einzelnen Lösungsvorschläge sowie ihre detaillierte Regelung zu dokumentieren und in eine Betriebsvereinbarung zu gießen, die den Verhandlungspartnern in einer weiteren Mediationsrunde präsentiert wurde. Die Betriebsvereinbarung wurde den Mitarbeitern in Teams von je 20 Mitarbeitern von Geschäftsführung und Betriebsrat vorgestellt und mit ihnen besprochen. Die Mitarbeiter entschieden sich dann für »ihre individuelle Lösung«. In Summe konnte auf ein Werben für die eine oder andere Lösung verzichtet werden, weil die erarbeiteten Lösungsalternativen so vielfältig waren, dass glücklicherweise kein Mitarbeiter »in eine Lösungsalternative gepresst« wurde.

Fazit

Es ist den Verhandlungspartnern gelungen, bereits Ende Mai allen Mitarbeitern durch den geräuschlosen Mediationsprozess und die sachdienliche Verhandlung stabile Rahmenbedingungen für den Zeitraum von 1. 10. 2000 bis 30. 4. 2001 zu geben. Dadurch hatte das Unternehmen motivierte Mitarbeiter, die bis zum 30. 9. 2000 täglich zehn Stunden arbeiteten. Bereits am 30. 9. 2000 hatten sie die bis zum 31. 10. 2000 bestellten Produkte erstellt und ihr Gleitzeitkonto aufgefüllt. Dieses konnten sie ab dem 1. 10. 2000 abbauen. Für alle Mitarbeiter gab es eine berechenbare Situation für die Übergangsphase und eine Perspektive. Das Unternehmen konnte auf einen bekannten Mitarbeiterstamm zurückgreifen, der für die neuen Produkte und Anlagen rechtzeitig zu qualifizieren war. Dadurch, dass es weder eine Werksbesetzung noch eine Einigungsstelle gab, und infolgedessen auch keine negative Presse, hat das Image des Unternehmens bei den Mitarbeitern und am Standort nicht gelitten. Im Gegenteil, das Unternehmen hat ein sehr positives Image, sichere Arbeitsplätze für die Zukunft und ein Wir-Gefühl entwickelt, das den erfolgreichen Verhandlungen zwischen Geschäftsführung, Betriebsrat und der IG Metall zu verdanken ist.

5.3.3 Beispiel 3: Wertschöpfungsprämie und flexible Arbeitszeit bei Teamarbeit von Arbeitern und Angestellten

Unternehmen und Konflikt

Die Geschäftsführung eines mittelständischen Unternehmens möchte eine leistungsorientierte Vergütung einführen. Die Belegschaft ist skeptisch, der Betriebsrat ist dagegen. Ein externer Entgeltberater rät zur Wirtschaftsmediation, um eine gemeinsame Lösung zu erarbeiten. Der erste Schritt in Richtung Zukunftssicherung: Die Arbeitszeit soll flexibler werden. Der Beitrag zeigt, welche Schritte nötig sind, um ein neues Entlohnungskonzept auf den Weg zu bringen – und welche Konflikte dabei auftreten können.

Ausgangssituation

Ein mittelständisches Unternehmen der Metall- und Elektroindustrie hatte Ende der 90er Jahre eine überdurchschnittliche Umsatzentwicklung bei sinkenden Renditen. Das Unternehmen, das in Nordrhein-Westfalen Holzbearbeitungsmaschinen herstellt und an einem Standort in China Komponenten fertigt, sah zwar auch die Entwicklung, unterstellte aber einen branchenüblichen Trend. Ein Benchmarking ergab, dass dieser Trend nicht branchenüblich war; dies wies auf »hausgemachte« Probleme hin.

Eine Analyse des Material- und Informationsflusses, die anschließende Umstellung von Werkstatt- auf Prozessorganisation und das Zusammenführen von Hand- und Kopfarbeit im Team und die Integration von Dienstleistungsfunktionen und -mitarbeitern in die Produktionsteams führten zu einer erheblichen Steigerung der Produktivität. Es zeigte sich aber auch, dass durch die organisatorischen Veränderungen bei weitem nicht alle Potenziale ausgeschöpft wurden.

Die schwankende Auftragslage in Verbindung mit einer fehlenden Arbeitszeitflexibilisierung führte zu erhöhten Kosten für das Unternehmen. Bei Auftragsmangel erhielten die gewerblichen Mitarbeiter trotz fehlender Arbeit jeweils den Akkorddurchschnittsverdienst als Entgelt, die Angestellten ein konstantes Gehalt. Bei hohem Arbeitsanfall leisteten die Mitarbeiter bereitwillig Überstunden, die mit den entsprechenden Zuschlägen vergütet wurden. Dies führte zu Kosten für das Unternehmen, die keineswegs in einem angemessenen Verhältnis zum erzielten Ergebnis standen.

Konfliktsituation

Auf die Anregung des Steuerberaters, einen höheren Leistungsanreiz für die Mitarbeiter durch Einführung eines neuen Leistungsentgeltes oder einer Erfolgsbeteiligung zu schaffen, erklärten die beiden geschäftsführenden Gesellschafter, dass sie zwar mit dem Akkordlohn unzufrieden wären, aber nicht daran dächten, vor dem Betriebsrat die Gewinne offen zu legen und die Mitarbeiter auf diese Weise am Erfolg zu beteiligen. Ein neues Leistungsentgelt für Arbeiter und Angestellte sei sinnvoll, werde benötigt.

Der Betriebsrat war mit dem Akkordlohn zufrieden, die Mitarbeiter wussten, wie sie zu ihrem Geld kamen und das Image der Firma war weltweit exzellent. Höhere Preise seien mit der Qualität zu rechtfertigen. Der Betriebsrat sah deshalb den Standort in Deutschland nicht in Gefahr. Im Übrigen konnte man die Arbeitsplätze in Deutschland durch eine Mischkalkulation mit den preiswerten Komponenten und Baugruppen des chinesischen Unternehmensteils der Firma subventionieren. Schließlich wurde das Geld für die Investitionen in China zuvor in Deutschland verdient.

Die Geschäftsführung wollte den Standort in Deutschland mittelfristig nicht mit Gewinnen in China subventionieren. Auch am Standort Deutschland sind eine bessere Nutzung der vorhandenen Ressourcen und eine ausreichende Flexibilität notwendig, wenn der Standort mittelfristig nicht zur Disposition stehen soll.

Lösungsweg: Wirtschaftsmediation als Alternative zu Stillstand und Einigungsstelle

Die Alternativen, die sich anboten, waren entweder das Problem auf sich beruhen zu lassen und abzuwarten, bis die wirtschaftliche Lage auch den Betriebsrat zum Handeln zwingen würde – oder eine Problemlösung mit Hilfe einer Einigungsstelle zu erzielen.

Da Ersteres nicht gewünscht war, wurde ein Vergütungsberater zu Rate gezogen. Es stellte sich heraus, dass es gar nicht so einfach sein würde, einen Antrag an die einzurichtende Einigungsstelle zu formulieren. Der fehlende Leistungsanreiz war nämlich nur der eine Teil des Problems, der andere Teil war eine nicht vorhandene flexible Arbeitszeit. Ein ausgefeiltes Entlohnungssystem, das als Leistungsanreiz für die Mitarbeiter dient, ist – bei stark schwankender Auftragslage – nur dann wirklich erfolgreich, wenn es mit einem flexiblen Arbeitszeitsystem verbunden wird. Üblicherweise setzt sich jedoch eine Einigungsstelle nur mit einem Thema auseinander: entweder Leistungsentgelt oder Arbeitszeit. Zwei parallele Einigungsstellen, die »zu verzahnen« sind, waren – bei möglicherweise zwei verschiedenen Vorsitzenden der Einigungsstelle – aussichtslos.

Der Vergütungsberater riet daher der Unternehmensleitung, zur Lösung des Problems die Wirtschaftsmediation einzusetzen. Mit Hilfe eines neutralen Mediators, der die Probleme der Arbeitszeit- und Entgeltgestaltung kennt und somit im ganzheitlichen Gestaltungsprozess aufgrund seiner fachlichen Kenntnisse Mediationskompetenz sowie Erfahrungen vermittelt, kann eine gemeinsam von allen Betriebsparteien getragene Lösung erarbeitet werden. Im Mediationsprozess gibt es – im Gegensatz zur Einigungsstelle – keine einschränkenden inhaltlichen und formalen Verfahrensvorschriften. Sollte dieser Weg nicht zum Erfolg führen, so könnte die Einigungsstelle – mit den beschriebenen Problemen – als Ultima ratio immer noch angerufen werden.

Mediationsprozess

Der angefragte Wirtschaftsmediator mit Erfahrungen als Entgelt- und Arbeitszeitgestalter führte vor der Annahme des Auftrages je ein Gespräch mit der Geschäftsführung, dem Betriebsratsvorsitzenden und dem Vorsitzenden des Akkordausschusses. Er klärte sie über die Ziele der Mediation und die Vorgehensweise im Einzelnen auf, ließ sich die Konfliktsituation erläutern und überzeugte sich von der Bereitschaft beider Betriebsparteien, in eigener Verantwortung eine tragfähige Lösung zu erarbeiten, bei der ggf. beide »Federn lassen müssen«.

Die Ausgangspositionen der Konfliktparteien stellten sich wie folgt dar: Die Geschäftsleitung strebte eine leistungsmotivierende Entgeltlösung an. Auf den Akkordlohn und ein starres Gehalt wollte sie jedoch in Zukunft verzichten. Der Akkordlohn erforderte mit seinen auf Hundertstel Minuten genauen Vorgabezeiten einen hohen Verwaltungsaufwand, führte zu Scheingenauigkeiten und bot trotz des Etiketts »Leistungslohn« keinen (ausreichenden) Leistungsanreiz, außerdem sollten auch die Angestellten einen Leistungsanreiz bekommen. Eine Gewinnbeteiligung wurde ausgeschlossen, alternativ erschien aber eine Umsatzbeteiligung realisierbar.

Der Betriebsrat wollte den Akkordlohn mit den vertrauten Vorgabezeiten beibehalten und sich nicht auf Bilanzkennzahlen, in deren Ermittlung und Gestaltung er keinen Einblick hatte, einlassen. Er sah zwar ein, dass eine gewisse zeitliche Flexibilität notwendig sei, aber diese war aus seiner Sicht durch die Überstunden ausreichend gegeben.

Nach der Klärung der Ausgangssituation und ihrer unterschiedlichen Wahrnehmung, die offen ausgesprochen und in Gegenwart der der jeweils anderen Partei erläutert wurde, durchlief der Mediationsprozess drei Phasen (siehe Abbildung 1, Seite 138), in denen die Themen Arbeitszeit und Entlohnung parallel und miteinander verzahnt besprochen wurden. Damit wurde man den auftretenden Interdependenzen gerecht.

Qualitative Phase

In der qualitativen Phase wurde mit Hilfe des erfahrenen Mediators gemeinsam ein Entlohnungskonzept erarbeitet, das so nur schwerlich in einer Einigungsstelle mittels eines Spruches erreicht worden wäre. In einem inhaltlichen Exkurs konnte der Mediator zunächst die Übereinstimmung über den folgenden Sachverhalt erreichen: Arbeitsplätze sind nur so lange sicher, wie mit ihnen Werte geschaffen werden. Die Werte und damit die Wertschöpfung müssen ausreichend sein. Das heißt: Werden mit diesen Arbeitsplätzen keine Werte geschaffen, die höher sind als deren Kosten, dann führt dies zu Arbeitsplatzabbau.

Der Mediator erarbeitete mit den Betriebsparteien das Verständnis für die Wertschöpfung. Wertschöpfung lässt sich definieren als Differenz des Nettoumsatzes und der Nettovorleistungen, die die Teams beziehen. Der Mediator erläuterte, dass sich die Wertschöpfung im vorliegenden Fall als Basis für den Aufbau einer Leistungsentlohnung anbot. Die Wertschöpfung sei besser geeignet als der Umsatz, weil die Umsätze in den deutschen Standorten des Unternehmens steigen würden – auch bei verstärktem Zukauf von Komponenten aus dem chinesischen Werk und bei einer verstärkten Verlagerung des letzten Teils der Komponentenproduktion nach China sowie der Beibehaltung der Endmontage in Deutschland wegen dem »Made in Germany«.

Der Wirtschaftsprüfer des Unternehmens zeigte als Gutachter die Möglichkeit auf, die Wertschöpfung anhand der in der Buchhaltung vorhandenen Größen »Nettoerlös und Nettovorleistungen« zu ermitteln. Er machte die Erfassung dieses Wertes für den Betriebsrat transparent und konnte so dessen Vorbehalte bezüglich einer Manipulierbarkeit ausräumen. Er erläuterte außerdem, wie groß das Timelag zwischen Einkauf und Verkauf ist und welche Auswirkungen es auf die Kennzahl »Wertschöpfung je Arbeitsstunde« hat.

Im Mediationsprozess wurde erarbeitet, welche Möglichkeiten bestehen, die Wertschöpfung mit dem Leistungsentgelt zu verknüpfen. Da der Nettoumsatz immer nur beim Verkauf der Maschinen entsteht und nicht täglich mehrere Maschinen das Werk verließen, waren von Monat zu Monat starke Schwankungen der Leistung und des Leistungsentgeltes zu erwarten. Um die Auszahlung des Leistungsentgeltes zu verstetigen, wurde die Wertschöpfungskennzahl im gleitenden Dreimonatsdurchschnitt ermittelt. Das heißt z. B., die Wertschöpfungsprämie im April errechnet sich auf der Basis Januar bis März, die im Mai auf der Basis Februar bis April.

Quantitative Phase

Vom Controlling wurde dann beispielhaft für das vorausgegangene Jahr das erarbeitete Entlohnungssystem in Schattenrechnungen simuliert. Damit wurde allen Beteiligten klar, was gewesen wäre, wenn im vorausgegangenen Jahr das Entgeltsystem schon gegolten hätte. Sowohl das monatliche Verhältnis von Output (Wertschöpfung in E) zu Input (Arbeitszeit der Mitarbeiter in dem Bereich – 1 Arbeiter und Angestellte) als auch das dreimonatige Verhältnis von Output zu Input (gleitender Dreimonatsdurchschnitt) wurden errechnet.

Es zeigte sich, dass die Wertschöpfung je Arbeitsstunde dann besonders hoch war, wenn genügend Arbeit vorhanden war. Für eine stetig hohe Wertschöpfung pro Arbeitsstunde ist eine bedarfsgerechte Personaleinsatzplanung erforderlich. Das heißt: In dem neuen Leistungsentgeltsystem würden die Mitarbeiter nur dann ein attraktives Leistungsentgelt verdienen, wenn sie als Team ihre Anwesenheitszeit selbst bedarfsorientiert steuern.

Die Sinnhaftigkeit der Zusammenhänge war evident, flexible Arbeitszeit wurde politisch möglich, es wurde denkbar sie in einem bestimmten Rahmen zu vereinbaren und den Teams Möglichkeiten der Selbststeuerung einzuräumen und sie dafür zu qualifizieren.

Daraus ergab sich für das Leistungsentgeltsystem, dass es zum einen an der Gruppenleistung anknüpfen sollte. Zum anderen sollte nicht die reine Mengenleistung der gewerblichen Mitarbeiter und die Vorgabezeit im Vordergrund stehen – wie bisher beim Akkordlohn –, sondern die Wertschöpfung und die Anwesenheitszeit aller Mitarbeiter, d. h. Arbeiter und Angestellte in dem Team, sollte als Basis gewählt werden (siehe Abbildung 2, Seite 162). Arbeitsplanung und

-vorbereitung waren ebenso wie der Meister – als Dienstleister – an dem »gleichen Erfolg« beteiligt wie die gewerblichen Mitarbeiter und profitierten gemeinsam beim Vorliegen der entsprechenden Wertschöpfung pro Stunde.

Abbildung 6: Entgeltaufbau vorher und nachher

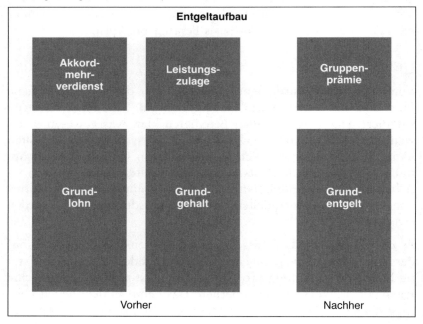

Rechtliche Phase

Der Wertschöpfungsprämie für Arbeiter und Angestellte stand der Tarifvertrag der Metall- und Elektroindustrie nicht im Wege. Zwar sieht der Tarifvertrag nur im gewerblichen Bereich Prämien vor, aber aufgrund des gekündigten Lohn- und Gehaltsrahmentarifvertrages, zum Zeitpunkt der Erarbeitung des neuen Leistungsentgeltsystems, war es möglich, aufgrund der »nur« noch nachwirkenden Tarifverträge, eine rechtlich korrekte Betriebsvereinbarung abzuschließen, die die tariflichen Leistungszulagen der Angestellten und die Akkordmehrverdienste der gewerblichen Arbeitnehmer ersetzte. Für die Ermittlung der Gruppenprämie wurde vom Mediator eine Betriebsvereinbarung entworfen, die von den Betriebs- und Tarifvertragsparteien juristisch geprüft, genehmigt und abgeschlossen wurde.

Fazit
Es gelang durch die Gruppenprämie für Arbeiter und Angestellte, die an der betriebswirtschaftlichen Kennzahl »Wertschöpfung je Arbeitsstunde« anknüpfte, eine Wertschöpfungsprämie zu erarbeiten. Die bedarfsorientierte Nutzung der flexiblen Arbeitszeit und das unternehmerische Denken der Mitarbeiter wurden gefördert und zugleich das Betriebsergebnis verbessert. Der Datenerfassungsaufwand wurde minimiert. Durch den Einsatz der Wirtschaftsmediation konnten die Themen »Leistungsentgelt« und »Arbeitszeit« miteinander verknüpft werden. Das Unternehmen hatte nicht den Spruch einer Einigungsstelle, sondern eine gemeinsam erarbeitete und getragene Betriebsvereinbarung durchgesetzt. Durch die so erreichte Steigerung der Wettbewerbsfähigkeit entschieden sich die Betriebsparteien für den Standort Westfalen – die Arbeitsplätze und das Einkommen der Mitarbeiter konnten langfristig gesichert werden

5.4 Interviews mit Arbeitnehmervertretern

a) Interview mit Werner Bischoff (Mitglied des geschäftsführenden Hauptvorstandes der Industriegewerkschaft Bergbau, Chemie und Energie)

Mediation kommt mit dem Anspruch daher, eine konstruktive, nachhaltige Konfliktlösung zu ermöglichen. Wo sehen Sie geeignete Themenfelder für die Wirtschaftsmediation?

Werner Bischoff: Mediation erfüllt den Anspruch, Rüstzeug für erfolgreiches Verhandeln in Konfliktsituationen zu bieten. Wir selbst nutzen das Harvard-Konzept seit Jahren bei der Erarbeitung von betrieblichen Problemen und bieten dazu verpflichtende Qualifizierungen für unsere Führungskräfte an. Damit sind aus meiner Sicht auch geeignete Themenfelder genannt. Überwiegend auf dem Gebiet der Betriebsverfassung sind die Schwerpunkte Entgeltfindung, Teamarbeit, Arbeitszeitmodelle, Schichtarbeit und Vergütungsfragen (Leistung und Erfolg) mit dieser Methode bearbeitbar.

Was schaffen die Konfliktlösungsmechanismen Einigungsstelle oder Schlichtung nicht so gut wie die Wirtschaftsmediation? Wo liegen aus Ihrer Sicht die Chancen der Mediation?

Werner Bischoff: Jede nicht tätigwerdende Einigungsstelle fördert die Unternehmenskultur und den Umgang der Betriebsparteien untereinander. Die WirtschaftsMediation führt meistens zu besseren tragfähigen Lösungen. Von daher liegen die Chancen der Mediation in dem verantwortungsvollen, kooperativen Umgang und dem Willen zum Kompromiss. Bezogen auf die Schlichtungen in Tarifvertragsverhandlungen ist in unserem Organisationsbereich über Jahrzehnte eine Verhandlungskultur entstanden, die auf Kooperation statt Konfrontation baut. Ausdruck dafür ist die einstimmige Annahme eines Schlichterspruches, der ohne den so genannten »neutralen Dritten« zustande kommt.

Zur Mediation gehören ja zwei Parteien. Wenn Sie an die betriebliche oder tarifliche Landschaft denken, meinen Sie, dass die Betriebsräte oder die Gewerkschaften beziehungsweise die Unternehmensleitungen oder Arbeitgeberverbände die Mediation als hilfreich einschätzen und sich auf sie einlassen würden?

Werner Bischoff: Diese Tatsache leitet zur nächsten Frage über. Auf betrieblicher Ebene ist die von ihnen vorgeschlagene Vorgehensweise der Konfliktlösung eine hervorragende Methode, der sich – wie die Praxis zeigt – immer mehr Betriebsparteien bedienen. Aus der Schlichtungssituation bei Tarifverhandlungen verweise ich auf die dargestellte Besonderheit unserer Schlichtungsordnung und die Tatsache, dass Tarifkommissionsmitglieder als auch Mitglieder von Schlichtungsstellen durch Wahl legitimierte Verbandsvertreter sind, die nur aus dem inneren Kreis der Tarifvertragsparteien kommen können.

Was muss einen Mediator auszeichnen, der im Bereich des kollektiven Arbeitsrechts erfolgreich wirken will? Wie sehen Sie die Anforderungen an seine Fach-, seine Methoden- und seine Sozialkompetenz sowie seine Persönlichkeit?

Werner Bischoff: Ein Mediator muss von beiden Seiten akzeptiert sein und im Sinne eines ehrlichen Maklers auftreten. Hierzu ist Menschenkenntnis genauso notwendig wie eine ausgeprägte Persönlichkeit, wobei die eigene Person stets im Hintergrund stehen muss. Zur

Bewältigung konfliktärer Themen bedarf es natürlich auch der Fachkompetenz ohne eine präjudizierende Vorgabe durch den Mediator. *Wie würden Sie im Bedarfsfall einen Mediator suchen oder gewinnen?*

Werner Bischoff: Als Dienstleister für unsere Mitglieder ist unser Haupttätigkeitsfeld der Betrieb. Durch jahrelange Beratungen sind uns viele Mediatoren – oder wie wir sagen Prozessberater oder Moderatoren – bekannt, die die Anforderungen, wie zuvor ausgeführt, besitzen. Sonst würde ich mich an Institutionen oder Verbände wenden, die den Konzepten wie Harvard oder den Ihrigen positiv gegenüber stehen und diese publizieren.

Vielen Dank für die Beantwortung dieser Fragen.

b) Interview mit Karl-Ernst Schmidt (Verwaltungsstellenleiter a.D., IG Metall, Rheine)

Mediation kommt mit dem Anspruch daher, eine konstruktive, nachhaltige Konfliktlösung zu ermöglichen. Wo sehen Sie geeignete Themenfelder für die Wirtschaftsmediation?

Karl-Ernst Schmidt: In meiner jahrzehntelangen Arbeit als Gewerkschafter habe ich mich immer darum bemüht, »den Ball flach zu halten«. Das bedeutet nicht, dass ich Auseinandersetzungen aus dem Weg gegangen bin. Erst in den letzten Jahren lernte ich die Mediation und den Einsatz eines Mediators bei kollektiven Auseinandersetzungen zwischen den Betriebsparteien kennen. Die Themen, die wir dort behandelten, waren Umstellung von Entlohnungssystemen wie z. B. der Weg vom Akkord- zum Zeit oder Prämienlohn, die Erarbeitung innovativer Entgeltsysteme für die Vergütung von Gruppen- und Teamarbeit sowie in Einzelfällen auch Haustarifverträge, die die Vereinheitlichung von Lohn und Gehalt zum Ziel hatten. Bei Verhandlungen über die Einführung von flexiblen Arbeitszeitsystemen und Produktionsverlagerungen haben Mediatoren ebenfalls gute Dienste geleistet. In ganz vertrackten Situationen, z. B. dem Konflikt eines Mitglieds der Geschäftsführung und eines Betriebsratsmitglieds, kann ich mir auch eine Mediation vorstellen. Wie sonst sollte man es schaffen, persönliche Konflikte sachlich und nicht auf dem Rücken der Arbeitnehmer und des Unternehmens auszutragen?

Was schaffen die Konfliktlösungsmechanismen Einigungsstelle oder Schlichtung nicht so gut wie die Wirtschaftsmediation? Wo liegen aus Ihrer Sicht die Chancen der Mediation?

Karl-Ernst Schmidt: Lassen Sie es mich auf den Punkt bringen: Das Ergebnis der Einigungsstelle ist ein Spruch. Das Ergebnis der Mediation eine Lösung.

Was will ich damit sagen? Wenn ich einen Mediationsprozess habe, ist neben einer rechtlich verbindlichen Betriebsvereinbarung auch geregelt worden, wie diese im Detail umgesetzt wird und alle betroffenen Parteien an ihrem Ergebnis konstruktiv mitarbeiten. Der Weg von der Konfliktlösung zur Umsetzung ist kurz. Demgegenüber bedeutet der Spruch der Einigungsstelle quasi ein Urteil. Die unterlegene Partei wird sich – so meine langjährige Erfahrung – der zügigen Umsetzung des Urteils entgegenstellen und »Sand ins Getriebe werfen«. Der Weg vom Spruch zur Umsetzung ist sehr lang. Von der Fernwirkung des Spruches auf Klima und Motivation möchte ich hier nicht sprechen.

Zur Mediation gehören ja zwei Parteien. Wenn Sie an die betriebliche oder tarifliche Landschaft denken, meinen Sie, dass die Betriebsräte oder die Gewerkschaften beziehungsweise die Unternehmensleitungen oder Arbeitgeberverbände die Mediation als hilfreich einschätzen und sich auf sie einlassen würden?

Karl-Ernst Schmidt: Als ich zum ersten Mal von einem Geschäftsführer auf das Thema Wirtschaftsmediation als neue Form der Konfliktlösung angesprochen wurde, war ich skeptisch. Da war das Unbehagen darüber, dass der Mediator wusste, wer die Rechnung zahlt. Ich formulierte das dem Manager und auch später dem Mediator gegenüber deutlich und ließ mich dann auf den Mediationsprozess unter der ausdrücklichen Bedingung ein, jederzeit aussteigen und klassisch verhandeln zu können. Aufgrund meiner Erfahrungen gewann ich Vertrauen in die Methode. Mit dem Mediator gibt es mittlerweile eine Reihe von erfolgreichen Mediationsprozessen. Ich denke, Betriebsräte und Unternehmensleitungen können die Methode der Mediation als Alternative zu Stillstand und Einigungsstelle nutzen und erfolgreich Lösungen erarbeiten. Gewerkschaften und

Arbeitgeberverbände sollten die Methode und insbesondere die Mediatoren kritisch beäugen, ihnen jedoch nicht von vorneherein »Steine in den Weg legen«. Es gibt mittlerweile eine Reihe von positiven Berichten über die WirtschaftsMediation, wenn die Mediatoren wirklich neutral oder – wie sie sagen – allparteilich sind, ist die Mediation eine gute Sache.

Was muss einen Mediator auszeichnen, der im Bereich des kollektiven Arbeitsrechts erfolgreich wirken will? Wie sehen Sie die Anforderungen an seine Fach-, seine Methoden- und seine Sozialkompetenz sowie seine Persönlichkeit?

Karl-Ernst Schmidt: Ein Mediator braucht zunächst einmal »Stallgeruch«, will sagen, er muss mit der Materie, um die es geht, vertraut sein, wenn er von den Betriebsräten und Management-Vertretern, die am Tisch sitzen, akzeptiert werden will. Nur wenn er fachlich fit ist, kann er beide Seiten wirklich verstehen und mit seinen Fragen und im Einzelfall Ideen Brücken bauen. Methodisch soll er all das, was ich aus der Moderationstechnik kenne, drauf haben und glaubwürdig rüberbringen, dass er an einem fairen Konsens interessiert ist. Er sollte sowohl die Arbeitgebervertreter als auch die Arbeitnehmervertreter in die Schranken weisen können, wenn die Auseinandersetzung unfair oder gar persönlich wird. Der Mediator sollte integer sein und einen guten Ruf bei Gewerkschaften und Arbeitgeberverbänden haben.

Wie würden Sie im Bedarfsfall einen Mediator suchen oder gewinnen?

Karl-Ernst Schmidt: Zunächst einmal kenne ich einen Mediator, aber das war ja nicht Ihre Frage. Ich würde in Düsseldorf nachfragen, ob die jemand kennen, der die Methoden- und Sozialkompetenz eines Mediators hat, in der anstehenden Thematik fachlich versiert ist und vor allem Referenzen vorweisen kann, so dass ich auch die Betriebsräte und Gewerkschaftskollegen, die schon einmal mit ihm zusammenarbeiteten, anrufen kann.

Herr Schmidt, vielen Dank für das Interview.

c) Interview mit Werner Backe (Betriebsratsvorsitzender der mittelständischen FSE GmbH in Pirmasens/Pfalz und Mitarbeiter im Kundendienst)

Herr Backe, Mediation ist in der Bundesrepublik Deutschland ein relativ neues Thema. Welche Rolle spielt es für Betriebsräte und die Betriebsratsarbeit?

Werner Backe: Mediation als solche spielt in der Betriebsratsarbeit praktisch noch keine große Rolle, weil die Mediation zum einen noch relativ unbekannt ist und zum anderen Betriebsräte selten in Mediation ausgebildet sind. Insgesamt ist die Mediation aber, wie auch in anderen Lebensbereichen (z. B. Familie und Umwelt) auf dem Vormarsch. Es gibt mittlerweile zunehmend Seminarangebote für Betriebsräte zu dem Thema.

Gibt es einen Unterschied zwischen dem Betriebsrat als Mediator in individualrechtlichen Konflikten und dem Betriebsrat als Partei in kollektivrechtlichen Konflikten, die z. B. den § 87 BetrVG betreffen?

Werner Backe: Das kann man wohl sagen. Im individualrechtlichen Konflikt hat der Betriebsrat die Chance als Mediator aufzutreten und zu vermitteln. In kollektivrechtlichen Konflikten z. B. zu § 87 ist er Partei, da muss er die Interessen der Belegschaft vertreten. In dem Fall kann nur ein externer Mediator helfen. Allerdings kann der Betriebsrat sich auf eine Mediation einlassen oder sie dem Arbeitgeber vorschlagen um in einem vernünftigen Klima konstruktiv zu streiten.

Wie kommen Betriebsräte mit der Rolle des Betriebsrats als Mediator klar? Einerseits ist der Betriebsrat »Anwalt des Mitarbeiters« und andererseits neutraler Mediator?

Werner Backe: Ein Betriebsrat sollte seine Rolle situationsbezogen klar definieren. Wo Vermittlung zwischen Parteien angebracht erscheint, sollte dies in jedem Fall mediativ geschehen. Ist der BR, jedoch Partei wie z. B. bei der Wahrnehmung der Mitbestimmungsrechte gemäß BetrVG, also reiner Interessenvertreter, so ist er als »Anwalt der Belegschaft« gefordert. Das ist z. B. bei Kündigungen so oder wenn das Machtgefälle zwischen den Konfliktparteien eine große Rolle spielt.

Der Betriebsrat kann aber selbst in diesen Fällen, bevor ein solcher Konflikt eskaliert, versuchen, den Ball flach zu halten und Interessen der Parteien vor ihre Positionen stellen.

Wie kommen Mitarbeiter mit dem Betriebsrat als Mediator klar?

Werner Backe: Ich kann aus eigener Erfahrung sagen, dass der Betriebsrat bei uns in dieser Rolle voll akzeptiert wird. Die Menschen in der Arbeitswelt sind grundsätzlich eher konsensorientiert als konfrontativ ausgerichtet. Dies deckt sich mit dem Ansatz der Mediation und ermöglicht diese.

Wie bereiten Betriebsräte sich und die Konfliktparteien auf eine Mediation vor? Welche Rolle spielt Talent, welche Ausbildung?

Werner Backe: Die Mediation bedarf einer sorgfältigen Vorbereitung. Es geht hier nicht wie bei Gerichtsverfahren allein um die Ermittlung von Sachverhalten in der Vergangenheit, sondern zunächst einmal darum, dass der Mediator das Vertrauen der Medianten in das Verfahren und in seine Person gewinnt. Ohne diese Voraussetzungen ist eine Mediation nicht durchführbar. In Einzel- oder auch Gruppengesprächen ermittelt der Mediator die Konfliktursachen und die hinter den Positionen liegenden Interessen der Parteien.

Da der BR in der Regel bereits das Vertrauen der Beschäftigten besitzt, ist eine der Grundvoraussetzungen bereits erfüllt. Natürlich kann das bedeuten, dass die andere Partei dem Betriebsrat mit Skepsis begegnet. Aber Betriebsräte sind integer, viele Betriebsräte haben darüber hinaus auch ein entsprechendes Fingerspitzengefühl (Talent), wie mit Konfliktparteien umzugehen ist. Wenn eine entsprechende Ausbildung hinzukommt, ist dies eine deutliche Bereicherung und erhöht die Chance, Konflikte konstruktiv zu lösen.

Bereiten sich Betriebsräte auf eine Mediation anders vor als auf eine Einigungsstelle? Wenn ja, wie?

Werner Backe: Selbstverständlich sind bei beiden Verfahren unterschiedliche Vorbereitungen erforderlich. Im Vorfeld zu einem Einigungsstellenverfahren geht es darum, dass die Parteien ihre Positionen klar definieren, überzeugende Argumente finden und den Konflikt so in der betrieblichen Öffentlichkeit dosiert anheizen, damit die Chance der Durchsetzbarkeit der eigenen Position steigt.

Ein Mediationsverfahren beginnt damit, dass man seine Positionen und Interessen formuliert und »den Ball flach hält«. Schließlich muss man selbst zu der Lösung stehen und darf keine übersteigerten Hoffnungen in der Belegschaft wecken.

Worin erleben Sie in kollektivrechtlichen Auseinandersetzungen mit dem Arbeitgeber den (die) entscheidenden Unterschied(e) zwischen Einigungsstelle und Wirtschaftsmediation?

Werner Backe: Bei Einigungsstellenverfahren wird wegen der Konfrontation häufig ein Spruch, gefällt, der Gewinner und Verlierer schafft. Der Spruch regelt zwar einen Konflikt abschließend, aber er bleibt oft an der Oberfläche. Er vernachlässigt die Geschichte, die Ursache des Konflikts. Die Verlierer streuen in der Umsetzungsphase häufig »Sand ins Getriebe«. Das zukünftige Miteinander zum Wohle des Betriebes und der Mitarbeiter bleibt dann häufig auf der Strecke.

Wie sehen Sie das Potenzial und die Entwicklung der Wirtschaftsmediation in der Zukunft?

Werner Backe: Ich sehe ein großes Potenzial für die Mediation in Wirtschaft und Arbeitswelt. Die Mediation versucht Win-win-Lösungen zu erreichen, die die Konfliktparteien gemeinsam, zukunftsorientiert und selbstverantwortlich erarbeiten. Dabei spielen die, jeweils hinter den oft starren Positionen liegenden Interessen der Parteien eine wesentliche Rolle. Ziel einer Mediation ist zudem, dass die Parteien – die auch Partner sind – in der Zukunft ein gutes Auskommen zum Wohle des Betriebes und der Mitarbeiter haben.

Vielen Dank für das Interview.

6. Kostenersparnis durch faire Verhandlungsführung und Mediation

6.1 Kostenersparnis

Konflikte kosten Geld! Ob zwischen Arbeitnehmern und Arbeitgebern oder unternehmensübergreifend, Konflikte verursachen nicht unwesentliche Kosten in den Betrieben. Oberflächlich betrachtet resultieren Kosten dabei aus dem Zeitverlust und den entsprechenden Gehältern und Löhnen, aus Aufwendungen für Gerichtsverhandlungen und juristische Beratung sowie aus dem Einsatz externer Sachverständiger, Steuerberater, Wirtschaftsprüfer, Unternehmensberater und Finanzexperten.

Wozu also all diese Kosten, wenn doch gerade in der heutigen Wirtschaftslage immer nur von Kostenreduktion und -ersparnis gesprochen wird. Eine faire Verhandlungsführung und Mediation hilft, diese unnötigen Kosten aus Konflikten zu reduzieren. Denn Mediation ist im Vergleich zur traditionellen gerichtlichen Konfliktlösung insgesamt kostengünstiger.[1] Manche Autoren verweisen zwar auf die Tatsache, dass in Deutschland noch lange keine so enormen Prozess- und Folgekosten anfallen wie in den USA,[2] aber dennoch können auch die Kosten in Deutschland durch Mediation eingespart werden.

Die Kostenvorteile durch Mediation fallen allerdings nur dann ins Gewicht, wenn die Mediation den Konflikt löst. Scheitert sie letztlich, bleibt nur noch der Weg zur zwangsweisen, gerichtlichen Konfliktbeilegung. Die vorherige Mediation stellt dann eine zusätzliche finanzielle Belastung dar.

---

1 *Stoppkotte*, in: Disselkamp/Thome-Braun, Der Professionelle Betriebsrat, 2003.
2 *Lembke*, S. 121.

6.2 Kostenarten

Beginnen wir mit den unterschiedlichen Kosten, die entstehen, wenn ein Konflikt zwischen zwei oder mehr Parteien existiert. Es lassen sich zwei Blöcke unterscheiden:

- die direkten und indirekten Kosten der Konfliktlösung ohne Mediation,
- die Kosten der Konfliktlösung mittels Mediation.

6.2.1 Direkte Kosten

Die direkten Kosten lassen sich unterteilen in die Kosten für gerichtliche Auseinandersetzungen, für externe Berater und Sachverständige. Die gerichtlichen Auseinandersetzungen können zudem in die Kosten für Verfahren vor Arbeitsgerichten, vor Zivilgerichten und vor Strafgerichten unterteilt werden.

6.2.1.1 Kosten aus Verfahren vor Arbeitsgerichten

Nehmen wir als erstes Beispiel die Kosten aus arbeitsrechtlich begründeten Gerichtsverfahren, wie bei Kündigungsverfahren oder Klagen zur Weiterbeschäftigung. Das Arbeitsgericht wird neben dem Straf- und Zivilgericht zu den so genannten ordentlichen Gerichten gezählt, das Verwaltungs-, Finanz- und Sozialgericht hingegen zu den außerordentlichen Gerichten. Zu den am Arbeitsgericht anfallenden Kosten zählen Auslagen, Gebühren und Anwaltskosten.[3]

Wichtige **Auslagen** sind Zustellkosten und die nach dem Gesetz über die Entschädigung von Zeugen und Sachverständigen zu zahlenden Beträge an Zeugen, Sachverständige und Dolmetscher. Die Höhe der Auslagenerstattung richtet sich nach den Bestimmungen des Gerichtskostengesetzes (GKG), soweit durch das Arbeitsgerichtsgesetz (ArbGG) nichts anderes geregelt ist. So gilt z. B. für gerichtliche Schreibauslagen und Kopien der Kostensatz von 0,50 Euro bzw. ab

---

3 *Kittner/Zwanziger*, § 169 Rn. 1 ff.; *Roos*, S. 344 ff.

der 51. Seite von nur noch 0,15 Euro (dazu Anlage 1 zum GKG Nr. 9000, 9002 und 9005).

Gebühren sind Beträge, die der Justiz für ihr Tätigwerden zustehen. Die Gebühren richten sich nach dem Streitwert der gerichtlichen Auseinandersetzung. Unter dem Streitwert wird dabei jener Wert verstanden, den der Klageanspruch für die Prozessparteien hat.[4] Die maßgeblichen Vorschriften liegen dazu im Gerichtskostengesetz sowie im Arbeitsgerichtsgesetz. In der ersten Instanz einer gerichtlichen Auseinandersetzung wird der Streitwert im Urteil – und nicht gesondert wie bei den Zivilgerichten – festgesetzt (§ 61 Abs. 1 ArbGG). Erledigt sich ein Verfahren durch einen Vergleich, dann ist diese Regelung zum Streitwert allerdings nicht anwendbar, da keine Gerichtsgebühren entstehen. Jede der am Verfahren beteiligten Parteien kann zudem, unabhängig von der Festsetzung des Streitwertes im Urteil, immer eine erneute Streitwertfestsetzung beantragen.

Bei den Kosten der gerichtlichen Auseinandersetzung unterscheidet man die Kosten des Urteils- und die des Beschlussverfahrens. Im **Urteilsverfahren** (§§ 12, 12a ArbGG), das insbesondere Rechtsstreitigkeiten zwischen Arbeitnehmern aus dem Arbeitsverhältnis sowie Rechtsstreitigkeiten zwischen Tarifvertragsparteien aus Tarifverträgen erfasst, wird im erstinstanzlichen Verfahren vor dem Arbeitsgericht eine einmalige gerichtliche Gebühr erhoben, die je nach Streitwert zwischen 10 Euro und höchstens 500 Euro liegen kann (§ 12 Abs. 2 ArbGG).

Abweichend von dem in § 91 Abs. 1 ZPO geregelten Grundsatz, dass die obsiegende Partei gegenüber der unterlegenen Partei einen Anspruch auf Kostenerstattung für die Hinzuziehung eines Rechtsanwalts bzw. sonstigen Rechtsbeistands hat, trägt in der ersten Instanz vor dem Arbeitsgericht jede Partei ihre Anwaltskosten selbst, unabhängig vom Ausgang des Verfahrens (§ 12a Abs. 1 Satz 1 ArbGG). Auch die Kosten für die Zeitversäumnis sind in der ersten Instanz nicht erstattungsfähig (§ 12a ArbGG). Reisekosten sind hingegen erstattbar.

---

4 *Pünnel/Quecke*, S. 207.

Endet eine arbeitsrechtliche Auseinandersetzung in der ersten gerichtlichen Instanz, so ist das deutsche Arbeitsgerichtsverfahren in kostenmäßiger Hinsicht wenig mediationsfördernd. Gleichwohl fallen auch für ein Mediationsverfahren Kosten an, wie im Laufenden noch zu sehen ist. In der zweiten und dritten Instanz einer gerichtlichen Auseinandersetzung nehmen jedoch bei arbeitsrechtlichen Verfahren die Gerichtsgebühren deutlich zu, so dass Mediationsbemühungen klare Kostenvorteile bewirken. Die Gerichtskosten der zweiten Instanz (Landesarbeitsgericht) und der dritten Instanz (Bundesarbeitsgericht) regeln sich wie bei den Zivilgerichten der ordentlichen Gerichtsbarkeit nach dem Gerichtskostengesetz. Die Gerichtsgebühren liegen dann bei 2 oder 3 $^{13}/_{10}$ bzw. $^{20}/_{10}$ des festgesetzten Streitwerts.

Zur Festlegung des Streitwerts selbst ist innerhalb eines Urteilsverfahrens zudem zwischen Leistungsklagen und Feststellungsklagen zu unterscheiden. Bei **Leistungsklagen** ergibt sich der Streitwert entweder aus einem genau bezifferten Klageanspruch (es wird z. B. eine Prämie von 10 000 Euro eingeklagt) oder der Streitwert wird durch das Arbeitsgericht nach freier Schätzung festgesetzt (z. B. Ausstellung einer Arbeitsbescheinigung zu 200 Euro). Wird jedoch – z. B. nach dem Kündigungsschutzgesetz – eine **Feststellungsklage** erhoben, so kann das Arbeitsgericht den Streitwert bis auf den Betrag des für die Dauer eines Vierteljahres zu leistenden Arbeitsentgeltes festsetzen (§ 12 Abs. 7 ArbGG).

Im arbeitsgerichtlichen Verfahren gibt es keine Kostenvorschusspflicht (§ 12 Abs. 4 Satz 2 ArbGG). Es besteht zudem eine grundsätzliche Kostenfreiheit für vom Gericht herangezogene Dolmetscher und Übersetzer (§ 12 Abs. 5a ArbGG). Im Übrigen werden die Kosten erst nach Beendigung des jeweiligen Rechtszuges fällig (§ 12 Abs. 4 Satz 1 ArbGG).

Im arbeitsgerichtlichen **Beschlussverfahren** (alle Angelegenheiten aus dem Betriebsverfassungsgesetz mit Ausnahme der Vorschriften der §§ 119–121 BetrVG) werden nach § 12 Abs. 5 ArbGG keine Gerichtskosten erhoben. Bei einer gerichtlichen Auseinandersetzung mit dem Betriebsrat trägt der Arbeitgeber die Kosten aller beteiligten Rechtsanwälte, also auch die Kosten des für den Betriebsrat tätigen Anwalts (§ 12 Abs. 5 ArbGG i. V. m. § 40 Abs. 1 BetrVG).

Auch die **Anwaltskosten** sind vom Streitwert abhängig und richten sich zudem nach der Bundesgebührenordnung für Rechtsanwälte (BRAGO). Anders als in den USA läuft man nicht Gefahr, dass die Anwaltskosten bis ins Unermessliche steigen. Dies ist im Übrigen mit einer der Gründe, warum sich der Ansatz der Mediation im Wesentlichen in den USA entwickelt hat. Die hohen Gerichts- und Anwaltsgebühren, die zumeist von den Parteien selbst zu tragen sind, motivieren vielmehr die Kontrahenten, zuerst den Versuch einer Mediation zu starten. In Deutschland ist die Mediation seit den 80er Jahren eher in familiären Konflikten, wie Scheidungsfällen und Sorgerechtsstreitigkeiten, zu finden. Erst allmählich nutzt man das Verfahren in Deutschland auch im betrieblichen Kontext.

Die Anwaltskosten erhöhen sich nicht automatisch proportional zu der vom Anwalt aufgewendeten Zeit, es sei denn Mandant und Rechtsanwalt haben eine schriftliche Honorarvereinbarung auf Stundenbasis beschlossen (§ 3 Abs. 1 BRAGO). Liegt der Konflikt der Wirtschaftsparteien in einer der häufig vorkommenden arbeitsrechtlichen Kündigungsschutzklagen, so bestimmt § 12 Abs. 7 ArbGG eine Streitwerthöchstgrenze von maximal drei Monatsgehältern. Die wichtigsten Anwaltskosten sind:

- Prozessgebühr: Sie fällt für das Führen des Prozesses an (§ 31 Abs. 1 BRAGO).
- Verhandlungs- oder Erörterungsgebühr: Diese fallen entweder für die Antragstellung oder für die Erörterung in der Sache – nicht aber zweimal – an (§ 31 Abs. 1 und 2 BRAGO). Die Erörterungsgebühr entsteht auch bei einer Erörterung in der Güteverhandlung.
- Beweisgebühr (§ 31 Abs. 1 BRAGO): Die Beweisgebühr entsteht, wenn der Urkundenbeweis nicht ausreicht und ein Beweisbeschluss – nicht aber eine bloße prozessleitende Anordnung – ergeht.
- Vergleichsgebühr: Sie resultiert aus der Mitwirkung des Anwalts am Abschluss eines Vergleichs (§§ 23 und 160 BRAGO).
- Gebühr für die Durchführung eines Beschwerdeverfahrens.
- Angefallene Kosten, wie z. B. Telefongebühren und Auslagen für die Fertigung von Aktenauszügen.

Die hier genannten Anwaltsgebühren sind in der ersten gerichtlichen Instanz voll anzurechnen ($^{10}/_{10}$-Gebühr), in der Berufungsinstanz kommt ein Zuschlag von 30 Prozent hinzu ($^{13}/_{10}$-Gebühr).

6.2.1.2 Kosten von Verfahren vor den Zivilgerichten

Das Zivilrecht regelt alle privatrechtlichen Rechtsbeziehungen zwischen natürlichen aber auch juristischen Personen, mit den dazugehörigen Verfahrensvorschriften. Teilgebiete sind z. B. das Kaufrecht, Schuldrecht, Vertragsrecht, Gewährleistungsrecht, Mietsachen, Schadensersatzansprüche bei Verkehrsunfällen, Erbstreitigkeiten, Versicherungsrecht etc. Zivilgerichtsverfahren finden sich in der Wirtschaft beispielsweise bei Streitigkeiten um Reklamationen, Garantie- und Serviceleistungen oder Kaufpreisminderungen.

Die Berechnung der Gerichtsgebühren bestimmt sich erneut nach dem Streitwert. Zusätzlich zu den Gerichtsgebühren können wie beim Arbeitsgericht Kosten für Zeugen und Sachverständige anfallen. Die Kosten für einen Anwalt berechnen sich nach der Bundesrechtsanwaltsgebührenordnung (BRAGO), wobei die Berechnung des Streitwertes und der daraus resultierenden Gebühren kompliziert ist. Auch die Rechtsprechung ist unübersehbar umfangreich.

Hinweis:
Verwiesen sei auf das »Streitwerthandbuch« von *Oestreich* (1998, 436 Seiten), das »Handbuch des Streitwertes in bürgerlichen Rechtsstreitigkeiten« von *Hillach*, (1992, 539 Seiten) oder den »Streitwert-Kommentar« von *Schneider* (1996, 1127 Seiten).

Grundsätzlich hängen die Kosten in einem Zivilrechtsstreit jedoch von folgenden Fragen ab:

- Wie hoch ist der Streitwert?
- Wie ist der Verfahrensstand?
- Ist die Klägerseite anwaltlich vertreten?
- Ist die Beklagtenseite anwaltlich vertreten?
- Wie lautet der Stand der Beweiserhebung?

Der Streitwert wird nach freiem Ermessen des Gerichts festgesetzt (§ 3 ZPO). Der Ausdruck »freies Ermessen« befreit das Gericht aber nicht von der Pflicht, den vollen Wert zu ermitteln und festzusetzen. Vielmehr hat das Gericht die Freiheit, darüber zu entscheiden, ob es überhaupt eine Wertfestsetzung vornehmen will. Kommt es zu einer Festsetzung eines Streitwertes, dann ist dieser nach pflichtgemäßem Ermessen zu erstellen. Maßgeblich sind zunächst – sofern sie existieren – gesetzliche Sonderregelungen. Wenn diese fehlen, ist der objektive Verkehrswert zum Zeitpunkt der Klageeinreichung maßgeblich, und kein Liebhaberwert oder emotionaler Wert des Klägers. Sofern ein genau bezifferter Wert eingeklagt wird, wird dieser regelmäßig als Streitwert herangezogen. Das Gericht muss keinen Beweis über den Wert erheben, es kann aber (vgl. § 3 ZPO). Sofern der Streitwert nicht festgelegt ist, ist nicht mit Sicherheit zu sagen, wann die Rechtsprechung unter welchen Umständen welchen Streitwert annimmt.

Wird bei einem Klageverfahren in der ersten Instanz ein Urteil gesprochen, so fallen drei Gebühren an. Im Falle eines Verzichtsurteils, der Klagerücknahme oder des Abschlusses eines Vergleiches ist hingegen nur eine Gebühr (anstatt drei) zu zahlen. Im Verfahren der zweiten Instanz werden viereinhalb Gebühren erhoben und auch die Anwaltsgebühr erhöht sich im Verfahren der zweiten Instanz um 30 Prozent ($^{13}/_{10}$).

In einem zivilrechtlichen Verfahren vor dem Amtsgericht müssen sich Kläger und Beklagter nicht von einem Anwalt vertreten lassen. Die Entscheidung für den Einsatz eines Anwalts ist beiden Seiten frei. Falls eine Partei gewinnt, muss die Gegenpartei die Kosten dieses Anwalts tragen. Die Kosten des Anwalts berechnen sich erneut nach dem Streitwert. Nach § 11 BRAGO beträgt die volle Gebühr bei einem Streitwert bis 300 Euro 25 Euro. Die Gebühr erhöht sich degressiv nach einem in der BRAGO genannten Schlüssel mit dem Streitwert. Bei 300 Euro entspricht eine Gebühr noch etwas über 8 Prozent des Streitwertes. Bei 110 000 Euro liegt das Verhältnis nur noch bei etwas über 1 Prozent. Mit anderen Worten: Liegt z. B. ein Konflikt zwischen zwei Unternehmen über noch ausstehende Rechnungen im Wert von 1 000 000 Euro vor, so entstehen bei einem Zivilgerichtsverfahren Prozesskosten von ca. 84 000 Euro (davon alleine Anwaltskosten von mind. 10 000 Euro). Eine Mediation kostet meist viel weniger, so dass eine Kosteneinsparung durch ein Mediationsverfahren denkbar ist.

Die Bundesgebührenordnung für Rechtsanwälte (BRAGO) regelt mit ihrem § 31 Abs. 1 ergänzend die Anwaltsgebühren für die Vorbereitung des Prozesses, die mündliche Verhandlung und für ein Beweisaufnahmeverfahren. Weitere Anwaltskosten fallen an, wenn ein Prozess vor einem Gericht geführt wird, bei dem der eigene Anwalt nicht zugelassen ist. In diesem Fall übernimmt ein so genannter Verkehrsanwalt, also ein Anwalt am Ort des Sitzes des Gerichtes, die Anwesenheit bei den Verhandlungen (Mündlichkeitsgrundsatz, § 128 ZPO). Die Kosten für den Verkehrsanwalt sind erstattungsfähig, wenn es für die Partei unzumutbar ist, das Verfahren aus der Distanz heraus nur über den Verkehrsanwalt zu führen.

Als weitere Kosten bei einem Verfahren vor dem Zivilgericht können Ausgaben für eine Beweisaufnahme entstehen. Damit es hierzu kommt, sind zwei Voraussetzungen zu beachten: Erstens muss eine Tatsache zwischen den Parteien streitig sein. Zweitens ist von der beweispflichtigen Partei ein Beweisantrag zu stellen. Dies ist nicht immer möglich, wie z. B. bei der Auslegung eines Vertrages. Die Kosten der Beweiserhebung sind vom Einzelfall abhängig. Beispielsweise erhalten die Zeugen in der Regel Fahrtkosten- und einen Aufwendungsersatz, auf den sie aber auch verzichten können. Daneben können durch das Gericht Gutachten in Auftrag gegeben werden, deren Kosten im Voraus meist nicht genau abschätzbar sind.

Vor allem größere Prozesse sind teuer. Rund 5000 mal im Jahr schalten deutsche Unternehmenschefs die Richter ein, um mit Geschäftspartnern oder Konkurrenten über Streitwerte in Höhe von 500 000 Euro und mehr zu streiten. Ein Streitwert von 1 Mio. Euro führt – wie bereits gesehen – in der zweiten Instanz mit Anwälten zu Kosten von ca. 84 000 Euro, ein Streitwert von 10 Mio. Euro zu Kosten von ca. 590 000 Euro und von 100 Mio. Euro sogar zu ca. 5,7 Mio. Euro. In der Summe addieren sich die einzelnen gerichtlich gelösten Konflikte zu Prozesskosten von weit über einer Milliarde Euro. Würden Unternehmen nur die Hälfte dieser Konflikte per Mediation lösen, könnten sie einen Betrag im hohen dreistelligen Millionenbereich sparen, schätzt *Eva Hild* von der Centrale für Mediation.[5]

Insbesondere bei auf Dauer bestehenden Vertragsbeziehungen, die stark auf Bestand, Vertrauen und Kooperation angewiesen sind, ist Mediation als Konfliktlösungsweg besser geeignet, als ein gerichtliches Verfahren. Durch Mediation bestehen bessere Chance, die

---

[5] *Peter,* Wirtschaft 44, 2002.

Geschäftsbeziehung langfristig zu retten, was in der Regel bei der Durchführung eines Rechtsstreits nicht mehr gelingt. Aus diesem Grund integrieren zunehmend mehr Unternehmen in die Verträge mit ihren Partnern so genannte Mediationsklauseln, die den Willen beider Vertragspartner klarstellen, im Streitfall vor der Einleitung eines gerichtlichen Verfahrens die Konfliktlösung über Mediation anzustreben.

Mediation als Streitlösungsweg kommt ferner immer wieder bei solchen Streitigkeiten in Betracht, bei denen Unsicherheit über die Lösung einer rechtlichen oder tatsächlichen Frage herrschst. Dies ist dann anzunehmen, wenn ein vergleichbares Problem bisher noch von keinem Obergericht entschieden wurde und die Entscheidung nicht vorhersehbar ist. Durch die Mediation kann dieses ansonsten (auch zeitlich) unkalkulierbare Risiko vermindert werden, denn die Entscheidung liegt in der Hand der Parteien, nicht des Dritten.

Schätzungsweise 600 Mediationsverfahren gibt es jedes Jahr in deutschen Unternehmen. In drei von vier Fällen ersparen die Unternehmen sich dadurch ein Gerichtsverfahren, registriert die Centrale für Mediation, zu der alle wichtigen deutschen Mediationsverbände gehören.[6] Im Gegenzug zu einem zivilrechtlichen Prozess werden bei der Mediation gewöhnlich – wie auch beim arbeitsrechtlichen Prozess – die Kosten anteilig übernommen. Es erfolgt keine Verteilung nach einer gerichtlich festgestellten Schuld. Den Parteien wird damit die Möglichkeit gegeben, ihr Gesicht zu wahren.

6.2.1.3 Kosten bei Strafverfahren

Ob und wieweit Mediation als Ersatz eines Strafverfahrens überhaupt in Betracht kommt, ist fraglich. Denn zu einem klassischen Strafverfahren kommt es im Unternehmensumfeld bei Vorfällen wie sexueller Nötigung oder Diebstahl (während die »ungerechtfertigte Bereicherung« Auslöser eines zivilrechtlichen Verfahrens ist). Das wirtschaftliche Strafrecht vervollständigt diese Auflistung krimineller Tatbestände um die Aspekte des Betrugs, der Hehlerei und der Unterschlagung. Mit anderen Worten: Ein Strafverfahren ist immer

---
6 Peter, a.a.O.

Ausdruck einer kriminellen Handlung, die geahndet wird. Mediation kann hier nur noch ausgleichend wirken, wie z. B. beim Täter-Opfer-Ausgleich.

Aufgrund der besonderen Bedeutung von Strafverfahren haben die Verurteilten die Kosten des gesamten Verfahrens selbst zu tragen. Dies regelt § 465 Abs. 1 StPO. Die Vorschrift führt hierzu aus:

> »Die Kosten des Verfahrens hat der Angeklagte insoweit zu tragen, als sie durch das Verfahren wegen einer Tat entstanden sind, wegen deren er verurteilt oder eine Maßregel der Besserung oder Sicherung gegen ihn angeordnet wird.«

Mit anderen Worten: Wird ein Mitarbeiter eines Unternehmens verurteilt, eine Kollegin sexuell missbraucht zu haben, so muss der Angeklagte persönlich die Kosten für das gesamte Verfahren übernehmen. Wird der Angeschuldigte hingegen freigesprochen oder das Verfahren eingestellt, so fallen die Kosten und die notwendigen Auslagen der Staatskasse zur Last (§§ 467 Abs. 1 und 467a StPO).

Wurde das Strafverfahren durch eine vorsätzliche oder leichtfertig erstattete unwahre Anzeige veranlasst, so hat das Gericht dem Anzeigenden, nachdem er gehört worden ist, die Kosten des Verfahrens und die dem Beschuldigten erwachsenen notwendigen Auslagen aufzuerlegen (§ 469 Abs. 1 StPO). Das Gleiche gilt bei Rücknahme des Strafantrages (§ 470 StPO).

Die Kosten des Verfahrens selbst sind in § 464 a StPO definiert:

> »Kosten des Verfahrens sind die Gebühren und Auslagen der Staatskasse.«

Die Gebühren bestimmen sich nach den §§ 40 ff. GKG in Verbindung mit dem 6. Teil der Anlage 1 zum GKG. Danach liegen die Gerichtskosten bei einer Verurteilung bis zu drei Monate Freiheitsstrafe oder Geldstrafe bis zu 90 Tagessätzen bei ca. 40 Euro, bei einer Freiheitsstrafe bis zu zwei Jahren bei ca. 240 Euro. Strafverfahren sind also alles andere als kostendeckend und erst in ihren Strafmaßen abschreckend.

Weitere Kosten, die bei einem Strafverfahren anfallen, sind Kosten für die Vorbereitung der öffentlichen Klage. Dazu gehören alle Auslagen, die zur Sttaufklärung, auch durch die Ermittlung in einer sich nicht bestätigten Verdachtsrichtung, und zur Täterergreifung aufgewendet wurden, einschließlich der Polizeikosten, nicht aber Belohnungen an Dritte. Auslagen sind auch die Pflichtverteidigervergütung. Dolmetscher- und Übersetzergebühren werden dem

Angeschuldigten gemäß § 464c StPO grundsätzlich nicht auferlegt. Die Kostenvorschriften der Strafprozessordnung werden durch §§ 74, 109 Abs. 2 JGG ergänzt. Für die Kosten des Vollzugs der Freiheitsentziehung bestehen Sondervorschriften in StVollzG und in der JVKostenO.

Auch bei Strafgerichtsverfahren richten sich die Kosten für einen Anwalt nach der BRAGO (§§ 83 ff.). Die Tagessätze bilden dabei eine große Spannbreite von 50 bis 1270 Euro, so dass eine genaue Abschätzung der Anwaltskosten kaum möglich ist. Zu den notwendigen Auslagen gehören auch die Entschädigung für eine notwendige Zeitversäumnis nach den Vorschriften, die für die Entschädigung von Zeugen gelten, und die Gebühren und Auslagen eines Rechtsanwaltes, soweit sie nach § 91 Abs. 2 ZPO erstattungsfähig sind.

6.2.1.4 Kosten für externe Berater und Sachverständige

Bei gerichtlichen Konfliktlösungen fallen neben Gerichtsgebühren und Anwaltskosten regelmäßig weitere große Kostenblöcke durch den Einsatz von Beratern und Sachverständigen an. Ob für die Erstellung von Gutachten bzw. Gegengutachten, die persönliche Vorbereitung (Coaching) der Verhandlungstaktik und Rhetorik oder zum Entwurf von Vergleichen – externe Berater, Trainer und Sachverständige rechnen ihre Leistungen meist auf Basis von Personentagen oder erfolgsabhängig ab.

Doch auch bei außergerichtlichen Konflikten schlagen diese Kostenblöcke oft zu Buche. Unternehmensberater und Anwälte werden gerne eingeschaltet, um zu inner- und außerbetrieblichen Streitpunkten ihre »Experten«-Meinungen und damit Handlungsempfehlungen abzugeben. Dass es sich hierbei manchmal nur um Alibi-Aktivitäten handelt, wird nicht offen ausgesprochen aber vielerorts gedacht. Die Honorare externer Berater und Sachverständiger werden meistens in so genannten »Manntagen« oder »Personentagen« bemessen, die im Normalfall einer Arbeitszeit von acht Stunden entsprechen. Die Höhe eines Personentages variiert von 350 Euro bis weit über 2000 Euro für anerkannte Experten.

6.2.2 Indirekte Kosten

Neben den direkten, einfach messbaren Kosten fallen in Verfahren zu innerbetrieblichen oder unternehmensübergreifenden Konfliktlösungen auch indirekte Kosten an. Dabei unterscheiden wir an dieser Stelle zwischen Gehältern und Löhnen, der Kooperationsfähigkeit, der Wettbewerbsfähigkeit und den weichen Faktoren.

6.2.2.1 Gehälter und Löhne

Bei der Durchführung eines streitigen Gerichtsverfahrens sind nicht nur die Kosten des Verfahrens im Unterliegensfall zu berücksichtigen, sondern auch solche Kosten, die durch den Ausfall von Arbeitszeiten entstehen. Zu diesen Kosten gehören die zeitlich anteiligen Gehälter, Löhne und Lohnnebenkosten. Die Autoren haben es selbst schon erlebt, dass Führungskräfte mehr Zeit in gerichtliche Auseinandersetzungen mit gekündigten Mitarbeitern oder externen Geschäftspartnern investiert haben, als in die Bindung der eigenen Kunden oder Motivation der verbliebenen Beschäftigten. Mit anderen Worten: Die Lohnkosten dieser Führungskräfte wurden nicht für eine aktive Konfliktvermeidung und Geschäftssicherung ausgegeben, sondern vielmehr für eine reaktive Konfliktlösung und Geschäftsverwaltung.

Ein Mediationsverfahren ist erheblich schneller als ein Gerichtsverfahren und spart hierdurch Lohnkosten. Dies ist zudem bei Streitgegenständen von großer Bedeutung, die durch Zeitablauf negativ beeinflusst werden, wie z. B. bei einer Unterbrechung vertraglich eingegangener Verpflichtungen.

6.2.2.2 Kooperationsfähigkeit

Nur die wenigsten privatwirtschaftlichen Unternehmen können langfristig ohne ihre leistungsfähigen, zuverlässigen, innovativen und fairen Geschäftspartner überleben. Zwar sind viele Dienstleister und Lieferanten auf den ersten Blick austauschbar, doch ergeben sich – bei einer zweiten Betrachtung – oft größere Abhängigkeiten von bestimmten Geschäftspartnern. Diese Abhängigkeiten können sich aus deren Alleinstellungsmerkmalen wie einer Kosten- oder Nutzenführerschaft, einer räumlichen Nähe oder aus persönlichen Kompetenzen und Vertrauen ergeben. Auch viele Produktions- und Managementmodelle der letzten 20 Jahre, von »Lean Produktion« über »Total Quality Management« bis hin zu »Just in Time Beschaffung«, haben den Bedarf an Kooperationsfähigkeiten zwischen Abnehmern und Lieferanten extrem erhöht. In Branchen, wie z. B. der Automobilindustrie, sind die Partner schon so eng verzahnt, dass Lieferanten, so genannte Systempartner, bereits in die Produktionsstraßen der Automobilmarken integriert sind.

Ein vor Gericht ausgetragener Konflikt gefährdet die Beziehung zu externen Partnern gravierend. Ganz gleich, wie das Gerichtsverfahren entschieden wird, die langfristige Kooperationsfähigkeit ist gestört.

Beispiel:
Zwei Firmen haben einen Dissens über den Lieferverzug einer Ware und die daraus entstehenden Folgekosten. Das Gericht entscheidet – entgegen der Meinung des Lieferanten – zu Gunsten des Abnehmers. Falls der Lieferant nicht von diesem Abnehmer besonders abhängig ist, wird die menschliche Vertrauensbasis, zumindest für einige Zeit, gestört sein. Eine Mediation hätte es erlaubt, zeitnah den Konflikt zu bearbeiten und auch während des Verfahrens die Geschäftsbeziehungen fortzusetzen. Grundpfeiler ist dabei die Tatsache, dass die Mediation kein Gewinner-Verlierer-Ergebnis produziert.

Durch die Chance, in Ruhe und gemeinsam das Geschehen aufzuarbeiten und sich – oftmals erstmalig – mit den Interessen und Standpunkten des Geschäftspartners auseinanderzusetzen, wird die einvernehmliche Konfliktregelung gefördert und die Zusammenarbeit – oftmals zum Erstaunen der Beteiligten – gestärkt. Nicht selten werden dadurch auch neue gemeinsame Handlungsfelder unter Geschäftspartnern eröffnet. Image und Geschäftsbeziehungen zu erhalten ist eine auf gemeinsame Zukunft und Geschäftsbeziehungen hin ausgerichtete Erfolgsstrategie, die durch Mediation gestärkt wird.

Umgekehrt führt eine gestörte Kooperation zwischen zwei Geschäftspartnern zu unnötigen Folgekosten, wie zeitlichen Verzögerungen in den zukünftigen Lieferungen und Leistungserbringungen oder einer Nachlässigkeit in der Qualität. Negative qualitative Konsequenzen, z. B. beim Lieferservice oder der Leistungsqualität im engeren Sinne, führen stets zu erhöhten Kosten: entweder in Form von Reparaturen, Austausch und Nachbesserung oder gar für Aufwendungen bei der Suche neuer Dienstleister bzw. Lieferanten. Denn oft wird vergessen, dass auch der Austausch eines bisherigen Geschäftspartners mit Kosten verbunden ist. Neue Geschäftspartner müssen zuerst einmal identifiziert, kontaktiert und getestet werden. Zudem braucht es meist einige Zeit, bis sie die gleiche Leistungsqualität erbringen, wie der bisherige, nun ausgetauschte Geschäftspartner. Also: die beidseitige Kooperationsfähigkeit spart unnötige Aufwendungen und Kosten.

6.2.2.3 Wettbewerbsfähigkeit

Unter einer harten bis hin zu einer gerichtlichen Auseinandersetzung leidet nicht nur die Kooperationsfähigkeit eines Unternehmens. Auch die Wettbewerbsfähigkeit wird belastet. Diese resultiert dabei aus den strategischen Faktoren einer möglichen Kostenführerschaft oder Nutzenführerschaft. Nur wenn ein Unternehmen sich langfristig von seinen Wettbewerbern dadurch unterscheidet, dass es entweder wesentlich kostengünstiger seine Leistungen erstellt oder aber wesentliche Nutzenvorteile seinen Kunden bietet, dann besteht ein klarer Wettbewerbsvorteil, der sich in der Rentabilität und der Liquidität des Unternehmens widerspiegelt.

Eine Kostenführerschaft erreicht man durch die ständige Optimierung aller Prozess- und Personalkosten. Unternehmen, die nach einer Kostenführerschaft streben, standardisieren ihre Leistungspakete und rationalisieren ihre Ressourcen – wie auch die Mitarbeiter. Erst die Kostenführerschaft bietet die Möglichkeit, selbst mit niedrigen Endverbraucherpreisen noch Gewinne einzufahren. Demgegenüber resultieren die Unternehmensgewinne aus der Nutzenführerschaft aus den hohen Margen, die Kunden bereit sind, für die Leistungen des Unternehmens zu bezahlen. Dies geschieht beispielsweise bei den deutschen Automobilherstellern, wo die Käufer einen höheren Preis für die bekannte Qualität akzeptieren. Spezialisierte Dienstleister, wie z. B. ein sehr guter Anwalt oder Berater, können ebenfalls höhere Gewinnmargen für ihre Leistungen verlangen, denn sie bieten ihren Kunden einen höheren Nutzen (z. B. Sicherheit, Kompetenz, Kontakte etc.) als der normale Wettbewerb.

Was aber haben die Aspekte der Kosten- oder Nutzenführerschaft mit Mediation bzw. gerichtlichen Konfliktlösungen zu tun? Kosten- und Nutzenführer wird ein Unternehmen nur, wenn es innovativ ist! Die Kraft für eigene Innovationen hängt von der Bereitschaft der eigenen Beschäftigten und Geschäftspartner ab, ihr Wissen und ihre Ideen mit dem Unternehmen zu teilen.[7] Ein Mitarbeiter oder Lieferant, der sich in einer harten oder sogar gerichtlichen Auseinandersetzung mit einem Unternehmen befindet, wird diesem eher wenig von seinem Wissen und seiner Kreativität preisgeben. Vielmehr braucht es für Innovationen motivierte und engagierte Geschäftspartner und Beschäftigte. Erst dann können Innovationen, also neuwertige Veränderungen von Produkten, Prozessen, Strukturen oder Kulturen, mit verbessertem Nutzen für die Zielpersonen geboren werden. Mediation hilft, wie bereits gesagt, der fairen und sensiblen Konfliktlösung und schafft Vertrauen als Basis für eine konstruktive langfristige Fortsetzung der Zusammenarbeit zwischen den Partnern.

6.2.2.4 Image

Das Motto »*Ist der Ruf erst ruiniert, dann lebt es sich gar ungeniert!*« mag sich zwar für manche Zeitgenossen attraktiv anhören, es behindert jedoch nachweislich die Geschäftsentwicklung von Unternehmen. Ist ein Unternehmen in seinem Markt dafür bekannt, regelmäßig mit seinen Geschäftspartnern vor Gericht zu ziehen, schreckt es damit alle potenziellen und vielleicht besonders attraktiven Dritte ab. Als Dritte gelten hierbei nicht nur externe Geschäftspartner wie Lieferanten und Dienstleister, sondern vor allem auch Kunden und Arbeitnehmer. Unternehmen mit einem schlechten Ruf fällt es viel schwerer, Kunden von ihrer eigenen Leistungsfähigkeit zu überzeugen. Und welcher neue Arbeitnehmer möchte seine zukünftige Tätigkeit bei einem Unternehmen starten, welches im Freundeskreis, in der Region oder in der Presse negativ bewertet wird?

Und die Presse liebt Gerichtsverfahren für ihre negativen Schlagzeilen. Mediation bietet hingegen die größtmöglichste Diskretion bei

---

7 *Brandl/Disselkamp*, AiB 2003, 597 ff.

der Konfliktbearbeitung, da sie im Vergleich zu einem Gerichtsverfahren nicht öffentlich ist.

6.2.2.5 Weiche Faktoren

Zu den indirekten, weichen Kostenfaktoren zählen Zeit, Arbeitsklima, Unzufriedenheit, Demotivation und die Angst der Belegschaft, die Fluktuation unter den Arbeitnehmern, Effizienzminderung der Leistungsträger durch Beschäftigung mit »Nebenkriegsschauplätzen« sowie nicht zuletzt die Identifikation der Belegschaft mit dem Unternehmen. Einer Studie aus dem Jahre 1998 zufolge sind der Gesamtwirtschaft Umsatzeinbußen von 50 Mrd. Euro pro Jahr entstanden durch Arbeitsplatzkonflikte wie betriebliche Spannungen und innere Kündigungen sowie eine Erhöhung des Krankenstandes.[8]

Ein klassisches Beispiel, in dem weiche Faktoren wie Angst und Vertrauen kurzfristig auf die Probe gestellt werden, ist die Zusammenführung (Fusion oder Akquisition) zweier Firmen. Bei jeder so drastischen organisatorischen Änderung ergeben sich Spannungen unter den Mitarbeitern innerhalb und zwischen den beiden zu verschmelzenden Unternehmen. Vielleicht kennt man schon seine zukünftige Aufgabe, ja sogar schon die neuen Kollegen, aber meist fehlt noch die menschliche Seite der Zusammenarbeit. Grundsätzliche Fragen der Organisation und Zusammenarbeit müssen geklärt werden, um dem von Misstrauen bestimmten Arbeitsklima entgegenzuwirken. Das Verfahren der Mediation bietet hierzu gute Voraussetzungen, da die Unstimmigkeiten selbständig bereinigt werden können und eine gemeinsame Kultur des Umgangs miteinander gefunden werden kann: zur Klärung und Kultivierung zukünftiger Regeln. Der Mediator steuert dabei den Teamprozess im Unternehmen und legt die gemeinsamen Ziele des Firmenverbandes fest, entwickelt eine gemeinsame Vision.

Auch bei Spannungen zwischen der Geschäftsleitung und dem Betriebsrat kommt es mit der Zeit nicht selten zu harten, unbeweglichen Fraktionen zwischen den einzelnen Parteien. Auch hier wer-

---

8 *Panse/Stegmann*, S. 8.

den weiche Faktoren belastet. Vor Gericht würde nur eine oberflächliche Einigung erreicht werden – Misstrauen und Missgunst würde unterschwellig zumindest weiter existieren, wenn nicht sogar wachsen. Eine Mediation verhilft hingegen Unternehmensführung und Betriebsrat dazu, eine gemeinsame Unternehmenskultur zu verankern. Aus negativen Leitsätzen der bisherigen Praxis würden positive Regeln entwickelt.

Abbildung 7: »Kosteneinsparung durch Mediation«

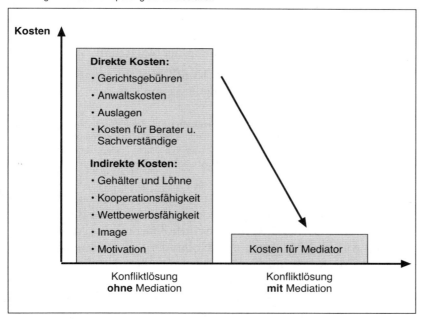

Es wurde festgestellt, dass sich durchschnittliche Unternehmen von exzellenten Unternehmen durch das Vorhandensein der »weichen« Elemente der Unternehmenskultur wie Arbeitszufriedenheit, Identifikation mit dem Unternehmen, gelebtes Wertesystem, positive Motivation, Gefühl der Anerkennung und Wertschätzung im Unternehmen unterscheiden. Diese weichen Faktoren halten auch zunehmend Einzug bei der Festlegung einer Corporate Identity (C.I.) sowie in die Bewertungskriterien der Unternehmen bei Ratings u. a.

6.2.3 Kosten der Mediation

Bedient man sich zur Schlichtung eines Konflikts des Instruments der Mediation, so ist diese nur in den seltensten Fällen kostenlos. Auch die Mediation verursacht Kosten, nur meist viel weniger als die vorher beschriebenen juristischen Wege zur Konfliktlösung.

Die Kosten der Mediation richten sich nach der Dauer des Verfahrens, der Anzahl der Mediatoren, der Komplexität des Konfliktes. Die Gebühren des Mediators werden üblicherweise nach Stunden abgerechnet. Hinzu kommen noch Kosten für Anwälte und wirtschaftliche Sachverständige auf beiden Seiten. Sie orientieren sich an vergleichbaren Beratungsleistungen in der Wirtschaft.

Die Kostenaufteilung wird bei Konflikten unter verschiedenen Geschäftspartnern von den Beteiligten vereinbart.

Beispiel:
Bei einer Mediationsdauer von etwa fünf Stunden und einem durchschnittlichen Nettostundensatz von 190 Euro betragen die Kosten für jede Partei (bei der häufig vereinbarten Kostenteilung der Parteien) nur rund 475 Euro. Diesen Betrag müsste der Verlierer eines gerichtlichen Prozesses mit Anwälten schon bei einem Streitwert von 900 Euro an Rechtsstreitkosten bezahlen.

Ein weiteres reales Beispiel ist das Frankfurter Immobilienunternehmen Agiv, das im Jahr 2000 von der Hollandsche Beton Group auf 100 Millionen Euro verklagt wurde.[9] Grund der Auseinandersetzung war die Meinung der Holländer, sie wären bei einem Geschäft falsch informiert von der Agiv über den Tisch gezogen worden. Nach der Kalkulation des damaligen Agiv Vorstands hätte ein Weg durch alle Instanzen acht Jahre gedauert und Prozesskosten von insgesamt rund zehn Millionen Euro verschlungen. Statt den Prozess bis zum Ende auszutragen, bestellten die beiden Vorstandschefs daher einen Mediator und lösten den Konflikt. Die gesamten Kosten lagen am Ende nicht bei den kalkulierten zehn Millionen Prozesskosten, sondern bei 20 000 Euro für die Dienstleistung des Mediators.

---

9 *Peter,* Wirtschaft 44, 2002.

6.3 »Der Preis der Angst«

Es gibt noch weitere Kostenblöcke, die in einer klassischen Konfliktlösung meistens nicht beachtet werden, aber dennoch anfallen. Ungelöste Konflikte am Arbeitsplatz führen zu Frustration und sinkender Motivation. In fortgeschrittenen Konflikten kommt es zur »inneren Kündigung«, »Dienst nach Vorschrift« oder auch zu Mobbing. Im geschäftlichen Bereich verursachen Missverständnisse und Konflikte hohe Folgekosten. Geschäftspartner, die sich einmal vor Gericht verklagt haben, sind eben keine »Partner« mehr.

Wirtschaftsmediation löst Konflikte so, dass Teams wieder effektiv und kreativ arbeiten und Geschäftspartner sich wieder als Partner und nicht als Gegner sehen können. Als prominentes Beispiel soll an dieser Stelle daher auf den Zusammenhang zwischen der am Arbeitsplatz stattfindenden Angst der Beschäftigten und den daraus resultierenden Kosten, sowie den positiven Beitrag der Mediation eingegangen werden.

6.3.1 Mediation reduziert Angst

Eine erfolgreiche Mediation reduziert Angst und deren Kosten für Unternehmen![10] Eine frühzeitige Eindämmung von Konflikten, wie z. B. durch Einberufung eines Mediators oder eines Sachverständigen, bietet den betroffenen Parteien gleichermaßen eine Vielzahl von Vorteilen. Bei innerbetrieblichen Konflikten reduziert das frühzeitige Einschreiten und Konfliktlösen – neben Imagevorteilen und der Sicherung zukunftsorientierter Arbeitsplätze – vor allem auch die Angst aller Beteiligten – allen voran der Beschäftigten. Dies gilt auch bei unternehmensübergreifenden Konflikten. Mediationsverfahren zwischen zwei oder mehreren Firmen reduzieren ebenfalls Unsicherheiten und Ängste und schaffen Vertrauen. Oder mit anderen Worten: Eine Konfliktlösung mittels gerichtlichen Urteilen bewirkt zwar eine Einigung, aber nur eine zwangsweise. Der Grund des Konflikts wird nur oberflächlich gelegt, emotionale Missstimmungen bleiben erhalten. Das Vertrauen ist verloren und unterschwellig

---

10 *Disselkamp*, AiB 2003, 685 f.

existiert weiter Konfliktpotenzial. Hieraus resultiert Unsicherheit und damit Angst.

Angst gehört unvermeidlich zu unserem Leben. Jeden Menschen begleitet sie mehr oder weniger in immer neuen Abwandlungen von der Geburt bis zum Tode. Es gibt völlig normale, alters- und entwicklungsgemäße Ängste, die der gesunde Mensch durchsteht und meistert, deren Bewältigung sogar für seine Fortentwicklung wichtig ist. Sie treibt die Menschen zu Höchstleistungen, schützt vor Gefahren und Risiken, doch kann sie in Konfliktsituation gleichsam die Betroffenen erstarren und resignieren lassen. Gerade Konflikte zwischen Arbeitnehmern und Arbeitgebern sind besonders Angst auslösend. Es geht um eine eindeutige Gefährdung der Existenz der betroffenen Beschäftigten. Viele namhafte Psychologen, wie z. B. *Sigmund Freud, Ernst Riemann* und *Ralf Schwarzer*, klassifizieren die Gefährdung der Existenz als den Angsttypen, der uns Menschen am meisten belastet.

Innerbetrieblich gibt es eine Vielzahl von Gründen und Auslösern für die Ängste der Beschäftigten:

- Reorganisation (»jedes Jahr eine neue Struktur«),
- Business Process Re-Engineering (»gleicher Betrieb neu auf der grünen Wiese«),
- Reduktion der Kosten (»Mitarbeiter als reine Kostenfaktoren«),
- Shareholder Value (»nur der Aktionär zählt«),
- Rationalisierung (»Maschinen sind belastbarer und effizienter«),
- Kündigungen (»kurzfristige Gewinnoptimierung«),
- Komplexität des Arbeitslebens und betrieblichen Umfelds (»immer mehr Technik« oder »noch mehr Projekte«).

6.3.2 Formen der Angst

Die vorher aufgezeigten Gründe können verschiedene Ängste hervorrufen:

- Angst vor Arbeitsplatzverlust,
- Angst Fehler zu machen (Versagen),
- Angst vor Konflikten,
- Angst vor Mobbing,
- Angst vor Neuem,

- Angst vor Unwissen,
- Angst vor Angst.

All diese Ängste resultieren vor allem aus Konflikten unter Personen und können darüber hinaus weitere zwischenmenschliche Spannungen anstoßen – ein zusätzlicher Grund, warum der Einsatz einer Mediation empfehlenswert ist.

Nach einer Umfrage der Mannheimer Forschungsgruppe *Wahlen* im August 2002 haben 72 Prozent aller deutschen Beschäftigten Angst vor dem Arbeitsplatzverlust. Diese Angst korrespondiert mit zwei psychologischen Grundängsten: der Existenzangst und den sozialen Ängsten.[11] Die Existenzangst entsteht aufgrund einer erlebten Bedrohung der körperlichen Unversehrtheit oder der eigenen Existenz. Hier geht es also um den Einkommensverlust und die daraus wachsende Gefahr der eigenen Existenz. Die sozialen Ängste beziehen sich hingegen immer auf den Umgang mit anderen Menschen und die Furcht vor Verhaltensweisen, mit denen man bei anderen auf Ablehnung stoßen könnte. Der Arbeitsplatzverlust indiziert dabei für viele Menschen einen »Gesichtsverlust« gegenüber ihrem privaten Umfeld, woraus eine Angst vor Prestige- und Imageverlust, Ablehnung und Einsamkeit resultiert.

Gegen eine Angst vor dem Arbeitsplatzverlust helfen vor allem eine offene und ehrliche Kommunikation und Information des Arbeitgebers über die aktuelle wirtschaftliche Lage des Unternehmens. Mediation kann eine gute Unterstützung sein, um einen Arbeitgeber von der hohen Bedeutung einer solchen Kommunikation zu überzeugen. Die offene Information und Kommunikation sind die Basis für das notwendige Vertrauen der Mitarbeiter in die Unternehmensführung.

Die Angst, Fehler zu machen, entspricht der Angst vor dem Versagen und gestellten Erwartungen nicht gerecht zu werden. Es handelt sich im psychologischen Sinne um eine Leistungsangst, da sie sich mit der Furcht vor Misserfolg angesichts von Leistungsanforderungen gleichsetzen lässt. Akademisch formuliert die Wissenschaft die Leistungsangst heute als

---

11 *Schwarzer,* S. 104 ff.; *Lückert/Lückert,* S. 89-145.

»*die Besorgnis und Aufgeregtheit angesichts von Leistungsanforderungen, die als selbstwertbedrohlich eingeschätzt wird.*«[12]

Diese Angst vor Misserfolg lässt sich am besten durch ein offenes, fehlertolerantes Betriebsklima bekämpfen. Da dies in vielen Unternehmen jedoch nicht vorhanden ist, ergibt sich ein weiteres Aufgabenfeld für mediative Gespräche zwischen Unternehmensleitung und Arbeitnehmervertretern. Allerdings dürfte es auch für einen Mediator schwer sein, Führungskräfte von falschen Führungsstilen abzubringen.

Die Angst vor Konflikten zeigt sich während Konfrontationen und in problematischen Situationen. Der betroffene Mensch erlebt hierbei sowohl Existenzängste, soziale Ängste aber auch Leistungsängste. Jeder Konflikt kann die Position des Betroffenen im betrieblichen Umfeld gefährden, entweder durch das eigene Versagen, durch sozialen Imageverlust oder gar durch Existenz gefährdende Ergebnisse.

An dieser Stelle übernimmt die Mediation eine wichtige Rolle! Sie kann Ängste vor Konflikten konsequent bearbeiten und eindämmen. Durch die offene Ansprache von Konfliktfeldern und die faire Vermittlung zwischen unterschiedlichen Positionen wird die Angst vor Konflikten kanalisiert und reduziert.

Dies ist umso wichtiger, da dieser Angsttyp eine hohe Verbreitung in Deutschland hat! Untersuchungen haben gezeigt, dass alleine in Deutschland etwas 1,2 Mio. Beschäftigte bei der Arbeit kontinuierlichen Konflikten, ja sogar systematischem Psychoterror, wie z. B. Mobbing, ausgesetzt sind.[13] Die Deutsche Angestelltengewerkschaft (DAG) stellte 1998 ferner fest, dass ca. zehn Prozent aller Selbstmorde Ergebnis von Mobbing sind oder damit zusammenhängen. Den bundesweiten Verlust an produktiver Arbeit durch Mobbing berechnen *Winfried Panse* und *Wolfgang Stegmann* mit mindestens 15 Mrd. Euro pro Jahr. Mobbing kann als ein Problem der Arbeitswelt angesehen werden, das von Verleumdung und Spott über zielgerichtete Benachteiligungen bis hin zu seelischen, sogar körperlichen Übergriffen reicht. Ursachen des Mobbings sind meistens Probleme, deren Lösung innerhalb der Bewältigungsmöglichkeiten aller Beteiligten liegen. Leider nur eskalieren diese Konflikte oft derart, dass aus einer Meinungsverschiedenheit in Sachfragen ein Beziehungs-

---

12 *Schwarzer*, S. 105.
13 *Panse/Stegmann*, S. 155.

konflikt wird. Gerade die vorher aufgezeigten Angstursachen – von Reorganisation bis zu Rationalisierung – fördern Mobbing-Attacken unter den betroffenen Beschäftigten. Ängste erleben dabei nicht nur die Mobbingopfer, auch die »Täter« unterliegen häufig starken Ängsten. Oft wird gemobbt, um von eigenen Schwächen abzulenken, um eigene Ängste zu verschleiern.

Die Angst vor Neuem oder vor der Veränderung ist nach *Fritz Riemann*, einem der bedeutendsten deutschen Angstforscher, eine der vier Grundformen der Angst.[14] Sie wird als Vergänglichkeit und Unsicherheit erlebt. Die Angst vor der Veränderung zeigt sich in dem Wunsch nach Dauer und lückenloser Kontrolle bzw. Beherrschung der Umwelt. Sie äußert sich in der Angst vor Risiko, vor Wandlung, vor Vergänglichkeit und allem Neuen. Die betroffenen Personen halten lieber fest an eingefahrenen Meinungen, Erfahrungen, Grundsätzen, Gewohnheiten und Vorurteilen. Sie verkörpern oft Dogmatismus, Konservatismus, Fanatismus, Intoleranz und Orthodoxie. Gerade Menschen, die in ihren Betrieben ständige Neuorganisationen, neue Vorgesetzte oder Eigentümer erleben, ohne dass wesentliche Verbesserungen für sie selbst entstehen, verlieren das Vertrauen in Veränderungen. Erlebten sie in der Vergangenheit gar negative Auswirkungen aus Veränderungen, so entwickeln sie eine große Angst vor allem Neuem. Diese Angst wird in der Folge zu einem mächtigen Bremsklotz für Innovationen und die langfristige Wettbewerbsfähigkeit der Unternehmen. Sie verhindert notwendige Anpassungen an veränderte Märkte, sinnvolle Änderungen in der Aufbau- und Ablauforganisation, fördert hingegen Demotivation und innere Kündigung.

Mediation wirkt gegen die Angst vor Neuem. Sie kann diese zwar nicht immer komplett eindämmen, doch öffnet die Mediation durch ihre vermittelnde Funktion die Möglichkeit der Akzeptanz. Die durch die Mediation erzwungene Information und Transparenz macht es den Beteiligten leichter, alle Vor- und Nachteile sowie Konsequenzen aus Veränderungen zu verstehen und vielleicht zu akzeptieren.

Nicht nur Schlagwörter wie Reorganisation, Shareholder Value, Rationalisierung, Lean Management u.v.a. lösen bei vielen Beschäftigten Ängste aus, obwohl sie selten die wahren Inhalte, Hinter-

---

14 *Riemann*, S. 15.

gründe und Absichten hinter diesen Schlagwörtern kennen. Doch gerade diese Unwissenheit schafft Unsicherheit und fördert Ängste. Wer etwas nicht genau zuordnen kann und dessen Auswirkungen für die eigene Position versteht, entwickelt Ängste vor dem Unwissen. Daher gilt dies auch für neue Aufgaben oder Situationen. Versteht man die Inhalte und Hintergründe nicht, fängt man an zu »schwimmen« und entwickelt leicht Ängste.

Die Mediation kann auch diesem Angsttyp entgegen wirken. Sie reduziert die Unwissenheit und die daraus resultierenden Ängste durch den mediativen Informationsaustausch und die Aufbereitung von Hintergründen und Konsequenzen.

6.3.3 Konsequenzen aus Ängsten

Generell formuliert der US-amerikanische Psychologe *Charles Donald Spielberger* in seiner bedeutenden »State-Trait Anxiety Theorie« eine Kausalität für den Angstzustand und die Ängstlichkeit.[15] Demnach sind folgende Aussagen maßgeblich:

- Ein Angstzustand wird ausgelöst, wenn das Individuum eine Situation als bedrohlich einschätzt. Aufgrund sensorischer und kognitiver Rückmeldungen des Organismus wird dieser Zustand als unangenehm erlebt.
- Je bedrohlicher die Situation eingeschätzt wird, desto stärker fällt die Angstreaktion aus.
- Je länger diese Situationseinschätzung unverändert anhält, desto länger wird die Angstreaktion dauern.
- Personen mit höherer Ängstlichkeit nehmen selbstwertrelevante Situationen als bedrohlicher wahr, als Personen mit einer niedrigeren Ängstlichkeit.
- Die Auslösung von Angstreaktionen kann sich direkt im offenen Verhalten ausdrücken oder zu innerpsychischen Abwehrvorgängen führen.
- Häufig auftretende Stresssituationen können ein Individuum dazu veranlassen, spezielle Bewältigungshandlungen oder Abwehrme-

---

15 *Schwarzer*, S. 91; *Spielberger*, Manual for the State-Trait-Anxiety Inventory (STAI), 1983.

chanismen zu entwickeln, mit denen sich der Angstzustand reduzieren lässt.

Diese Auflistung zeigt erneut den Zusammenhang zwischen Angst und Mediation. Wie beschrieben wächst die Angst je länger diese Situationseinschätzung unverändert anhält oder als bedrohlich eingeschätzt wird. Mediation aber reduziert die Intensität einer Konfliktsituation, schafft Transparenz und bietet eine Basis für neues Vertrauen. Damit verhindert Mediation das längerfristige Gewähren oder sogar Ansteigen einer negativen Situationseinschätzung. Diese Funktion der Angstreduzierung übernimmt die Mediation nicht nur innerhalb von Betrieben, sondern auch bei Konflikten zwischen unterschiedlichen Betrieben. Je länger zum Beispiel existenzbedrohende Rechtsstreitigkeiten zwischen zwei Betrieben existieren, wächst die Angst der betroffenen Beschäftigten. Wird die Auseinandersetzung hingegen durch einen Mediator kurzfristig geregelt, so können die Ängste nicht weiter ansteigen und eskalieren.

6.3.3.1 Positive Konsequenzen aus Ängsten

Wichtig ist aber an dieser Stelle der Hinweis, dass Ängste nicht nur negative Konsequenzen haben. Manche Ängste sind zuerst einmal motivierend und leistungssteigernd, sie fördern die Offenheit, Nachdenklichkeit, das Problembewusstsein und können damit ein wesentliches Element der Problemlösung sein. Die Angst wird dabei sogar auch als ein »Baumeister von Kulturdenkmälern« bzw. »Motor für Erfindungen« tituliert. Unternehmen benötigen sogar einen gewissen Grad an Angst, da die Mitarbeiter ansonsten ihre Empfindlichkeit gegenüber internen und externen Warnsignalen verlieren. Die Folgen einer fehlenden Angst reichen von kostenintensiven Betriebsausfällen, Maschinenschäden, Arbeitsunfällen bis zum Verlust der Wettbewerbsfähigkeit und langfristigen Existenzgrundlage des Unternehmens.

Die positiven Auswirkungen aus Ängsten können durch Mediation verstärkt werden. Die Mediation kann mit ihrer aufklärenden Funktion dienen. Die Beschäftigten können über die Hintergründe für die Notwendigkeiten dieser Ängste informiert und sensibilisiert werden. Dies ist langfristig immer besser, als die Mitarbeiter blind zu halten und irgendwelchen Ängsten auszusetzen. Die Gefahr ist zu groß, dass aus diesen Ängsten – mit zuerst positiven Konsequenzen – langfristig negative Auswirkungen auf die Mitarbeiter und die Betriebe entstehen.

6.3.3.2 Negative Konsequenzen aus Ängsten

Werden Ängste jedoch unterdrückt und nicht gelöst, so führen sie zu einer Reihe negativer Konsequenzen. Dabei ist die Mediation ein möglicher Weg, um Ängste aufzulösen. Wird jedoch eine Diskussion z. B. über eine Betriebsänderung, Rationalisierung oder Standortverlagerung mit betriebsbedingten Kündigungen längerfristig geführt, ohne dass es Lösungen gibt, ergeben sich u. a. diverse bewusste und unbewusste Angstabwehrmechanismen (Coping). Zu dem bewussten Coping zählt die Wissenschaft beispielsweise den bewussten Angriff, wie die juristische Anklage, Rufmord oder gar Sabotage.

Ein ebenfalls bewusster Angstabwehrmechanismus ist die Flucht. Am häufigsten dominiert im betrieblichen Alltag die Flucht in Alkohol und Medikamente. So werden 5 bis 7 Prozent aller Arbeitnehmer als Alkoholiker bezeichnet, jeder zehnte Arbeitnehmer wird als alkoholgefährdet eingestuft.[16] In den alten Bundesländern nehmen alleine über 800 000 Menschen Schlaftabletten, was als Einstiegsdroge in die medikamentöse Angstbehandlung angesehen wird.

An dieser Stelle ist darauf hinzuweisen, dass Mediation nicht nur Ängste reduziert, sondern letztendlich den Alkohol- und Drogenkonsum begrenzen kann. Dies hat positive Folgen auf die Volkswirtschaft und das Gesundheitswesen.

Weitere Fluchtinstrumente sind die Flucht in die innere Kündigung oder in die ausgesprochene Kündigung. Der Sozial- und Wirtschaftspsychologe *Dieter Frey* wies 1994 nach, dass in Deutschland mindestens 50 Prozent der Beschäftigten innerlich gekündigt haben. Zu einem ähnlichen Ergebnis kam ein Jahr später eine Studie des International Survey Research (ISR) über zehn europäische Länder. Aktuelle Untersuchungen bestätigen diese Zahlen: Das GALUP Insti-

---

16 *Panse/Stegmann*, S. 119 ff.

tut sprach in 2001 von nur noch 16 Prozent engagierter Beschäftigter. Das Frauenhofer Institut zeigte 2003, dass 46 Prozent aller Beschäftigten einen Jobwechsel anstreben, jeder sechste sogar aktiv auf der Suche nach einem neuen Anstellungsverhältnis ist.[17] Gleichzeitig analysierte das Frauenhofer Institut, dass nur 26 Prozent aller Chefs es erkennen, wenn in ihren Betrieben ein schlechtes Betriebsklima herrscht.

Diese Zahlen belegen eines: Viele Mitarbeiter würden lieber gleich ihr Unternehmen verlassen. Gehindert aber werden sie zurzeit durch die angespannte wirtschaftliche Konjunkturlage. Sollte sich diese aber wieder entspannen, so laufen viele Betriebe Gefahr, wichtige Leistungs- und Wissensträger zu verlieren. Eine frühzeitige Verbesserung des Betriebsklimas, Abbau von Ängsten sowie wieder gewonnene Motivation der Beschäftigen – auch durch Mediation – würden diese Gefahr für die Wettbewerbsfähigkeit der Unternehmen herabsetzen.

Zu den unbewussten Angstabwehrmechanismen zählen z. B. die Verdrängung oder Projektion auf andere. Bei der Verdrängung werden Ängste aus dem Bewusstsein ins Unterbewusstsein verdrängt. Das Individuum will die Bedrohung einfach nicht wahrhaben. Die Projektion ist die Übertragung von eigenen Gefühlen, Wünschen und Eigenschaften auf andere Personen oder Objekte. So kann die Angst vor dem Verlust des eigenen Arbeitsplatzes an einen vermeintlich konkurrierenden Kollegen oder Vorgesetzten projiziert werden, der dann stellvertretend für die eigene Angst angegriffen und massiv bekämpft wird.

Die Folge ist das bereits angesprochene Mobbing, welches nur durch offene Kommunikation und konsequentes Entgegenwirken bekämpft werden kann. Mediation ist ein Bestandteil des hierbei hilfreichen Werkzeugkastens.

Wer in der Folge aus Angst etwas nicht tut, obwohl er es gerne tun würde, entwickelt zudem Aggressionen gegenüber dem Angstverursacher. Laut dem Psychologen *Heinz Ryborz* führt fast jede Angst zu Aggressionen, die er in verschiedene Aggressionsausprägungen unterscheidet:[18]

---

17 Siehe hierzu Süddeutsche Zeitung, vom 25./26. Oktober 2003, S. VI/15.
18 *Ryborz*, S. 27, der sich widerrum auf *Melanie Klein* bezieht; siehe auch *Perner*, in: Michels/Müller/Perner/Rath, S. 223.

- Angst vor Konkurrenz schafft Ellenbogenverhalten.
- Angst vor Liebesverlust führt zu überwachendem Verhalten gegenüber dem Partner.
- Angst, nicht anerkannt zu werden, löst ein Streben nach materiellem Erfolg aus. Mit Status und Geld soll Achtung gewonnen werden.
- Angst, ein Außenseiter zu sein, bewirkt eine sehr starke Anpassung an die Regeln der Gesellschaft. Das Außenseitertum bei Mitmenschen wird verachtet.
- Angst vor Krankheit und Tod entwickelt eine aggressive Abwehr von Krankheit und Tod, die nicht zur Kenntnis genommen werden.
- Angst vor schlechten Zeiten und Krieg führt zu Genusssucht.
- Angst vor Verlust von materiellen Gütern treibt zu Besitzstreben. Das Festhalten am Besitz schränkt die eigene Freiheit ein.

Mediation hat durch die aktive Rolle in der Angstbekämpfung auch eine wichtige Bedeutung in der Bekämpfung von Aggressionen. Sei es ein unnötiges Ellenbogenverhalten, überwachendes Verhalten oder ein übertriebener Egoismus mit starkem Besitzstreben, Mediation vermittelt und weckt Verständnis und baut damit Barrieren und Aggressionen bei den Betroffenen ab. Mediation schafft eine neue Basis für ein konstruktiveres Miteinander.

Ungelöste Konflikte bewirken auch körperliche Reaktionen. Zu diesen gehören neben Herzklopfen und Muskelzittern auch der Anstieg des Blutdrucks, Kopfschmerzen und Migräne, schnelle Atmung bis hin zur Atemnot, trockener Mund, veränderte Mimik, Blässe oder Erröten, Schwitzen, Schwäche, Schwindelgefühl, Durchfall, Harndrang und Übelkeit sowie eventuell auch Wahrnehmungsstörungen oder Ohnmacht.[19] Zu ihnen gehören auch verändertes Ausdrucksverhalten bzw. Gefühlsausdrücke des Menschen. So kann das Ausdrucksverhalten eine veränderte Körperhaltung (z. B. gebeugt, starr) zeigen, die Stimme wird z. B. leise, stotternd oder desorganisiert und der Gesichtsausdruck verändert sich, z. B. durch weit aufgerissene Augen.[20] In schlimmen Fällen kommt es als körperliche Angstreaktion zu Neurodermitis, Blähbauch (Flatulenz), Unterleibsbe-

---

19 *Flöttmann*, S. 28 f.
20 *Schwarzer*, S. 88 f.

schwerden der Frau, Gastritis oder Bulimie. Vermittelt werden diese Reaktionen durch das Nervensystem. Dadurch wird ein Aktivierungsmuster eingeleitet, das körperliche Ressourcen für das Handeln bereit stellt, aber unter Umständen zunächst zu Lähmung und Verharren (Schreckstarre) führen kann (dies ist vorteilhaft, weil viele Raubtiere auf Bewegung reagieren).

Ist die Intensität der Angst sehr hoch oder dauert die Bedrohung über einen längeren Zeitraum an, so können diese körperlichen Leiden zu ernsthaften Erkrankungen (z. B. Schlaganfall und Krebs) mit Todesfolge führen. Laut Schätzungen des Bundesverbandes der Betriebskrankenkassen und in ähnlicher Weise auch in Presseverlautbarungen der Bundesanstalt für Arbeitsschutz und Arbeitsmedizin (BAuA) von 1998 sollen die Kosten arbeitsbedingter Erkrankungen in Deutschland mit mindestens 28 Mrd. Euro zu veranschlagen sein.[21]

Aus einer normalen Angst kann sich gar eine krankhafte Angst oder eine Angstkrankheit entwickeln. Unter den krankhaften Ängsten verstehen die Psychologen vor allem die »neurotische Angst« bzw. Phobie, also die Angst vor einer Gefahr, die wir noch nicht kennen. In Deutschland leiden alleine rund 11 Millionen Menschen an diesen psychosomatischen Symptomen bzw. Neurosen.[22]

Eskaliert eine anfänglich angemessene Angst, da die zugrunde liegende Bedrohung immer stärker wird, dann spricht man sogar von einer eigenständigen Angstkrankheit. Sie resultiert aus lebensbedrohlichen Erkrankungen oder außergewöhnlichen Belastungen, wie z. B. durch existenzielle Gefahren, Langzeitarbeitslosigkeit, sexuellen Missbrauch oder Gewalttaten. Ein Beispiel für eine Angstkrankheit sind Panikstörungen, basierend auf wiederholt auftretenden Panikattacken. Auf der körperlichen Ebene sind dies unter anderem beschleunigter Herzschlag und Herzpochen, Atemnot, Beklemmungs- und Erstickungsgefühle, Missempfindungen der Extremitäten, Muskelzittern oder -schwäche, Übelkeit und Bauchbeschwerden. Eine Panikattacke dauert meistens 10 bis 30 Minuten.[23]

Wenn Mediation wie gezeigt Ängsten entgegenarbeitet, dann hilft

---
21 *Kentner*, S. 1 f.
22 *Reusch*, in: Peters, Schmitthenner H. (Hrsg.), S. 47.
23 *Strian*, S. 34.

die Mediation auch im Kampf gegen die hier angeführten körperlichen Leiden, Krankheiten und Panikstörungen. Allerdings darf die Mediation nicht zu spät einsetzen! Noch vor der Eskalation einer anfänglich angemessenen Angst sollte durch Mediation der Angstherd begrenzt oder sogar komplett aufgelöst worden sein.

6.3.4 Ökonomische Betrachtung der Angst

Die gerade aufgeführten Vorteile der Mediation im Kampf gegen die negativen Konsequenzen aus Ängsten sind nicht nur aus menschlicher und sozialer Sicht wichtig. Sie bieten auch ökonomische Vorteile.

Während aber das Phänomen der Angst von der Psychologie (z.B. Psychoanalyse, Arbeits- und Gesundheitspsychologie), der Soziologie, der Philosophie und auch von der Medizin und Neurologie bereits seit langem intensiv erforscht wird, interessieren sich die Wirtschaftswissenschaften (die Ökonomie) nur ganz am Rande für die Arten, Ausprägungen und Konsequenzen der menschlichen Angst. Nur ein einziges Forscherteam hat sich bisher mit der ökonomischen Bedeutung der Angst beschäftigt. *Panse* und *Stegmann* formulierten 1996 vier Kostenblöcke und korrespondierende Kostenhöhen, die aus der Angst resultieren.[24] Dabei untersuchten sie die angstbedingten Fehlzeiten der Mitarbeiter, die angstverursachten, betrieblichen Aktivitäten (wie z.B. den Einkauf von Versicherungen, externen Beratern oder die innere Kündigung), den angstbedingten Konsum von Alkohol und Medikamenten und die Effekte des Mobbing. Diese vier Kostenblöcke summieren sich alleine für Deutschland auf 91,5 Mrd. Euro, von denen *Panse* und *Stegmann* mindestens 50 Mrd. Euro als realistisch ansehen.

»Preis der Angst«

Der Versuch der beiden Ökonomen, die **Kosten der Angst** zu messen, ist zu loben. Jedoch konzentriert sich die Studie mit ihren vielen Schätzwerten auf die volkswirtschaftlichen Konsequenzen und weniger auf die betriebswirtschaftlichen Auswirkungen. Diese sind

---

24 *Panse/Stegmann*, Kostenfaktor Angst, 1998.

mindestens genauso wichtig, um auch Manager und Unternehmer zu sensibilisieren. Nur wenn sie direkt sehen, was die Angst ihrer Mitarbeiter sie selbst kostet, ist eine Umkehr in der oft Angst gesteuerten Unternehmensführung zu erhoffen.

Mit einer ökonomischen Kosten-Argumentation gegen die Angst der Mitarbeiter öffnet sich zudem eine neue Logik zugunsten der Mediation. Und das Gute daran ist: Die betriebswirtschaftliche Analyse der Kosten und finanziellen Konsequenzen aus den Ängsten der Beschäftigten ist zudem möglich! Unter dem Titel »Preis der Angst« wurde erstmalig ein Modell zur Messung des ökonomischen Faktors »Angst im Unternehmen« definiert. Ein so genannter Angstindex kombiniert dabei klassische Messmethoden für Ängste mit Controlling-Kennzahlen der Betriebswirtschaftslehre. Erste Forschungsergebnisse bestätigen bereits die These, dass ein gewisses Maß an Angst noch motivierend wirken kann, eine Überschreitung jedoch die Mitarbeiter-Motivation und die Innovationsfähigkeit der Unternehmen hemmt.[25] Denn mit ansteigender Angst nimmt die Leistungsfähigkeit und Leistungsbereitschaft der Beschäftigten ab. Es folgen Einbußen der Produktivität und für die Betriebe eine geringere Wirtschaftlichkeit und gesunkene Rentabilität.

Abbildung 8: Theorie des Angstindex

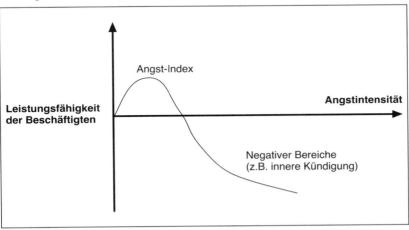

---

25 *Disselkamp*, AiB 2003, 686.

Es wäre zwar vermessen zu behaupten, dass die Aussagen über die ökonomische Kostenanalyse der Ängste eindeutig und unwiderlegbar wären, doch lassen sich gleichwohl Trends und Tendenzen festmachen. Zeigen eine größere Anzahl von Stichproben in einem Unternehmen die gleichen Reaktionen, nämlich dass Teams mit höheren Angstintensitäten weniger leistungsfähig sind, so bestätigt dies die Aussage, dass Angst ein ökonomischer Kostenblock in Unternehmen darstellt. Dann lässt sich sogar eine statistische Korrelation errechnen, die den ökonomischen Angstindex ergibt.

Ferner lässt sich mit dieser Methodik der Einfluss der Mediation zur Reduzierung der Angst und der damit verbundenen Kosten für ein Unternehmen nachweisen. Man braucht nur die Kosten der Angst vor und nach einem Mediationsverfahren vergleichen.

Anhang

1. Weiterbildungseinrichtungen

Carl von Ossietzky Universität Oldenburg,
Zentrum für wissenschaftliche Weiterbildung (ZWW)
Kontaktstudiengang Mediation (berufsbegleitende Weiterbildung)
26111 Oldenburg
Tel.: 04 41 / 7 98-21 86, -21 81
Fax: 04 41 / 21 90

Deutsche Gesellschaft für Personalführung-Bayerische Akademie
Rosenkavalierplatz 18
81925 München
Tel.: 0 89 / 91 10 18
Fax: 0 89 / 91 10 94
E-Mail: muenchen@dgfp.de

Europa-Universität Viadrina Frankfurt/Oder,
Forum für Verhandlung und Mediation/Studienschwerpunkt
anwaltliche Tätigkeit
Große Scharnstraße 59
15230 Frankfurt/Oder
Tel.: 03 35 / 55 34 30
E-Mail: breidenbach@euv-frankfurt-o.de

Fern-Universität Hagen,
Weiterbildendes Studium Mediation
Feithstraße 140, AVZ 1
58084 Hagen
Tel.: 0 23 31 / 9 78-47 93, -28 78
Fax: 0 23 31 / 98 73 95
E-Mail: LGSobota@fernuni-hagen.de

Haus der Technik
Berufsbegleitender Weiterbildungsstudiengang
Hollestraße 1
45127 Essen
Tel.: 02 01 / 18 03-3 26
Fax: 02 01 / 18 03-2 69

Heidelberger Institut für Mediation
Mönchhofsstraße 11
69120 Heidelberg
Tel.: 0 62 21 / 47 34 06
Fax: 0 62 21 / 47 26 93

Institut für Streitkultur
Rheinstraße 32
12161 Berlin-Friedenau
Tel.: 0 30 / 79 70 54 05
Fax: 0 30 / 79 70 54 25
E-Mail: Streitkultur@t-online.de

KOM Konfliktmanagement
Organisationsenrtwicklung, Mediation
Liegnitzer Straße
10999 Berlin
Tel.: 0 30 / 6 18 11 00
Fax: 0 30 / 6 11 97 31

mibeg-institut
Sachsenring 37-39
50677 Köln
Tel.: 02 21 / 3 36 04-0
Fax: 02 21 / 32 43 39

Steinbeis-Transferzentrum für Kommunikation und Wirtschaftsmediation,
Theodor-Heuss-Ring 23
50668 Köln
Tel.: 02 21 / 13 11 99
Fax: 02 21 / 7 12 38 33

Westfälische Wihelms-Universität Münster
Centrum für Verhandlungen und Mediation
Universitätsstraße 14-16
4843 Münster
Tel.: 02 51 / 8 30

2. Ausbildungseinrichtungen

Bildungswerk der nordrheinwestfälischen Wirtschaft e. V.
Uerdinger Straße 58-62
40474 Düsseldorf
Tel.: 02 11 / 45 73-2 46
Fax: 02 11 / 45 73-1 44
E-Mail: bw-nrw@bildungswerk-nrw.de

Deutsche Gesellschaft für Personalführung e. V.
Niederkasseler Lohweg 16
40547 Düsseldorf
Tel.: 02 11 / 59 78-1 42, -1 43
Fax: 02 11 / 59 78-1 49
E-Mail: akademie@dgfp.de

Haufe Akademie
Hindenburgstraße 64
79102 Freiburg
Tel.: 07 61 / 47 08-8 11
Fax: 07 61 / 47 08-2 91
E-Mail: akademie@haufe.de

Euroforum Deutschland GmbH
Postfach 23 02 65
40088 Düsseldorf
Tel.: 02 11 / 96 86-3 00
Fax: 02 11 / 96 86-5 02
www.euroforum.com

Management Circle GmbH
Postfach 5629
65731 Eschborn/Taunus
Tel.: 0 61 96 / 47 22-0
Fax: 0 61 96 / 47 22-6 56
E-Mail: info@managementcircle.de

Techno-Transfer GmbH
Reichenberger Straße 44
65510 Idstein
Tel.: 0 61 26 / 5 59 38
Fax: 0 61 26 / 62 54
E-Mail: seminare@ttpetri.de

Stichwortverzeichnis

Ablauf der Mediation 98
- Arbeitsbündnis 99
- Bearbeitung der Konfliktfelder 103
- betriebsexterne oder -interne Mediatoren 132
- Betriebsvereinbarung zur Regelung der Beschwerdeverfahren 130
- Eckpunkte einer Betriebsvereinbarung 134
- konsensfähige Konfliktlösung 103
- Mediationsvereinbarung 104
- Phasen der Mediation 98
- Rolle des Mediators 100
- schriftlicher Mediationsvertrag 101
- Sichtweisen der Konfliktparteien 102
- Streitschlichtungssystem 132
- Verfahren der Mediation 99

Ad-hoc-Verhandlungen 65
Anforderungen an den Mediator 39
- Echtheit und Klarheit 40
- einfühlendes Verstehen 40
- systemisches Denken 40
- Wertschätzung 40

Anwaltskosten 175
- angefallene Kosten 175
- Beweisgebühr 175
- Gebühr für die Durchführung eines Beschwerdeverfahrens 175
- Prozessgebühr 175
- Vergleichsgebühr 175
- Verhandlungs- oder Erörterungsgebühr 175

Aufgaben des Mediators 34
- konstruktive Konfliktlösung 35
- lösungsfördernde Verhaltensweisen 34
- Vereinbarung der Beteiligten 35

Auslagen 172

Basarmethode 28
Basarverhandlung 85
Beschlussverfahren 174
Betriebsänderung 136
Betriebsratsmitglied 42
- Distanz zum Konflikt 42
- Geeignetheit 42
- Mediationsausbildung 42
- unparteiisch 42

Beziehungsebene 75
Brainstorming 57
Bundesrechtsanwaltsgebührenordnung (BRAGO) 176

Direkte Kosten 172
- für externe Berater 172
- für gerichtliche Auseinandersetzungen 172
- für Sachverständige 172
- für Verfahren vor Arbeitsgerichten 172
- für Verfahren vor Strafgerichten 172

– für Verfahren vor Zivilgerichten 172
Diskussion 54
– atmosphärische Störungen 62
– formale Spielregeln 62
– inhaltlichen Störungen 61
– organisatorische Störungen 62
– Standard-Gliederung 55
– Strukturierung 54
Diskussionsbeiträge 63
– Aufbau 63
Diskussionsführung 47, 51
– inhaltliche Leitung 54
– organisatorische Leitung 52
Diskussionsleiter 47, 49, 56
– Bedeutung 47
– Funktion 47
– inhaltlich engagieren 56
– persönliche Voraussetzungen 49

Effektives Zeitmanagement 54
Erzwingbarer Sozialplan bei Personalabbau 136

Feststellungsklage 174
Formen der Angst 190
Formen der Konfliktlösung 124
– Ansatzpunkte für die Betriebsratsarbeit 126
– Coaching 125
– Einsatz von Mediation nach dem Betriebsverfassungsgesetz 127 f.
– Einsatzgebiete der Mediation 125
– erzwingbare Betriebsvereinbarung 129

– freiwillige Betriebsvereinbarung 129
– Konfliktmoderation 124
– Schlichtung 124
– Supervision 125

Gebühren 173
Gedächtnisprotokoll 89
Grundbedürfnisse 77

Harvard-Konzept 29, 74
– fünf Grundpfeiler 74
– menschlicher Faktor 74

Implementierung von Mediation im Betrieb 122
– klassische Konfliktlösungsmechanismen 122
Indirekte Kosten 182
– Gehälter und Löhne 182
– Image 185
– Kooperationsfähigkeit 182
– weiche Faktoren 186
– Wettbewerbsfähigkeit 184
Interessen 76
– des Verhandlungspartners 69
Interessenausgleich 136
Interviews mit Arbeitnehmervertretern 163 ff.
Intuitives Verhandlungsmodell 27 f.

Killerphrasen 53
Koalitionsbildung 82
Konfliktarten 18
– Beweggründen 19
– Beziehungsebene 22
– Charaktertypologie 18
– innere Dispositionen 19

207

- Konfliktbearbeitung 21
- Rollenkonflikte 21
- Sachebene 22
- Verteilungskonflikt 21
- Zielkonflikt 20

Konfliktdefinition 17
- intrapersonelle Konfliktebene 17
- interpersoneller Konflikt 17

Konfliktverlauf 23
- systematische Aufarbeitung 25

Konsequenzen aus Ängsten 194
- negative 196
- positive 195

Kosten aus Verfahren vor Arbeitsgerichten 172
Kosten bei Strafverfahren 179
Kosten der Mediation 188
Kosten für externe Berater und Sachverständige 181
Kosten von Verfahren vor den Zivilgerichten 176
Kostenarten 172
- direkten Kosten 172
- indirekte Kosten 172

Kostenersparnis durch Mediation 171
Kräfteungleichgewicht 32
- Verhandlungspartner 32

Kreativität 56

Leistungsklagen 174

Manipulationstechniken 84
Mediation 33, 98, 189, 195, 198
- Angstreduzierung 195
- Definition 33

- konstruktives Miteinander 198
- Problemlösungen 33
- reduziert Angst 189
- reduziert Kosten 189
- Vermittlung eines Mediators 33
- Win-win-Lösungen 33

Mediation als Alternative 116
- keine Konsenslösung 118
- Ringen um Positionen und nicht um Bedürfnisse 119

Mediationsverfahren im individual- und kollektivrechtlichen Bereich 105
- Abschluss einer Betriebsvereinbarung 136
- Alternative zu Stillstand und Einigungsstelle 137
- arbeitsrechtliche Mediationsklausel 107
- Betriebsrat und Arbeitnehmer 114
- Betriebsratsmitglieder 114
- Konflikte zwischen Arbeitnehmern 108
- Konflikte zwischen Gruppen und einzelnen Arbeitnehmern 112
- Mitbestimmungsrechte des Betriebsrats 114
- Streitigkeiten im Arbeitsverhältnis 105
- Streitigkeiten zwischen Arbeitgeber und Betriebsrat 114

Methoden-Kompetenz 43
- »guter Draht« zu allen Konfliktparteien 44

– beruflicher Backround 43
Mitbestimmungsrechte 136
Moderation 47
Moderationstechniken 58
– Beteiligung 58
– Einbindung 58
– Feedback 59
– Fragetechnik 59
– Reviewing 58
– Rückblenden 58
– Visualisieren 58
Moderator 47, 49
– Bedeutung 47
– Funktion 47
– persönliche Voraussetzungen 49
Möglichkeiten und Grenzen der Mediation 121

Nachbereitung der Verhandlung 89
Negotiation Dance 28, 85

Objektive Kriterien 79
Ökonomische Betrachtung der Angst 200
– Preis der Angst 200
Optionen 78
Orangenbeispiel 30

Phasen der Mediation 71, 140
– Entlohnung von Gruppenarbeit 144
– Konflikte im Bereich des kollektiven Arbeitsrechts 140
– Mediationsprozess 145
– Produktionsverlagerung 149
– qualitative Phase 141
– quantitative Phase 141

– rechtliche Phase 142
– Unternehmensbeispiele 143
– Wertschöpfungsprämie und flexible Arbeitszeit 156

Rahmenbetriebsvereinbarung 90
– Abschluss 90
Redebereitschaftssignal 53
Rednerliste 52
Regeln für den Mediator 39
Regeln für die Konfliktparteien 39

Sachebene 75
– Emotionen 75
– Kommunikation 76
Sachgerechtes Verhandeln 27, 29
Sachgerechte Verhandlungsführung 31
– Phasen 31
Selbständige Verhandlungsführung 27
Streitwert 176
Synergien 48

Tagesordnung 50

Unfairness 84

Verhaltensprogramm 84
Verhandlung 65, 71
– Argumentationsphase 72
– Emotionsphase 74
– Entscheidungsphase 73
– Informationsphase 72
– organisatorische Vorbereitung 66

- Ort und Termin 67
- Rahmenphase 71
- Unterlagen 67
- Vorbereitung 65
- Warming Up 71
- Zeitplanung 67

Verhandlungs-Judo 83
Verhandlungsbereitschaft 32
Verhandlungsende 89
Verhandlungsführung 31, 47
Verhandlungsgegenstand 68
Verhandlungspartner 28, 29, 66, 83
Verhandlungssituationen 30
- Delegationen-Verhandlungen 31
- Mehr-Parteien-Verhandlungen 31
- Mehr-Personen-Verhandlungen 31

Verhandlungsspielraum 69
Vorbereitung 50
- Besprechung 50
- Sitzung 50
Vorgehen des Mediators 36
- aktives Zuhören 37
- kontrollierter Dialog 38
- Reframing 37
- Spiegeln 37
- unparteiischer Dritter 36

Wirtschaftsmediation 138
- Einigungswille zweier Konfliktparteien 139
- Harvard-Konzept 138
- Vergleich von Mediation und Einigungsstelle 139

Zeitfalle 54
Zwischenzusammenfassung 56

Handbücher für die Unternehmenspraxis

Ingo Hamm

Flexible Arbeitszeiten in der Praxis

2., überarbeitete Auflage
2001. 480 Seiten, gebunden

Das Handbuch bietet betrieblichen Praktikern konkrete Hilfestellung bei der Flexibilisierung der Arbeitszeit. Es erläutert die neuen Organisationsformen der Arbeitszeit. Der rechtliche Rahmen (insbesondere das ArbZG), den eine Flexibilisierung zu beachten hat, wird hinsichtlich seiner Grenzen und Möglichkeiten ausgeleuchtet. Arbeitszeitgestaltung ist praktizierter – oder missachteter – Arbeitsschutz. Daher nimmt die Vorstellung und Erläuterung der arbeitswissenschaftlichen Erkenntnisse zu diesem Thema angemessenen Raum ein.

Die zweite Auflage berücksichtigt zudem die Entwicklung der Gesetzgebung – vor allem im Bereich Teilzeitarbeit – und bietet einen aktualisierten Überblick über die Tariflandschaft zum Thema Arbeitszeit. Neue Trends wie etwa die Vertrauensarbeitszeit werden eingehend behandelt.

Besuchen Sie uns im Internet: www.bund-verlag.de

Bund-Verlag

Handbücher für die Unternehmenspraxis

Ulrich Fischer / Rolf Reihsner

Betriebliche Personalpolitik

2003. 300 Seiten, gebunden

Ob betriebliche Veränderungsprozesse erfolgreich sind, hängt stark von der Qualität der Personalarbeit und der Zusammenarbeit zwischen Personalmangement und betrieblicher Interessenvertretung ab. Die Erreichung wirtschaftlicher und sozialer Ziele läßt sich auf Dauer nur sicherstellen, wenn Management und Betriebsrat konstruktiv und konsensorientiert zusammenarbeiten. Ausgehend vom Leitbild einer kooperativen Personalpolitik beleuchten die Autoren praxisorientiert personalwirtschaftliche Gestaltungsinstrumente.

Besuchen Sie uns im Internet: www.bund-verlag.de

Bund-Verlag

Handbücher für die Unternehmenspraxis

Thomas Breisig

Entlohnen und Führen mit Zielvereinbarungen

2., überarbeitete Auflage
2003. 176 Seiten, gebunden

Zielvereinbarungen gelten heute als wichtiges Regulativ von Leistung und Entgelt. Das Handbuch bietet eine nützliche Orientierungs- und Gestaltungshilfe und beantwortet viele wichtige Fragen. Darunter. · Wie funktionieren die Konzepte der Zielvereinbarung? · Welche übergeordneten Managementkonzepte stecken dahinter? · Welche Chancen, Probleme und Risiken sind mit Zielvereinbarungen verbunden? · Wie verhalten sich Zielvereinbarungen praktisch und rechtlich zu Arbeitsverträgen, Betriebs-/Dienstvereinbarungen bzw. Tarifverträgen? · Welche Rechte der Mitarbeiter und welche Mitbestimmungsrechte werden davon berührt? · Welche Gestaltungs- und Regelungspunkte sind für Betriebs- und Dienstvereinbarungen wichtig? · Welche Erfahrungen und Regelungsbeispiele gibt es bereits für die Umgehensweise mit Zielvereinbarungen?·

Besuchen Sie uns im Internet: www.bund-verlag.de

Bund-Verlag

Handbücher für die Unternehmenspraxis

Wilhelm Bichlmeier
Antonius Engberding
Hermann Oberhofer

Insolvenzhandbuch

Ein rechtlicher und betriebswirtschaftlicher Leitfaden
2., überarbeitete Auflage
2003. 530 Seiten, gebunden

Auf aktuellem Stand behandelt die zweite Auflage des Handbuches neben insolvenz- und arbeitsrechtlichen Fragen auch Lösungsansätze zur Fortführung und Sanierung von Betrieben. Der Fortführung des Unternehmens durch Insolvenzplan, enischließlich der Eigenverwaltung sind besondere Abschnitte gewidmet.

Das Arbeitsrecht in der Insolvenz, das abweichend vom allgemeinen Arbeitsrecht bereits ab 1996 geregelt wurde, bildet einen Schwerpunkt des Buches.

Besuchen Sie uns im Internet: www.bund-verlag.de

Bund-Verlag

Handbücher für die Unternehmenspraxis

Wolfgang Däubler

Gläserne Belegschaften?

4., überarbeitete und erweiterte Auflage
2002. 488 Seiten, gebunden

Das aktuelle Handbuch zum Datenschutz wendet sich an Juristen wie an betriebliche Praktiker: Betriebsräte, Geschäftsleitungen und betriebliche Datenschutzbeauftragte. Das neue BDSG ist umfassend verarbeitet, ebenso das Telekommuikationsrecht in seinen für den Betrieb wichtigen Teilen. Fragen des Umgangs mit Internet, Intranet und E-Mail spielen deshalb eine wichtige Rolle. Als neuer Bereich ist der staatliche Zugriff auf Arbeitnehmerdaten hinzugekommen, wie er sich etwa in einer Rasterfahndung oder in Sicherheitsüberprüfungen niederschlägt. Die Besonderheiten des öffentlichen Dienstes sind eingehend mitbehandelt: das Buch ist deshalb auch für Personalräte und Dienststellenleiter von großem Nutzen.

Besuchen Sie uns im Internet: www.bund-verlag.de

Handbücher für die Unternehmenspraxis

Werner Dentz

Betriebliche Mitbestimmung

2003. 330 Seiten, gebunden

Die einzigartige Materialsammlung für Betriebspraktiker: 25 Fälle aus der Mitbestimmungspraxis eines Großunternehmens beantworten die wichtigsten Fragen der betrieblichen Mitbestimmung. Das Handbuch ist eine ideale Orientierungs- und Gestaltungshilfe und bietet eine Fülle anschaulichen Materials. Entsprechend den Mitbestimmungsbereichen des Betriebsverfassungsgesetzes gliedern sich die Fallbeispiele in:

- wirtschaftliche Angelegenheiten, insbesondere betriebsorganisatorische Änderungen,
- personelle Angelegenheiten, insbesondere Einstellungen, Personalplanung, Kündigungen, Personalentwicklung,
- soziale Angelegenheiten, insbesondere betriebliche Entgeltfindung,
- institutionelle Fälle der Zusammenarbeit zwischen verschiedenen Betriebsratsebenen.

Besuchen Sie uns im Internet: www.bund-verlag.de

Bund-Verlag